# 高齢者の体力およい生活活動の測定と評価

監修
出村　慎一

編集
宮口　和義
佐藤　進
佐藤　敏郎
池本　幸雄

市村出版

《監修者紹介》
出村　慎一（でむら　しんいち）
筑波大学大学院体育科学研究科博士課程修了
現職：金沢大学人間社会学域客員教授，教育学博士
専攻：健康体力学

《編著者紹介》
宮口　和義（みやぐち　かずよし）
金沢大学大学院自然科学研究科博士後期課程修了
現職：石川県立大学生物資源環境学部教養教育センター教授，博士（学術）
専攻：健康科学，運動学，測定評価

佐藤　進（さとう　すすむ）
金沢大学大学院社会環境科学研究科博士後期課程修了
現職：金沢工業大学基礎教育部修学基礎教育課程生涯スポーツ教育教授，博士（学術）
専攻：健康科学，測定評価

佐藤　敏郎（さとう　としろう）
金沢大学大学院自然科学研究科博士後期課程修了
現職：新潟医療福祉大学健康科学部健康スポーツ学科教授，博士（学術）
専攻：健康科学，測定評価

池本　幸雄（いけもと　ゆきお）
金沢大学大学院自然科学研究科博士課程修了
現職：国立米子工業高等専門学校　教養教育科教授，博士（学術）
専攻：体力科学，体育科教育

《著者一覧》
山次　俊介　福井大学医学部医学科准教授
山田　孝禎　福井大学教育学部准教授
野口　雄慶　福井工業大学スポーツ健康科学部スポーツ健康科学科教授
高橋　憲司　愛知学泉大学現代マネジメント学部現代マネジメント学科講師
辛　　紹熙　蔚山大学校スポーツ科学部講師
長澤　吉則　京都薬科大学基礎科学系健康科学分野准教授
杉浦　宏季　福井工業大学スポーツ健康科学部スポーツ健康科学科准教授
松浦　義昌　大阪府立大学高等教育推進機構教授
石原　一成　福井県立大学学術教養センター准教授
横谷　智久　福井工業大学スポーツ健康科学部スポーツ健康科学科教授
出村　友寛　仁愛大学人間生活学部子ども教育学

# 序 文

　2013年の厚生労働省の発表によると，日本人男性の平均寿命が初めて80歳を超えた．前年を0.27歳上回り，80.21歳となった．女性は前年より0.20歳上がって過去最高の86.61歳となり，2年連続の世界一だった．その背景には，医療技術の発展，栄養状態の改善，住環境の改善など生活環境の充実があり，これらは平均寿命の飛躍的な延長につながっているといえよう．このような社会にあって"サクセスフル・エイジング（健康的な老い）"は高齢者個人にとっても，また社会にとっても理想といえるが，高いQOL（Quality of Life）を維持しながら高齢期を過ごすには，自身の関心や目的，生きがいを実行・達成するために必要な身体機能や健康状態を有しているかが重要になってくる．

　体力はその重要な資源の1つである．最近では，体力測定は他人と比べることだけではなく，個人内での加齢にともなう体力低下を抑制するために行なうものであるという認識が，高齢者の間にも定着しつつある．よって，特に高齢者の体力測定のニーズが地方自治体の間でも高まってきている．

　体力測定が実施可能な高齢者に対して，いかなる測定を行うかは，実は簡単ではない．高齢者の場合，青年期のような"より強く，より高く，より速く"といった価値観ではなく，自立した日常生活を営むのに必要な身体能力が十分備わっているかが重視される．高齢期では，様々な身体機能が低下するが，その様態の個人差は拡大する．また，身体諸機能のうちどれかひとつが，自立生活を営むうえで障壁となるまで低下していると日常生活動作の成就は困難となる．したがって，体力要素一つひとつを全面的に捉えることよりも，様々な体力要素が総合的に発揮される日常生活動作が成就できるか否かという観点で測定することの重要性が高くなる．しかし，高齢者の体力の測定と評価についてまとめた本は，これまでほとんど刊行されておらず，一般成人を対象にした測定評価のマニュアルを参考にするしかなかった．

　本書「高齢者の体力および生活活動の測定と評価」は，高齢者の健康づくりにかかわっている健康スポーツ科学，体育科学，社会福祉学などを専攻する学生，医師や理学療法士，作業療法士，健康運動指導士，健康運動実践指導者などを対象として執筆したものである．執筆者は編著者を中心に若手新進気鋭の研究者によって構成されており，高齢者の体力および生活活動力，さらに精神的健康度の測定と評価に関して，これまでの理論や研究成果をもとに書かれている．本書の内容を大別すると，［I］サクセスフル・エイジングと高齢者の体力評価との関わり，［II］高齢者の身体機能の測定と評価，［III］高齢者の生活活動力および転倒リスクの測定と評価，［IV］高齢者の精神的健康度の測定と評価，［V］高齢者体力測定における諸注意と結果のフィードバックの5部から成っている．特にII-IV部は現場ですぐに活用してもらえ

るようにマニュアル本を意識した構成となっている．必要な箇所から随時読み進めていただきたい．本書が高齢者の健康づくりのために少しでも貢献できればと願っている．

　最後に，著者らのこうした思いを理解していただき，本書の出版の機会を与えていただいた市村出版社長・市村近氏に感謝の意を表します．

2015年1月9日

出村　慎一

# 目 次

序文

## Ⅰ部　サクセスフル・エイジングと高齢者の体力評価との関わり

### 1章　日本の高齢化社会の現状と高齢者に対する
　　　ヘルスプロモーション ………… 佐藤　進・山次　俊介 … 3
　1. 日本社会の高齢化の実態 ……………………………………… 3
　2. サクセスフル・エイジングが目指すもの …………………… 4
　3. 年齢段階に応じたヘルスプロモーションと
　　サクセスフル・エイジング ………………………………… 6
　4. 高齢期における自立水準の多様化
　　―活動体力水準と生活空間からみた高齢者の状態― ……… 7
　5. 各年齢段階におけるヘルスプロモーションと
　　体力評価の目的・考え方 …………………………………… 10
　　(1) ヘルスプロモーションと身体機能の測定・評価における
　　　特異性 ……………………………………………………… 10
　　(2) 体力（身体機能）の評価方法の特異性 ………………… 11

### 2章　高齢者の捉え方
　　　―高齢期に見られる種々の特徴― ……………… 佐藤　進 … 13
　1. 年齢的な定義・区分 ………………………………………… 13
　2. 高齢期にみられるさまざまな"老化" …………………… 13
　　(1) 身体的・生理的変化 …………………………………… 13
　　(2) 高齢者の体力の変化 …………………………………… 15
　　(3) 高齢者の抱える健康上の問題 ………………………… 17
　3. 高齢期におけるライフイベントとそれに対する
　　個人的・社会的適応 ………………………………………… 18

### 3章　体力の概念と各年齢段階における特徴
　　　　　　　　　　………… 山次　俊介・佐藤　進 … 20
　1. 体力とは ……………………………………………………… 20
　2. 体力の加齢変化の特徴 ……………………………………… 21
　　(1) 幼児期・児童期・青年期 ……………………………… 21
　　(2) 壮年期・中年期・高齢期 ……………………………… 22
　　(3) 高齢期における体力の変化 …………………………… 22
　　(4) 年齢段階別の体力特性のまとめ ……………………… 25
　3. 高齢期に必要な（重要視すべき）体力 …………………… 26

　　　　（1）健康関連体力 …………………………………………………… 27
　　　　（2）転倒関連体力 …………………………………………………… 28
　　　　　　1）移動・移乗能力 ……………………………………………… 29
　　　　　　2）転倒回避能力 ………………………………………………… 30
　　　　（3）自立に必要な体力（運動器） ………………………………… 31
　　　　（4）自立水準の違いによる体力（行動体力）の特異性 ……… 32
　　　　　　1）身体的エリート高齢者の行動体力 ………………………… 33
　　　　　　2）日常生活自立・要介護・寝たきり高齢者の行動体力 … 33
　　　　（5）日常生活動作（ADL）能力と活動体力 …………………… 34
　4章　高齢者の体力評価の考え方 ……… 佐藤　進・山次　俊介 … 36
　　1．高齢者の体力水準による分類と体力テストの関係 ………… 36
　　2．自立水準（身体機能水準）に応じた体力測定項目 ………… 37
　　3．体力テストの目的と限界 ………………………………………… 39
　　　　（1）体力テストの目的・意義 ……………………………………… 39
　　　　（2）体力テストの限界 ……………………………………………… 40

## Ⅱ部　高齢者の身体機能の測定と評価

### 1章　筋力の測定と評価 ……………………………… 山田　孝禎 … 45
　　1．筋力の測定の意義と種類 ………………………………………… 45
　　　　（1）筋力測定の意義 ………………………………………………… 45
　　　　（2）筋力測定の種類 ………………………………………………… 46
　　2．筋力測定評価の実際 ……………………………………………… 47
　　　　（1）握　力 …………………………………………………………… 47
　　　　（2）膝関節伸展筋力 ………………………………………………… 47
　　　　（3）最大歩幅テスト ………………………………………………… 49
　　　　（4）椅子立ち上がりテスト ………………………………………… 50
　　　　（5）上体起こし ……………………………………………………… 54
### 2章　柔軟性の測定と評価 …………………………… 宮口　和義 … 55
　　1．柔軟性の測定の意義と種類 ……………………………………… 55
　　　　（1）柔軟性測定の意義 ……………………………………………… 55
　　　　（2）柔軟性測定の種類 ……………………………………………… 55
　　2．柔軟性測定評価の実際 …………………………………………… 56
　　　　（1）バックスクラッチ（上肢柔軟性） …………………………… 56
　　　　（2）長座体前屈 ……………………………………………………… 58
　　　　（3）シットアンドリーチ（椅座位体前屈） ……………………… 58
　　　　（4）足関節柔軟性テスト …………………………………………… 61
### 3章　全身持久力の測定と評価 ……………………… 池本　幸雄 … 63
　　1．全身持久力測定の意義と種類 …………………………………… 63
　　　　（1）全身持久力測定の意義 ………………………………………… 63

（2）全身持久力測定の種類 ……………………………………… 63
　2．全身持久力測定評価の実際 ………………………………………… 64
　　　（1）6分間歩行（6MWD：6-minute walking distance）…… 64
　　　（2）シャトル・スタミナ・ウォークテスト
　　　　　（SSTw：Shuttle Stamina Walking Test）……………… 65

## 4章　調整力の測定と評価 …………………………………………………… 67
　1．平衡性の測定と評価 ……………………………… 出村　友寛 … 67
　　　（1）平衡性測定の意義と種類 …………………………………… 67
　　　（2）平衡性測定評価の実際 ……………………………………… 68
　　　　　1）開眼片足立ち ……………………………………………… 68
　　　　　2）ファンクショナルリーチ ………………………………… 68
　　　　　3）継ぎ足歩行 ………………………………………………… 69
　　　（3）足圧中心動揺検査 …………………………………………… 71
　　　（4）画面指示ステップテスト …………………………………… 75
　2．敏捷性の測定と評価 ……………………………… 高橋　憲司 … 77
　　　（1）敏捷性測定の意義と種類 …………………………………… 77
　　　（2）敏捷性測定評価の実際 ……………………………………… 78
　　　　　1）全身反応時間（跳躍反応時間）………………………… 78
　　　　　2）単純および選択反応時間（光・音）…………………… 79
　　　　　3）ステッピング ……………………………………………… 81
　3．巧緻性の測定と評価 ……………………………… 野口　雄慶 … 83
　　　（1）巧緻性測定の意義と種類 …………………………………… 83
　　　（2）巧緻性測定評価の実際 ……………………………………… 83
　　　　　1）ペグ移動テスト …………………………………………… 83
　　　　　2）筋力発揮調整能テスト ………………… 長澤　吉則 … 85

## 5章　身体組成の測定と評価
　　　―体脂肪，筋量，骨量― ………………… 野口　雄慶 … 88
　1．身体組成測定の意義と種類 ………………………………………… 88
　　　（1）身体組成測定の意義 ………………………………………… 88
　　　（2）身体組成測定の種類 ………………………………………… 88
　2．身体組成測定評価の実際 …………………………………………… 89
　　　（1）生体電気インピーダンス（BIA）法（体脂肪量・筋量）… 89
　　　（2）皮下脂肪厚法（キャリパー法）（体脂肪量）……………… 92
　　　（3）QUS（Quantitative Ultrasound）法（骨量）…………… 94

## 6章　バッテリテスト―体力，身体活動力の総合評価―
　　　………………………………………………… 佐藤　敏郎 … 96
　1．文部科学省「新体力テスト（65歳〜79歳対象）」………………… 96
　　　（1）握　力 ………………………………………………………… 96
　　　（2）上体起こし …………………………………………………… 99
　　　（3）長座体前屈 ……………………………………………………100

（4）開眼片足立ち ……………………………………………… 101
　　　（5）10m障害物歩行 ……………………………………………… 103
　　　（6）6分間歩行 …………………………………………………… 104
　　　（7）ADL ………………………………………………………… 104

## Ⅲ部　高齢者の生活活動力および転倒リスクの測定と評価

### 1章　活動力の測定と評価 ……………… 辛　紹熙・杉浦　宏季 … 107
　1. 活動力測定の意義と種類 ………………………………………… 107
　　（1）活動力測定の意義 ……………………………………………… 107
　　（2）活動力測定の種類 ……………………………………………… 107
　2. 活動力測定評価の実際 …………………………………………… 108
　　（1）10m障害物歩行 ………………………………………………… 108
　　（2）歩数計による身体活動量の計測 ……………………………… 108
　　（3）歩行速度 ………………………………………………………… 110
　　（4）Timed Up & Go（TUG）テスト ……………………………… 112
　　（5）歩容分析 ………………………………………………………… 114

### 2章　生活活動動作（ADL）の測定と評価
　　　　　　　　　　　　……………… 佐藤　進・横谷　智久 … 117
　1. 生活活動動作の測定の意義と種類 ……………………………… 117
　　（1）ADLの測定の意義 …………………………………………… 117
　　（2）ADL測定の種類 ……………………………………………… 117
　2. 生活活動動作測定評価の実際 …………………………………… 118
　　（1）老研式活動能力指標 …………………………………………… 118
　　（2）文部科学省ADLテスト ……………………………………… 120

### 3章　転倒リスクの測定と評価 ……… 横谷　智久・杉浦　宏季 … 124
　1. 転倒リスク測定の意義と種類 …………………………………… 124
　　（1）転倒リスク測定の意義 ………………………………………… 124
　　（2）転倒リスク測定の種類 ………………………………………… 124
　2. 転倒リスク測定評価の実際 ……………………………………… 125
　　（1）東京都健康長寿医療センター研究所
　　　　「転倒リスクアセスメント表」 ………………………………… 125
　　（2）転倒スコア ……………………………………………………… 127
　　（3）出村の転倒リスクアセスメント ……………………………… 128
　　（4）閉じこもりアセスメント表 …………………………………… 132

## Ⅳ部　高齢者の精神的健康度の測定と評価

### 1章　生活の質（QOL）の測定と評価 ………………… 佐藤　進 … 139
　1. QOL測定の意義と種類 …………………………………………… 139

　　　　(1) QOL 測定の意義 ……………………………………………… *139*
　　　　(2) QOL 測定の種類 ……………………………………………… *139*
　　2. QOL 測定評価の実際 ………………………………………………… *140*
　　　　(1) WHO/QOL-26（WHO/QOL 短縮版）………………………… *140*
　　　　(2) SF-36（MOS Short-Form 36 Item Health Survey）…… *142*
　　　　(3) EuroQol（ユーロコール：EQ-5D）………………………… *143*
　　　　(4) 生活満足度尺度（Life Satisfaction Index：LSI）………… *145*
　　　　(5) PGC モラールスケール（Philadelphia Geriatric Center
　　　　　　 Morale Scale）……………………………………………… *148*

## 2章　抑うつ度の測定と評価 …………………………… 佐藤　進 … *150*
　　1. 抑うつ度測定の意義と種類 ………………………………………… *150*
　　　　(1) 抑うつ度測定の意義 ………………………………………… *150*
　　　　(2) 抑うつ度測定の種類 ………………………………………… *150*
　　2. 抑うつ度測定評価の実際 …………………………………………… *150*
　　　　(1) GDS-15（Geriatric Depression Scale）…………………… *150*
　　　　(2) CES-D（The Center of Epidemiologic Studies
　　　　　　 Depression Scale）………………………………………… *152*
　　　　(3) SDS 自己評価式抑うつ性尺度
　　　　　　（Self-rating Depression Scale）………………………… *154*

## 3章　認知機能の測定と評価 …………………………… 佐藤　進 … *156*
　　1. 認知機能測定の意義と種類 ………………………………………… *156*
　　　　(1) 認知機能測定の意義 ………………………………………… *156*
　　　　(2) 認知機能測定の種類 ………………………………………… *156*
　　2. 認知機能測定評価の実際 …………………………………………… *156*
　　　　(1) 改訂長谷川式簡易知能評価スケール（HDS-R）………… *156*
　　　　(2) Mini-Mental State Examination（MMSE）……………… *158*
　　　　(3) Trail Making Test（TMT）………………………………… *160*
　　　　(4) Montreal Cognitive Assessment 日本語版（MoCA-J）… *162*

## 4章　ストレスの測定と評価 …………………………… 松浦　義昌 … *164*
　　1. ストレス測定の意義と種類 ………………………………………… *164*
　　　　(1) ストレス測定の意義 ………………………………………… *164*
　　　　(2) ストレス測定の種類 ………………………………………… *164*
　　2. ストレス測定評価の実際 …………………………………………… *165*
　　　　(1) 日本語版 HSCL（Hopkins Symptom Checklist）
　　　　　　 ストレス自己診断 ………………………………………… *165*
　　　　(2) SACL 日本語版 J-SACL（Stress Arousal Check List）
　　　　　　 による情動語によるストレス診断テスト ……………… *167*
　　　　(3) 独居高齢者のストレスと QOL との関係 ………………… *168*
　　　　(4) 唾液アミラーゼモニターによるストレスの評価 ………… *168*

## V部　高齢者体力測定における諸注意と結果のフィードバック

### 1章　高齢者の測定に際して理解しておくべきこと
　　　　　　　　　　　　　　　　　　　　　　　石原　一成 … 175
　1. 測定項目の選定について …………………………………… 175
　2. 測定時の一般的注意事項 …………………………………… 176
　3. 測定評価上の留意点 ………………………………………… 176
　4. 測定現場での注意事項 ……………………………………… 177
　5. 測定の実際（流れ）………………………………………… 178
　　（1）事前のチェックと説明 ………………………………… 178
　　（2）準備運動 ………………………………………………… 178
　　（3）測定 ……………………………………………………… 178
　　（4）整理運動 ………………………………………………… 179
　　（5）測定結果のフィードバック …………………………… 179

### 2章　高齢者の活動体力測定結果のフィードバック… 山次　俊介 … 180
　1. 活動体力測定の有益性とフィードバック ………………… 180
　2. 活動体力測定結果のフィードバックの三大原則 ………… 181
　3. わかりやすいフィードバックのための工夫 ……………… 181
　4. フィードバックの実際 ……………………………………… 185

　　索引 ……………………………………………………………… 191

# I部

# サクセスフル・エイジングと高齢者の体力評価との関わり

1章　日本の高齢化社会の現状と高齢者に対するヘルスプロモーション

2章　高齢者の捉え方―高齢期に見られる種々の特徴―

3章　体力の概念と各年齢段階における特徴

4章　高齢者の体力評価の考え方

## I部　サクセスフル・エイジングと高齢者の体力評価との関わり

# 1章 日本の高齢化社会の現状と高齢者に対するヘルスプロモーション

## 1. 日本社会の高齢化の実態

　厚生労働省が2013年に発表した日本人の平均寿命は，男性80.21歳，女性86.61歳であり，男女とも過去最高を記録し，女性は世界一を維持した．平均寿命は東日本大震災の影響により2年連続で減少したものの，日本は依然，世界有数の長寿国であり，少子高齢化対策が重要な国家的問題であることに変わりはない．図I-1は2010年までの年齢段階別（0～14歳，15～64歳，65歳以上の3区分）の人口推移を示している．64歳までの人口は減少傾向，65歳以上の人口は増加傾向を示し，少子高齢化が進行していることがわかる．図I-2の人口ピラミッドでもわかるように，大正9年（1920）の段階では裾野が広い形をしているが，平成22年（2010）では裾野は狭く，頭が大きい形に大きく変化している．このことは，少数の若者が多くの高齢者を支えなければならないことを意味し，経済的にも国家財政的にも大きな問題となる．

　一方，厚生労働省が2012年に発表した日本人の健康寿命（日常的に介護を必要としないで，自立した日常生活ができる生存期間）は男性70.42歳，女性73.62歳であった（厚生労働省，2012）．平均寿命との比較から，現在の高齢者は男性で9年間，女性で約12年間は介護を必要としながら存命する期間があることがわかる．医療や福祉の目標として，平均寿命や健康寿命を今後も延伸させることが挙げられるが，くわえて，平均寿命と健康寿命との差を少しでも小さくする（介護を必要とする存命期間

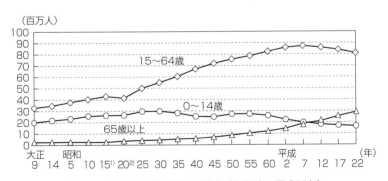

図I-1　年齢（3区分）別人口の推移（大正9年～平成22年）
（総務省統計局HP：http://www.stat.go.jp/info/guide/asu/2012/03.htm）

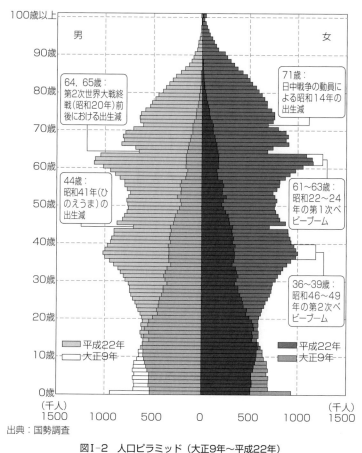

図I-2 人口ピラミッド（大正9年〜平成22年）
（総務省統計局HP：http://www.stat.go.jp/info/guide/asu/2012/02.htm）

を短くする）ことも非常に重要となる．現在の日本人の健康寿命を考えた場合，高齢後期（75歳以上）の期間における高齢者の健康状態や体力（身体機能），自立度等をどのように測定・評価し，理想的な長寿に結びつけるかが課題といえる．

## 2. サクセスフル・エイジングが目指すもの

　前述したように，我が国は過去に例をみない少子高齢化の時代にさしかかっている．その背景には，公衆衛生や医療技術の発展，食・栄養状態の改善，住環境の改善など生活環境の充実があり，これらは平均寿命の飛躍的な延長につながっている．日本は高齢者の割合がすでに超高齢社会に達しているにもかかわらず，高齢化はいまだ進行中である．このような社会にあって，"サクセスフル・エイジング（健康的な老い，高いQOLを伴う老い）"は高齢者個人にとっても，また社会にとっても理想である．サクセスフル・エイジングの最終的な目標は，個々人の価値観に基づき高いQOLを有しながら日々の生活を過ごしていくことであるが，そのための資源として，心身の健康状態，身体機能，経済状況，生きがいの有無，人とのつながり，役割の有無など

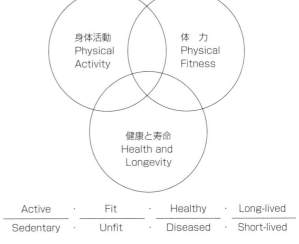

図I-3 身体活動，体力および健康の相互関係
(Paffenbarger RS et al: Physical activity and physical fitness as determinants of health and longevity, pp33-48. In: Bouchard C et al Eds, Exercise, Fitness, and Health. Human Kinetics, 1990)

が考えられる．「要介護」や「寝たきり」の高齢者数も顕著に増加しているが，延命を願う旧来の倫理から，その生存期間の内容が特に問われる時代となっている．認知症がなく，精神的にも肉体的にも健康で，理想的水準にQOLを維持するための施策の充実を図り，サクセスフル・エイジングを達成することが求められている．この考えはRoweとKahn（1987）に始まる．高齢者のサクセスフル・エイジング（理想的水準のQOLの維持）には，社会参画が密接に関連する．高齢者が社会参画しサクセスフル・エイジングを達成する基盤として，寿命延伸のための疾病予防，寝たきりおよび認知症予防のための認知機能・身体機能を代表とする生活機能の維持が重要である．

高齢者の健康には，加齢に伴う生理的変化に加え，家族構成の変化，社会における自立度，罹患状態，体力や身体活動水準，精神保健状態，居住環境，そして経済状態などのさまざまな要因が密接・複雑に関与している．高齢者を対象とした健康を科学的に分析・解釈するためには，高齢者に特徴的な要因を詳細に検討することと，各要因間の関与を総合的に捉える視点が必要である．

Paffenbargerほか（1990）はこれらの関係について図I-3のように説明している．つまり，身体活動（運動）・体力・健康は，心身の状態や機能を表す独立した概念ではなく，相互に密接な関係にあること，そして，日常生活の中で身体活動水準を高く保つことにより，体力水準が向上し，健康の保持・増進につながることを意味している．体力は健康の中核をなす重要な要因の1つであることから，健康づくりを考える際には体力が重要な役割を担うことになる．そして，良好な心身の健康状態は積極的な社会参加や生きがいとも密接に関係し，高齢者のQOL（生活の質）の水準に影響を及ぼす．

このように，高いQOLを維持しながら高齢期を過ごすには，自身の関心や目的，生きがいを実行・達成するために必要な（支障のない程度の）身体機能や健康状態を有しているかがまず重要視される．しかし，発育発達段階にある若年者のように単純に「より高い方が望ましく，それを求めるべき」といった考えに立つ必要はない．健

康状態や身体機能がより良好であるに越したことはないが，個人の価値観に応じて個々人に最低限必要な健康状態・身体機能水準があり，それを有しているか否かが重要である．

## 3. 年齢段階に応じたヘルスプロモーションとサクセスフル・エイジング

　高齢者に限らず，様々な身体機能を測定する目的は，その年代に応じたヘルスプロモーションに何かしら関わっていると考えることができる．特に，発育発達のピークを迎えた青年期以降は，心身の健全な発育発達に関わるものから"健康"に関わるものへと変化する．しかし，この青年期以降の期間は，身体機能が加齢と共に低下する期間でもあり，特に高齢者にとっては"サクセスフル・エイジング（健康的な老い，高いQOLを伴う老い）"の実現が重要となる．

　詳細は後述するが，青年期から高齢期にわたる時間の流れの中で，ヒトの身体諸機能は加齢に伴い徐々に低下する（I部3章）．そして，その低下の過程において，身体機能水準の個人差が増大し，それらを考慮した身体機能評価が重要となる．加えて，高齢者の身体機能や健康状態を評価する際には，サクセスフル・エイジングとの関わりを意識し，サクセスフル・エイジングに寄与する要因の加齢に伴う変容にも注意を払う必要がある．

　図I-4は，サクセスフル・エイジングと健康・身体機能評価との関わりについて示した概念図である．青年期以降におけるメタボリックシンドロームをはじめとする生活習慣病予防の重要性は，日本のみならず世界共通である．日本においても，疾病が原因で亡くなる人の約60%（3人に2人）は生活習慣病罹患者である．しかし，生活習慣病に関わる死亡率は全ての年代で共通ではなく，加齢に伴い変化してゆく．つまり，生活習慣病に関わる問題は，健康寿命までに淘汰されており，それ以降の年代の高齢者に対しては別の健康問題が重要となる．その1つは，ロコモティブシンドロームといった言葉に代表される，運動器障害に関わる機能低下に伴う健康阻害・死亡の問題である．つまり，80歳の高齢者男性に対して，腹囲が85cmを超えているか否かはあまり重要ではなく，歩行状態や生活空間，下肢筋力などの運動器に関わる健康状態の方が，高いQOLを保持し寿命を延伸させるためには重要となる．

　図I-4に示したように，健康問題の関心は，高齢後期を1つの境として，"疾病（メタボリックシンドローム）の予防"→"機能低下（ロコモティブシンドローム）の予防"に変化する．それに伴い，「健康・体力」に関しても，"肥満度"→"筋量"へ，「運動」は"エネルギー消費量としての身体活動量・基礎代謝量の確保"→"生活空間・社会参加"へ，「食事」は"カロリーバランス"→"必須アミノ酸をはじめとする栄養摂取状態の評価"へと変化し，ヘルスプロモーションにおいて重要視される評価内容も変化する．少子高齢化に伴う人口ピラミッドの変容に伴い，後期高齢者人口の急速な増加が予想される日本において，後期高齢者の健康をいかに守るか，健康寿命の延伸をいかに図るかは最重要課題の1つであり，その点において，健康問題の関心の変化を理解したうえで身体機能や健康状態の測定・評価を行うことが求められる．

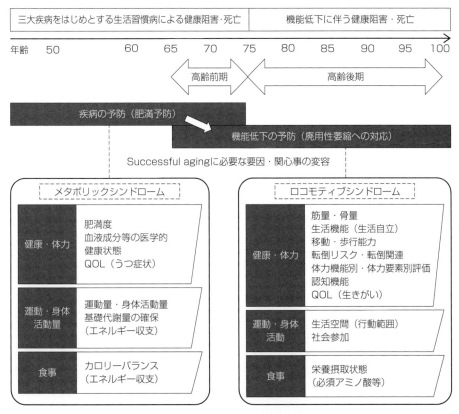

図I-4 年齢段階に応じたヘルスプロモーション

## 4. 高齢期における自立水準の多様化
### —活動体力水準と生活空間からみた高齢者の状態—

　前節でも触れたように，身体諸機能は加齢とともに低下するが，その低下傾向は生活習慣（運動・栄養など）や疾病・障害，遺伝的要因などの影響により個人差が大きい．高齢期はその個人差がもっとも顕著となるライフステージといえる．また，高齢期は，体力水準に加え，認知機能，抑うつ，心理状態，または社会的環境などによりライフスタイルに大きな違いが認められる．図I-5は，**活動体力水準**（縦軸）と**生活空間**（横軸）による高齢者の現状を示している．高齢期までは，活動体力水準と活動力はほぼ同義として捉えられる．活動力とは，日常生活活動をどの程度遂行できるかを意味し，低次には日常生活動作（ADL：Activities of Daily Living）の成就，高次には競技スポーツ活動や社会への積極的参加と考えられる．つまり，自己実現欲求を満たすための身体活動を遂行する能力が活動力といえ，図I-5の座標でいえば，右上（活動体力水準と生活空間が共に高い）位置が高い活動力を示す．高齢期では，身体機能（体力）の低下により生活空間が制限されるだけでなく，認知症や抑うつにより制限されることや「活動すると他人に迷惑をかける」，「周囲に友人がいない」，「外でやりたいことがない」などの社会的環境により制限されることもある．全年齢段階におい

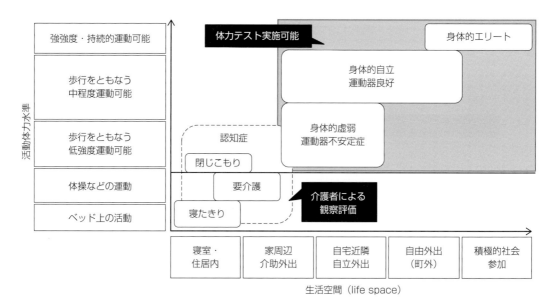

図I-5 活動体力水準と生活空間による高齢者の現状.

て共通することは,「自己実現欲求(生きがい)を満たすいきいきとした生活を営む」こと,すなわちQOLを高め,保持することである.体力はその重要な資源の1つである.高齢期以前ではほとんどの者が体力測定の実施が可能であるが,高齢期では,図I-6に示すように体力測定の実施が困難な者の割合が増加してくる.これらの高齢者の場合には,医学的アプローチ(医学的検査・治療)により少しでも活動力を取り戻すことが優先され,介護者の観察による身体機能評価が主となる.一方で,自立した日常生活を営む高齢者も多く,これらの高齢者には,積極的な身体活動により体力低下を抑制することや,体力測定による現状把握が重要となる.

　体力測定が実施可能な高齢者に対して,いかなる測定を行うかが問題となる.高齢期では,様々な身体機能が低下するが,その様態(どの体力要素が低下するか,どの程度低下するか)の個人差は拡大する.さらに,歩行に必要な脚筋力や平衡性に優れても,視聴力が著しく低下している場合には,歩行動作に支障をきたすように,身体諸機能のうちどれか1つが,自立生活を営むうえで障壁となるまで低下していると日常生活動作の成就は困難となる.したがって,体力要素一つひとつを全面的に捉えることよりも,様々な体力要素が総合的に発揮される日常生活動作が成就できるか否かという観点で測定することの重要性が高くなる.高齢者の体力測定をQOLの保持のための資源となる活動体力の現状把握と捉えるとすれば,これは合理的な考え方ともいえる.

　図I-6の高齢者の状況を理解するうえで,年齢を考慮しなければならない.我が国の平均寿命は男性80歳,女性86歳であり,2014年における100歳以上の高齢者数は58,820人とされている.すなわち,高齢期の期間は,平均寿命までで15〜20年,100歳まで生きた場合には約35年となる.日本のような長寿国では,高齢期は長期間のライフステージであるという認識を持つべきである.そのため,年齢を加味して高齢

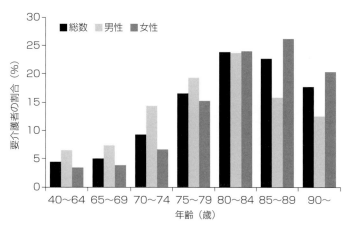

図Ⅰ-6　性・年齢階級別にみた要介護者等の構成割合
(厚労省：平成22年国民生活基礎調査)

者の現状を考える必要がある．図Ⅰ-6は厚労省の平成22年国民生活基礎調査による性・年齢階級別にみた要介護者の構成割合を示している（要支援，寝たきり含む）．65〜69歳の要介護者は男性で7.4％，女性で4.0％であるのに対し，80歳以降では20％をこえる．加齢とともに身体的に虚弱となるだけでなく，関節疾患や脳卒中，認知症の発症が増加するためである．

　図Ⅰ-7は，図Ⅰ-5の高齢期における体力低下の概念図（左図）と，高齢者の現状を組み合わせたものである．この概念図から，年齢区分によってもある程度高齢者を分類でき，高齢者を一様に扱うことが困難であることが理解できる．もちろん，65歳であっても「要介護」や「寝たきり」状態になる者もいるし，90歳であっても「身体的自立」水準の者もいるので，この概念図は，その年齢区分集団の一般的特性を示すものと理解しなければならない．重要なことは，高齢期といっても一様に扱うことはできないことである．

　「要介護」，「寝たきり」の高齢者は，体力測定実施が困難であり，基本的には健康・スポーツ科学領域にある本書の対象から外れることになる．しかし，要介護者と日常生活自立者には絶対的な境界線が存在するわけでない．なぜなら，要介護者であっても実施可能な体力測定が全くないわけではないし，治療や生活習慣によって身体機能の改善が期待でき，日常生活自立者に戻れる可能性もある．要介護者に対しては，日常生活自立者に戻ることを目標に，医師を中心としたメディカルスタッフと健康・スポーツ科学者が連携して包括的なアプローチが必要といえる．しかし，図Ⅰ-6から，「要介護」，「寝たきり」高齢者の割合は年齢区分別で5〜24％であるから，大部分の高齢者は，体力測定実施可能な高齢者であるといえる．

　「身体的エリート者」は，前節で示した壮年期の「健康関連体力」を高めることを目標として，各体力要素の体力測定を実施すべきである．「身体的自立者」や「身体的虚弱者」は「日常生活動作」を円滑に，持続して成就できることを目標として，活動体力を測定すべきである．

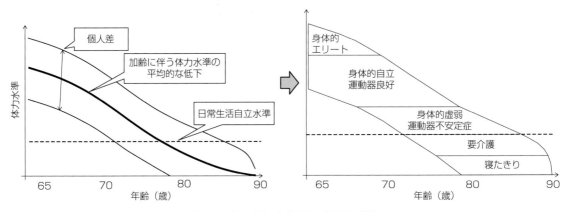

図I-7　体力水準の加齢低下と高齢者の分類

## 5. 各年齢段階におけるヘルスプロモーションと体力評価の目的・考え方

　　体力や身体機能の測定・評価は，それ自体が目的ではなく，何らかの目的のために行われる．そしてその多くは，各年齢段階に応じたヘルスプロモーションと密接に関係しているといえる．前述したように，年齢段階に応じて変化する体力特性を踏まえ，体力の捉え方や測定・評価の考え方も変える必要がある．本項では，各年齢段階に応じたそれらの特異性について解説する．

### (1) ヘルスプロモーションと身体機能の測定・評価における特異性

　　表I-1は各年齢段階における体力の考え方や測定・評価方法の特異性について概略をまとめたものである．発育発達段階にある青年期までは，健全な心身の発育発達がヘルスプロモーションの関心ごとであり，体力の測定・評価もこの観点から主に行われる．この時期に見られる体力の個人差は，発育発達速度（発育発達段階）の差によ

表I-1　年齢段階に応じた体力の考え方，測定・評価方法の特異性.

| 年齢段階 | | 体力の考え方，測定・評価方法の特異性 | | | |
|---|---|---|---|---|---|
| | | ヘルスプロモーションの関心ごと | 身体機能測定・評価時に注意すべき点 | 評価の方法 | 重要視する身体機能 |
| 幼児期 | 〜5歳 | 健全な発育発達 | 発育発達段階 発育発達速度の個人差 | 各種動作（走・跳・投など）の成就能力の評価 | 神経機能（調整力） 基礎運動能力 |
| 児童期 | 〜12歳 | | | 体力要素別評価 | 基礎運動能力 行動体力 |
| 青年期 | 〜19歳 | | | | 行動体力 |
| 壮年期 | 〜44歳 | 生活習慣病（メタボリックシンドローム）の予防 | 健康状態 | | 健康関連体力 |
| 中年期 | 〜64歳 | | | | |
| 高齢前期 | 〜74歳 | 介護予防・転倒予防 | 健康状態 自立水準 | 各種動作（日常生活動作）の成就能力の評価 | 健康関連体力 転倒関連体力 自立に必要な体力（運動器） |
| 高齢後期 | 75歳〜 | | | | |

る場合も多く，発育発達ピーク時に現れる能力差とは若干意味合いが異なることを理解した上で測定結果を解釈する必要がある．特に，幼児期や児童期では，月齢による発育・発達の差が顕著であり，月齢を考慮した評価基準の作成なども必要かもしれない．また，この時期には，純粋な能力の優劣よりも発育・発達スパートがいつ現れるか（早熟か晩熟か）がパフォーマンスの優劣として結果的に現れることも多い．仮に評価値が劣っていてもそれは能力の優劣を必ずしも直接的に示すものではない可能性もあり，運動・スポーツに興味を失わせない工夫が必要である．さらに，この時期の体力の個人差は運動経験の差が影響していることも多い．前述したように，幼児期，児童期には様々な運動経験を積ませ，様々な動きの神経回路を構築することが重要である．健全な発育発達に必要な運動の実施を促すフィードバックが重要である．

　体力が衰退期に入る壮年期から中年期におけるヘルスプロモーションの関心ごとはメタボリックシンドロームを代表とする生活習慣病の予防であり，体組成（肥満度）評価の重要性が高まる．加えて，各種体力要素の低下の程度を把握するとともに，それらの測定結果を身体活動量増加に結びつけるような働きかけが重要となる．すなわち，ウェイトコントロールや体力低下抑制を促すための運動・スポーツの重要性を理解させ運動習慣の生活化を図る働きかけが重要である．

　高齢期に入ると，メタボリックシンドロームの予防から介護予防・転倒予防にヘルスプロモーションの関心ごとが変化する．特に健康寿命に達した後期高齢者に対しては，肥満度よりも筋肉量を維持させ運動器を良好な状態に保つことの重要性を理解させる必要がある．したがって，体力テストにおいても，日常生活の自立に必要な身体諸機能や筋肉量が維持されているか，日常生活のどのような場面にどのような介護を必要とするかという観点からの評価が重要視される．

### (2) 体力（身体機能）の評価方法の特異性

　前述したように，各年齢段階で重要視すべきヘルスプロモーションの目的は異なり，それに伴い体力（身体機能）の測定・評価においても重要視すべき内容が異なる．加えて，身体の発育発達の特性も年齢段階によって異なり，ヘルスプロモーションの目的だけでなく，これら身体の発育発達特性を踏まえた体力・身体機能の評価を行う必要がある．例えば，青年期では，各体力要素に応じた体力テスト項目があり，それらを用いて体力を測定・評価するが，すべての年代において同様な方法を用いることは適切ではない．

　幼児期から児童期（初期）にかけては，各種体力要素が未分化であることに加え，神経系の発達が著しく，パフォーマンスの優劣には，筋力，持久力といった各体力要素の優劣というよりも全身の調整力の優劣に強く影響される場合が多い．この時期には，走・跳・投の基本的な運動動作を中心とした各種動作の成就能力の評価が重要視される．走・跳・投動作の速さや長さなどが一般に測定される．その測定結果には筋力や敏捷性など特定の体力要素も関与するが，体全体の動きの巧みさや協調性が測定値の優劣（個人差）に大きく影響する．よって，いわゆるCGS単位による評価ではなく，動作の成就の程度を質的に評価する場合もある．

　児童期の後半から青年期，中年期にかけては，各体力要素が独立して評価され，そ

の発達や低下の度合いが評価される．

　その後，高齢期では，幼児期と同様に動作の成就能力の評価が重要視されてくる．つまり，身体機能が低下した高齢者の場合，青年期のように，体力テスト項目と体力要素を一対一対応で評価することが必ずしも適切ではないことを理解しておくべきである．例えば，開眼片足立ちテストはいずれの年代においても平衡性の代表的なテスト項目である．青年期ではそのパフォーマンスの優劣に主に平衡性の関与を仮定するが，高齢者の場合には，平衡性だけでなく，下肢の筋力の関与も大きい．よって，高齢者の場合，特に立位姿勢保持を要するテストでは，複合的な体力要素の優劣がパフォーマンスの優劣に影響すると考えてテスト結果を解釈した方が適切である．加えて，体力テストに対する価値観の変化も，評価方法の特異性に影響する．高齢者の場合には，青年期のような"より強く，より高く，より速く"といった価値観ではなく，"自立した日常生活を営むのに必要な身体能力が十分備わっているか否か"が重視される．そのため，各体力要素の優劣よりも，日常生活の中で行われる様々な動作のうち，どの動作がどの程度成就できるのか，どのような生活場面でどのようなサポートを要するのかを明らかにすることが求められ，より日常生活で行われる動作に即した形での体力評価が望まれる．

〔佐藤　進・山次　俊介〕

## Ⅰ部　サクセスフル・エイジングと高齢者の体力評価との関わり

# 2章

# 高齢者の捉え方
## ―高齢期に見られる種々の特徴―

　1章では，日本の高齢社会の現状やそれを踏まえたヘルスプロモーションの考え方等について概説した．本章では，測定対象となる「高齢者」の特徴について概説する．

## 1. 年齢的な定義・区分

　高齢者は，国際的および社会的には65歳以上の者を指すことが一般的であり，行政的な種々の施策などもこの区分が用いられている．また，Neugarten (1970) の提唱した65-74歳を高齢前期（老年前期），75-84歳を高齢後期（老年後期），85歳以上を超高齢期とする区分も一般的に用いられている．

　「高齢化社会」とは総人口に占める高齢者人口の割合が増加していく社会を指す．国連では，高齢者人口が7％を超えると「高齢化社会」，14％を超えると「高齢社会」，21％を超えると「超高齢社会」と定義している．これは高齢者人口が7％を超えると高齢化率が急速に上昇するといった人口動態研究などに基づく．わが国の高齢化率は，2011年現在，23.3％に達しており「超高齢社会」となっている．しかし，わが国の高齢化率は今後も上昇することが予想されており，「高齢化社会」（社会の高齢化）は進行中といえる．

## 2. 高齢期にみられるさまざまな"老化"

　前述したように65歳以上は高齢期（老年期）と呼ばれ，人間が生まれてから死ぬまでの最終齢期ともいえる．高齢期には種々の身体機能や生理機能に変化（老化）が現れ，"喪失期"ともいわれる．高齢者は，これら身体的・心理的な変化とも向き合い（自覚し）ながら過ごす（適応する）ことが求められる時期でもある．

### (1) 身体的・生理的変化
　高齢期に見られる身体的・生理的変化の特徴を以下に示した．

身体的・生理的変化

| 身長と体重，身体組成 | 身長の低下はおよそ40歳代頃からはじまり，加齢とともに大きくなり，60歳代から70歳代の間でその低下は最大となる．身長低下の主な原因として背筋の萎縮，椎骨と椎間板の退行変性による脊柱の変化などが考えられる．身長の減少は男性より女性において顕著である（骨粗鬆症の影響）．体重は中年で増加し，老齢期に減少する．男性は30歳代，女性は40歳代で最大となる．体重減少の原因として，筋肉，水分，骨の減少などが考えられる．高齢期の身体組成の特徴として，男性では皮下脂肪厚や除脂肪量の低下は緩やかであるが，女性では概ね70歳代を境に皮下脂肪厚や除脂肪量は男性に比べて減少率が大きい傾向にある． |
|---|---|
| 姿勢・歩行 | 加齢にともない，背筋をまっすぐ伸ばした姿勢をとるのは難しくなり，背中が曲がり上体は前屈気味になる．これは腰や背中の筋力が衰え，椎骨の変形や椎間板の変性によって起こるといわれている．上体の前傾が進行すると，骨盤全体の後傾により脊柱を起こそうとする．この際，重心が後方に移動するのを防ぐため膝関節を屈曲させることになる．高齢になると，立位時に膝関節が曲がり気味になるのはこのためである．屈曲の度合いが大きくなると大腿筋への負担が大きくなるので，手を膝または大腿部に置いて補助しなければならなくなる．歩行に関しては，歩幅が狭くなり，両脚が地面に着いている時間が長くなり，両脚の横方向の間隔が広がる傾向にある．これらは，筋力やバランス能力の低下，姿勢の変化といった様々な身体的変化に適応して支持基底面を確保し安定を図るためと考えられる． |
| 皮膚 | 皮膚の色つやが変化し，しわも増える．老人性色素斑と呼ばれるシミが増え，広がっていく．汗腺機能低下や数の減少により，汗をかきにくくなり，体温調節も難しくなる． |
| 目・視力 | 老眼は，加齢によって起こる特徴的な現象の1つである．新聞や書物を読むのに距離を離さなければならなくなり，老眼鏡が必要となる．はっきり見ることのできる最も近い距離（近点）は，歳とともに長くなるが，この変化は子どものころから徐々に進行している．老人性白内障も，目に現れる代表的な老化現象の1つである．50歳代で60％，70歳代で90％，90歳代でほぼ100％に認められるといわれる．これは，水晶体が濁って不透明になり，また茶色味を帯びるため，視力が低下し，色の区別が困難になり，著しい場合には失明に至るものである．また，水晶体が茶色味を帯びることで緑，青は黒く見え，ピンクと赤の区別が困難になる． |
| 耳・聴力 | 高齢になると一般に耳が遠くなるが（老人性難聴），とくに高音が聞こえにくくなる．聴力の低下は20歳代からすでに始まっており，女性に比べて男性のほうが低下の程度が大きい．日常会話で使用される言語の音域はほぼ250～8,000Hzであり，この領域（通常500, 1,000, 2,000Hzで検査）で30dB以上の低下があると日常生活に支障が出るといわれる．聴力低下も個人差が大きく，補聴器が必要になる場合もある．日常生活に支障を来すほどの聴力低下は，60歳以上で出現し始め，80歳代で約半数に達するとの報告がある．この聴力低下は，おもに内耳の感覚器と脳の神経に起こってくる変化による．また，日常生活では，単に音が聞こえるか聞こえないかということのほかに，言葉を正しく聞き取れるかどうかの語音弁別能力も重要である．語音弁別能力の低下は50歳代から始まる． |

| 骨 | 骨密度や骨量は，身体部位によっても変化は異なるが，概ね20～40歳代まではピークを保持し，その後加齢にともなって減少していく．とくに40～50歳代以降の女性の加齢による骨量の減少は著しく，これには閉経後のエストロゲン欠乏が大きな影響を及ぼしているといわれている．骨密度はいずれの部位においても，男性の加齢による低下は女性より小さく，50歳代以降，加齢にともない男女差は顕著に拡大する傾向がある．骨の加齢変化は男女差や骨の部位により異なるが高齢期の減少は著しい． |
|---|---|
| 睡眠 | 高齢者の睡眠時間は加齢に伴い短く，また，寝付くまでの時間も長くなる傾向にある．睡眠の深さも浅く，睡眠が中断されることも多くなる傾向にある．精神疾患に伴い睡眠障害を訴える場合も多い． |

### (2) 高齢者の体力の変化

　図I-8は，体力の加齢に伴う変化の概念図である（身体機能別の加齢変化の特徴の詳細はI部3章参照）．体力は20歳代をピークに低下し，高齢期には低下の程度が顕著になる．また，体力水準の個人差は青年期以降拡大する傾向にある．青年期以降の体力水準の個人差は，青年期までのそれとは異なり，日常生活における運動習慣など体力低下を遅延させる取り組みの有無やケガ，病気などの要因が強く影響する．図に示したように，50歳代の平均的な体力水準にある人の場合も，60歳代には運動習慣を持つことで体力エリートになることもあれば，運動習慣を持たないことや疾病・ケガなどで体力が低水準になることも考えられる．

　このように，体力の衰退期を迎えた高齢者の体力や運動能力には大きな個人差があるが，それらの特徴をまとめると以下のようになる．高齢者の体力を評価する際には，これらの特徴は理解しておくべきである．

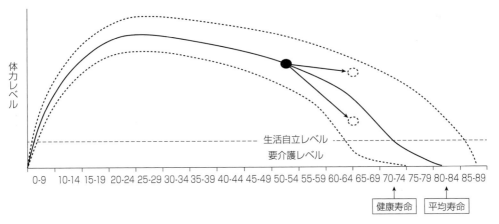

図I-8　体力発達と低下の概念図

### 高齢者の体力および運動機能の特徴
(藤原勝夫,碓井外幸,立野勝彦(1996):身体機能の老化と運動訓練—リハビリテーションから健康増進まで—.日本出版サービス,pp.232-233.を著者一部改変)

| | |
|---|---|
| 身体活動度の低下 | 高齢者の場合,運動に対する自然の欲求もなく,また労働による身体活動の強制もなく,からだを動かす動機,機会そして場所が極度に制限されている |
| 基本的運動の質および量の変化 | 活発な身体活動の減少,歩行などの基本的運動量の減少,姿勢の変化や関節可動域の減少による運動様式の変化などが生じる |
| 体力の低下と疾病の増加 | 呼吸,循環などの生理機能の低下,予備力の低下が見られる |
| 回復力や適応能の低下 | 疲労からの回復力,治癒力,体温調節能,ストレス・侵襲などに対する防衛能力の低下がみられる |
| トレーナビリティの低下 | トレーニングにより体力や生理機能は増強するが,その効果が小さく,また長期間のトレーニングを要する |
| 生体組織の硬化・脆弱化 | 特に骨や筋肉,関節などの運動器の機能低下がみられる |
| 循環器系の運動応答の変化 | 同じ運動を行なっても,高齢者では若年者より血圧の上昇が著しい.また,最大心拍数が少ない.運動時の最大心拍数は加齢に伴い低下する |
| 瞬発力の低下 | 瞬発的なパワーやスピードのある運動能力の低下が顕著となる |
| 運動の調整力の低下 | 反応が遅くなり,動作の協応能および平衡機能が低下する.そのため転倒や接触事故を起こしやすい |
| 個人差の増大 | 高齢になるにつれて,それまでの運動経験の違いが身体機能に大きく反映されるようになり,体力,その他の生理機能の個人差は増大する. |

　「体力がある」人とはどのような人かについて考えてみると,若年者の場合,いわゆる「行動体力」の優劣のことを指すことがほとんどである.一方,高齢者の場合,「出歩くことができる,病気にかからない,長生きしている,しっかり食べられる」など,「行動体力」だけでなく,「健康」や「寿命」などの概念との関係のなかで捉えるようになる.この背景には,高齢期が心身の様々な機能の加齢に伴う衰えを迎える時期であることがあげられる.

　また,上述したように,高齢者の体力は加齢に伴い低下するとともに,その個人差が拡大することが指摘されている.高齢者の体力水準は日常生活における自立水準(他人の介護を必要とするか否か)と密接に関わる.自立水準の枠組み自体が若年者と大きく異なるわけではないが,いわゆる「一般の人」の自立水準レンジの拡大や多様化がみられる.

　生活自立水準以下の人の増大:高齢期では,生活自立(日常生活を自立して営むことができるレベル)以下の者の割合は,若年者のそれよりも圧倒的に多くなる.若年者の場合,特別な疾病や障害を有する者が主にこの水準に該当するが,高齢者の場合,

加齢に伴う機能低下や転倒などのケガなどにより，生活自立水準以下になる可能性が万人にあるといっても過言ではない．

　高体力者（体力エリート）の増大：若年者における「高体力者」は，ある特別な素質を有する者や，特別なトレーニングを継続的に積んだ者が主に該当する．一方，高齢者の場合，若年期における行動体力の優劣に関わらず，若年期以降の機能低下を遅延させる取り組み（生活習慣）により，高水準の体力を維持することができる．すなわち，自然現象としての純粋な「加齢に伴う変化」よりも，それ以外の要因の方が高齢期の自立水準には強い影響を及ぼす．

### (3) 高齢者の抱える健康上の問題

　上記のような身体的・生理的な変化に伴い，高齢期には様々な疾患も生じてくる．以下は高齢期にみられる代表的な疾患や老化現象をまとめたものである．また，高齢者の健康面の特徴として，①個人差が大きい，②一人で複数の疾患を有する，③多臓器障害や合併症を起こしやすい，④慢性疾患が多い，⑤症状や症候が非定型的である，⑥副作用が出やすい，⑦急変しやすい，⑧治りにくい，⑨予後が家族や環境などの社会的要因の影響を受ける，などがある．

**高齢者の代表的な生理的変化と疾患**

| | |
|---|---|
| 皮膚 | 色つやがなくなり，しわが増え，汗をかかなくなる |
| 耳 | 老人性難聴が増える．高音が聞こえにくくなる |
| 視力 | 老眼，老人性白内障が増える |
| 脳疾患・脳血管疾患 | 脳の器質性疾患（認知症など）や機能性疾患（うつ病）が増える．脳血管疾患が増加する． |
| 肺炎 | 高齢者に多く発症する（高齢者の死因第3位）． |
| 嚥下 | 噛む力が低下し，飲み込む力が低下する． |
| 骨粗鬆症 | とくに女性に多く見られる． |
| 心疾患 | 動脈硬化がすすみ，心疾患が増加する（高齢者の死因第2位）． |
| がん | 高齢者の進行は緩やかであるが発症率は高い（高齢者の死因第1位）． |
| 糖尿病 | 高齢者に多く発症する．合併症（失明，失禁，疲労）が多いことも高齢者の特徴である． |
| 泌尿器科系 | 膀胱容積が小さくなり，頻尿や夜間尿が頻繁になる．夜間頻尿は転倒のリスク要因にもなる． |
| 脚力 | 筋量が減少し，筋力も低下する．下肢筋力の低下は重要な転倒のリスク要因である |
| 姿勢 | 腰や背中の筋肉が弱り，背が曲がり前屈ぎみになる |

## 3. 高齢期におけるライフイベントとそれに対する個人的・社会的適応

　高齢期は日常生活の様々な場面において自分が老いていくことを自覚する時期でもある（老性自覚：age identification）．心身面での老化や社会面での老化が相互に関連し合いながら自覚されていく．表I-2は，高齢期のライフイベントとそれに伴い生じる喪失体験・獲得体験をまとめたものである．加齢に伴う機能低下のように長い時間をかけながら徐々に進行し日常生活に影響を及ぼすことがらとは異なり，その出来事（ライフイベント）の前後で急激な変化を強いられることがある．高齢期の主なライフイベントには，子どもの自立（親役割の終了），退職，配偶者との死別，施設入所などがあげられる．これらのライフイベントでは，その出来事の発生を境に生活が大きく変化することが多く，事前の準備や発生後の周囲のケアが必要となることも多い．社会に出て働き続けていた人（とくに男性）にとって，退職は大きな試練であり，スムーズな定年後の生活への適応のための事前準備は重要である．配偶者との死別も大きなライフイベントの1つである．配偶者との死別後は周囲の精神的ケアが重要である．平均寿命を考えた場合女性が夫を失うケースの方が多いが，男性が妻を失った場合，家事をはじめとする日常生活が困難となることも多く，事前に家庭内の家事について自立する訓練などが必要といえる．

　高齢者は，これらのライフイベントや前述してきたような自身の老化（身体的・生理的変化など）と向き合い，それに適応していくことになる．このような老化に対する適応には，高齢者個人が感じる生活への満足度や幸福感といった「個人的適応」と，高齢者の社会階層の位置や社会参加の程度といった活動水準から老化への適応をみる「社会的適応」という2つの側面がある．一方，「サクセスフル・エイジング」という言葉に代表されるように，高齢期をいかに充実させて過ごすかということが，高齢者個人においても，社会的にも重要な関心事となっている．サクセスフル・エイジングとは，高齢になっても，健康で自立し，生産的に社会に貢献するという考え方をさしている．現在では，自立とは身体的自立のみを意味するだけでなく，個人の目標や生きる志向性を生かしていく精神的な自立を含めて捉えられている．また，生産性とは，

表I-2　高齢期のライフイベントと喪失・獲得
（東京都老人総合研究所（1997）：サクセスフル・エイジング　老化を理解するために．株式会社ワールドプランニング，pp216.）

| ライフイベント | 喪失 | 獲得 |
| --- | --- | --- |
| ＜前期高齢期＞ | | |
| 親役割の終了 | 生きがい・夫婦の共通目標 | 祖父母の役割 |
| 退職 | 勤労収入・生きがい・社会的役割・社会参加の場など | 年金・社会参加の場 |
| ＜後期高齢期＞ | | |
| 病気・障害の発生 | 健康・身体的自立 | 他者からの援助 |
| 配偶者や友人との死別 | 親しい人との人間関係 | 親しい人との思い出 |
| 施設入所 | 既存の生活全般 | 新しい生活 |

社会の中で収入を伴う経済活動だけを意味するのではなく，ボランティア活動や家事，地域活動など非経済的活動も，社会への貢献であり，生産活動としてみなされている．すなわち，高齢期においても，個としてのライフスタイルを維持し，他者とかかわり合い，相互の援助を行いながら，人間としての絆を深めることによって個人的および社会的に適応していくこと（宮原と稲谷，2005）が重要であり，その実践がサクセスフル・エイジングや高いQOLと密接に関わると考えられる．

　身体機能の維持や健康状態の保持は，これらの適応やサクセスフル・エイジングの実現には重要な位置を占めており，それらを測定・評価する際には，このような高齢者の特徴を理解しておく必要があろう．

［佐藤　進］

# I部　サクセスフル・エイジングと高齢者の体力評価との関わり

# 3章 体力の概念と各年齢段階における特徴

## 1. 体力とは

　一般に，体力とは，「人間の活動や生存の基礎となる身体的能力」と定義されている．活動の基礎となる部分を行動体力，生存の基礎となる部分を防衛体力として理解されている．これまで体力に対する幾つもの考え方が示されているが，多くはこの分類を基本としている（図I-9）．

　行動体力とは体内のエネルギーを身体運動という形で外部に積極的に発揮する能力であり，活動体力や運動能力と同義と考えられている．一方，防衛体力とは，外部（体外）からの各種ストレスに対し，これを防衛し自己の健康を維持しようとする能力である．各種外部環境の変化に対して生体は内部環境を一定の状態に保持しようとする防衛機能（恒常性）が働く．そのため，健康保持能力や抵抗力とも呼ばれる．外部環境の変化が小さい場合は，生体はよく適応し，内部環境は安定した状態を保持できるが，外部環境の変化が激しく，防衛機能の限界を超える場合，内部環境の恒常性は乱れ，生理機能に支障をきたす．特に高齢者は，その影響は大きいと考えられる．

　防衛体力について，構成要素を整理すると以下のようになる．防衛体力における構造には器官・組織の構造が含まれ，機能は4要素に分けられる．物理化学的ストレス

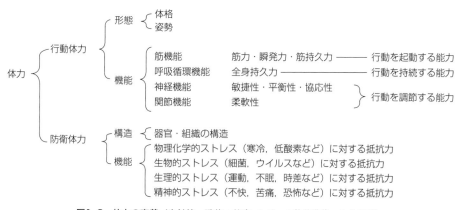

図I-9　体力の定義（出村慎一監修：健康・スポーツ科学講義，より引用）

に対する抵抗力とは，寒冷，暑熱，低酸素，高酸素，低圧，高圧，振動，化学物質などに対する抵抗力である．生物的ストレスに対する抵抗力とは，細菌，ウイルス，その他の微生物，異種タンパク（ヒト以外のタンパク質）などに対する抵抗力である．生理的ストレスに対する抵抗力とは，運動，空腹，口渇，不眠，疲労，時差などに対する抵抗力である．精神的ストレスに対する抵抗力とは，不快，苦痛，恐怖，不満などに対する抵抗力である．

　加齢にともない身体の器官・組織の構造に異常が生じたり，各種ストレスに対する抵抗力が低下したときに，生存にかかわる体力，つまり防衛体力の低下が生じると考えられる．行動体力の測定や評価は体力テストなどにより容易に行うことが可能であるが，防衛体力を測定あるいは評価するためには，免疫力やストレス耐性の検査などの医学的検査が必要となる．

## 2. 体力の加齢変化の特徴

### （1）幼児期・児童期・青年期

　幼児期は未発達の身体諸器官が発育発達する時期であるとともに，走・跳・投をはじめとする種々の基本的動作を獲得していく時期である．図I-10に示したスキャモンの発育発達曲線からもわかるように，生まれてから5歳ころまでには，神経系の発達が著しく（成人の約80％程度），さまざまな神経回路が形成される大切な時期である．また，「一般型」に示される骨格，筋，内臓などは，4歳ころまで急激に発育するが，成人の約30％程度の発育量であり，まだ十分に発育していない時期といえる．体力も未分化であり，個々の体力要素に焦点を当てるよりは総合的に測定・評価することが重要となる．したがって，身体機能の評価に際しても，力強さ，速さ，粘り強さといった，いわゆる筋力や持久力といった視点からの評価ではなく，種々の動作を「どのように」「どの程度」成就できるかの評価に主眼を置くべきである．

　身体の使い方・身のこなしには，運動成就に必要な運動器や感覚器を適切に制御するための神経-筋の協同が適切に行われる必要がある．走・跳・投を基本とした運動能力テストにおいても，瞬発力や筋力の優劣よりも，それらの基本動作を成就するための全身の調整力の優劣がテスト結果の優劣には強く関与する．したがって，走・跳・投の基本的動作に加え，様々な運動動作を用いた調整力（平衡性，敏捷性，巧緻性など）の測定・評価が重要視されている．

　児童期から青年期にかけては，骨格，筋，内臓が徐々に発育発達し，青年期には体力の

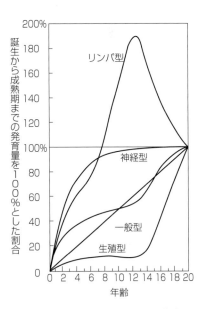

図I-10　スキャモンの発育発達曲線

ピークを迎える．この時期には次第に個々の体力要素を独立して測定・評価できるようになる．このことは，体力テストの結果に現れる個人差が，幼児期のような「その動作をいかにうまく行うことができるか」ではなく，その動作の成就に関与する身体機能（筋力や瞬発力，持久力）の個人差に寄与することを意味する．

しかし，この時期は，すべての体力要素が一様に発達していくわけではなく，年齢段階によって著しく発達する時期（年間発達量）は異なる．宮下（1980）によると，11歳以下は脳・神経系，12～14歳は呼吸・循環器系，15～18歳は筋・骨格系の年間発達量がピークを迎える（発達（能力水準）のピークに達するという意味ではない点に注意）．体力や身体機能を測定・評価する際には，これらの特徴を理解しておく必要がある．

### (2) 壮年期・中年期・高齢期

図I-11は，筋力（握力，背筋力），瞬発力（垂直跳），反復横跳，全身反応時間（敏捷性），閉眼片足立ち（平衡性），立位体前屈（柔軟性），20mシャトルラン（心肺機能）における加齢変化の特徴を知るために，『新・日本人の体力標準値』を利用して，20歳時の値を100とした場合の各年齢段階における割合を男女別に示した．これをみてもわかるように，いずれの機能においても，10歳代後半から20歳代後半の時期に発達のピークを迎え，その後，加齢に伴って徐々に低下していく．

機能別に低下の特徴を見てみると，青年期以降，呼吸・循環器系がまず低下し，その後，瞬発力，神経機能（平衡性，敏捷性など）の低下が見られる．筋力は中年期にはいっても他の体力要素と比較すると維持傾向にある．関節機能（柔軟性）は中年期までの低下は少ない傾向がうかがえる．

これらの低下現象は，トレーニングを行っている・いないにかかわらず避けられない．つまり，30歳をすぎると，運動していたとしても，体力水準の高い者も低い者も，体力の最高レベルは加齢に伴って低下していく．ただし，若いときに体力水準が高かった者は，その後も比較的高いレベルに保つことができることや，運動を続けている人ほど体力の低下が緩やかであることが知られている．このことは，第1に，発達がピークを迎える10歳代後半から20歳代後半の時期に，どれだけ体力水準（機能水準）を高めておくかによって，その後の加齢に伴う身体諸機能の低下に対してどの程度余力を持つことができるかが決定されること，第2に，体力レベルのピークを迎えた後，定期的に運動を継続していくことが重要であることを意味する．さらに，これらの要因の違いにより，青年期以降，特に高齢期には体力レベルの個人差が非常に大きくなってくる．

### (3) 高齢期における体力の変化

高齢期には身体諸機能が低下し，一般的に体力水準も加齢に伴って低下することが知られている．しかし，体力の低下の仕方には個人差が大きく，また，体力要素によって低下の仕方が異なることが報告されている．ここでは，60歳代から80歳代以降までの間に体力特性がどのように変化するかについて検討したわれわれの研究結果を紹介する．

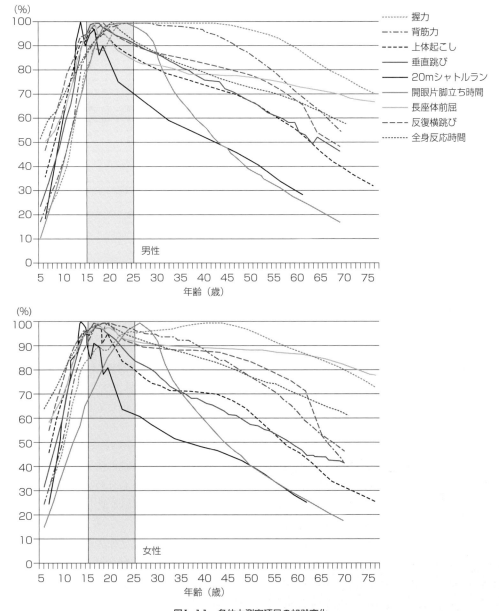

図I-11　各体力測定項目の加齢変化

　60〜89歳の健常な在宅高齢者1,042名を対象に体力テストを実施した．図I-12は60歳代の平均値を100とした場合の各年代の割合を示している．開眼片足立ち，垂直跳，肩腕力（肩および上肢の筋力），全身反応時間における60歳代から80歳代までの低下量は大きく，立位体前屈，タッピング・ステッピング（四肢の敏捷性），握力，体捻転の低下量は小さい傾向を示した．

　もっとも急激な低下を示したのは開眼片足立ちであり，65〜70歳代で約20％，その後約15％ずつ低下し，合計では男女とも60％以上低下した．他の研究結果でも同

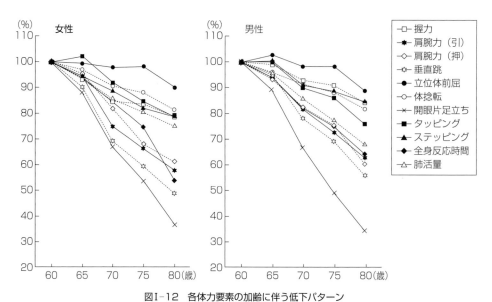

図I-12　各体力要素の加齢に伴う低下パターン
(Demura S et al: Physical-fitness declines in older Japanese adults. J Aging PhysAct. 11: 112-121, 2003)

程度低下することが報告されており，開眼片足立ちに代表される平衡機能は体力要素の中でも高齢期における加齢に伴う低下が著しいことがわかる．また，図I-12からもわかるように，平衡機能はある特定の年代で急激に低下するのではなく，65歳代後半以降，いずれの年代においても他の体力要素と比較して著しい低下を示すと考えられる．

　垂直跳および肩腕力は70歳代までに約20％低下し，その後約10％ずつ一定の低下を示した．低下パターンは男女で類似していたが，垂直跳の低下量は男性の方が大きい傾向にあった．開眼片足立ちや全身反応時間の結果とも合わせて考えると，全身を移動させる機能や筋機能は70歳代までの早い段階で著しく低下することに加え，70歳代後半や80歳代においても他の体力要素と比較して低下が著しい．

　立位体前屈はもっとも低下率が小さく，男性では加齢に伴う有意な低下は認められなかった．しかし，低下率を分析してみると，男女とも75歳代から80歳代にかけて，他の年代とは異なる著しい低下を示した．立位体前屈に関して，これまでの報告では，加齢に伴い緩やかな低下傾向を示すとされているが，結果からは，立位体前屈に代表される体前屈能力が低下する時期は他の体力要素と比較して遅く，75歳以降から著しく低下しはじめると考えられる．

　このように，高齢者の体力要素のうち，下肢の筋力，平衡性，全身反応の素早さが70歳代後半から著しく低下する傾向にある．これらの機能は移動能力や立位姿勢時の安定性と密接に関係している．高齢者の身体能力と行動範囲（移動範囲）とは密接な関係にあり，また，行動範囲は生活の質（QOL）にも影響を及ぼすことが指摘されている．

　転倒は，高齢者の行動範囲を抑制する要因のひとつにあげられ，健常な高齢者であっても短期間で要介護または寝たきり状態となる場合が多いことが報告されている．わ

れわれの研究結果では，健常な高齢者の開眼片足立ち，垂直跳，全身反応時間における低下率は男女とも高い．さらに，これらの機能は60歳代後半から70歳代の比較的早い時期から著しく低下しはじめ，その後も他の体力要素と比較して低下量が大きい．このことは，健常な高齢者であっても，60歳代後半以降，転倒に対する危険性が急激に高まる可能性を示唆している．

### (4) 年齢段階別の体力特性のまとめ

表I-3は，各年齢段階における体力の特徴についてまとめたものである．前述したように，体力は幼児期から青年期にかけて発達し，およそ青年期にピークを迎えた後，壮年期以降は高齢期に向けて低下する．その過程の中で，すべての体力要素が一様に発育発達・衰退するわけではなく，著しく発達する時期や低下する時期は体力要素によって異なる．

体力を測定・評価する際には，このような体力のピーク値の変化だけでなく，個人差の程度やその原因についても理解しておく必要がある．体力測定値の個人差は幼児期から青年期にかけて収束した後，高齢期にかけて拡大する．青年期までの発育発達段階における体力の個人差は，発育発達速度の違い（早熟か晩熟か）や運動経験の違いが主に影響する．体力水準がピークに達する青年期に見られる個人差は，体力の発達ピーク（到達点）の個人差が主であり，それには，自然な発育発達により到達する水準よりもさらに高い水準に到達するために必要なトレーニング量や運動経験の差が反映される．また，発達ピークの到達度には，遺伝的要素（素質など）も関与すると考えられる．壮年期以降の衰退期には体力水準の個人差が拡大する．この段階では，青年期の個人差（発達ピークの個人差）に体力水準の低下速度の違いが加わり，個人差は青年期までよりもさらに大きくなる．壮年期から中年期にかけての低下速度の違いには，運動習慣や生活習慣病（特にメタボリックシンドローム）をはじめとする疾病の有無などが強く影響する．教育現場である程度の定期的な運動習慣（体育の授業や部活動）が確保されている青年期までとは異なり，体力の個人差の原因となる要因

表I-3 加齢にともなう体力特性の変化．

| 年齢段階 | | 発育発達傾向 | 体力の分化 | 個人差 | 個人差の原因 |
|---|---|---|---|---|---|
| 幼児期 | ～5歳 | 発育発達段階 | 未分化 | 大 | 発育発達速度の違い（早熟・晩熟）運動経験の違い |
| 児童期 | ～12歳 | 発育発達段階 | | ↓ | |
| 青年期 | ～19歳 | 発育発達段階 発達ピーク | 分化 | 収束 | 運動経験の違い トレーニング量の違い 遺伝的要素 |
| 壮年期 | ～44歳 | 衰退期 | | | 低下速度の違い（運動習慣，疾病（生活習慣病），肥満度） |
| 中年期 | ～64歳 | 衰退期 | | ↓ | |
| 高齢前期 | ～74歳 | 衰退期 | 収束 | 拡大 | 低下の程度の違い（身体活動量，疾病（運動器障害，転倒），筋量） |
| 高齢後期 | 75歳～ | 衰退期 | | | |

がすべて個人の意志に委ねられている壮年期以降では，結果的に体力の個人差が拡大することも理解できよう．高齢期にみられる身体機能の著しい低下は，中年期までの体力水準の違いにも影響される．すなわち，青年期以降も定期的な運動経験を有し，体力の低下を最小限に留める高齢者の場合，高齢期における体力低下量も少ないが，壮年期までの時点で体力水準の低い者の高齢期における体力は加速度的に低下し，体力水準の個人差をさらに拡大させる．全体的に体力が低下する高齢期では，「どのレベルまで体力が低下したか」が「自立水準（介護を必要とせずに日常生活を送ることができるか否か）」と密接に関係する．したがって，自立水準を基準にどのレベルまで体力が低下したのかが重要な関心事となる．加えて，高齢期の場合，それまでの体力水準の高低に関わらず，転倒をはじめとするケガ・障害や疾病を原因とする不活動が，短期的な機能低下を誘発することにも注意が必要である．近年，特に身体活動を司る運動器の障害の重要性が注目されている．

## 3．高齢期に必要な（重要視すべき）体力

図I-13は，高齢者に必要とされる体力の概念図である．前述したように体力は防衛体力と行動体力に大別される．

　行動体力は，活動体力と同義となり，体力測定で捉える体力となる．防衛体力は，行動体力とともに重要な体力であるが，体力測定で扱うことはほとんどない．それは，防衛体力が外部環境からの様々なストレス（刺激）に対する身体内部環境の維持力，つまり恒常性（ホメオスタシス）の維持力であるから，その検査はストレス負荷に対する生理反応を測定することになり，安全性の点で困難であるからである．また，生理反応を検査したとしても，ストレスに対して適応できず身体症状を呈するか否かには個人差がある．医学検査の中には，防衛体力を捉えるものもあるが，上述の理由から健康・スポーツ科学領域では利用することはあまりない．防衛体力も高齢者にとっ

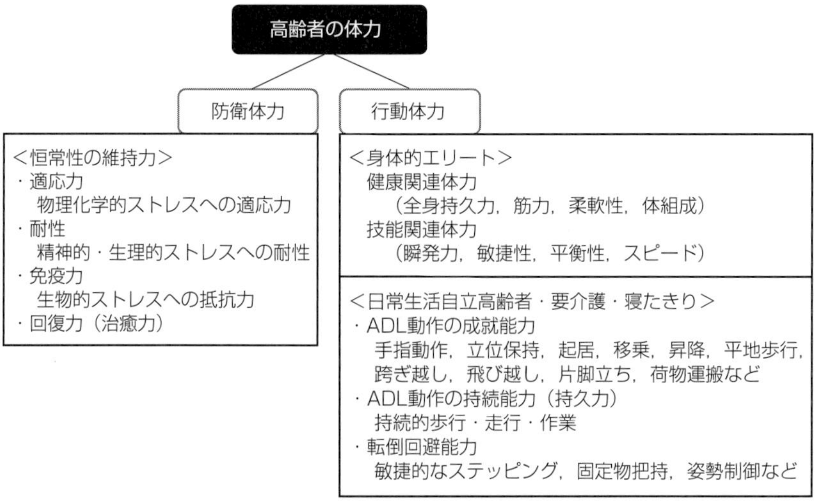

```
                        高齢者の体力
                       ┌──────┴──────┐
                     防衛体力        行動体力

  <恒常性の維持力>              <身体的エリート>
  ・適応力                        健康関連体力
      物理化学的ストレスへの適応力      （全身持久力，筋力，柔軟性，体組成）
  ・耐性                          技能関連体力
      精神的・生理的ストレスへの耐性      （瞬発力，敏捷性，平衡性，スピード）
  ・免疫力
      生物的ストレスへの抵抗力      <日常生活自立高齢者・要介護・寝たきり>
  ・回復力（治癒力）               ・ADL動作の成就能力
                                    手指動作，立位保持，起居，移乗，昇降，平地歩行，
                                    跨ぎ越し，飛び越し，片脚立ち，荷物運搬など
                                ・ADL動作の持続能力（持久力）
                                    持続的歩行・走行・作業
                                ・転倒回避能力
                                    敏捷的なステッピング，固定物把持，姿勢制御など
```

図I-13　高齢者の体力の概念図．

て重要な体力であることは間違いないが，行動体力を高めることで防衛体力も良好となる表裏一体の関係にあるので，高齢者は行動体力の維持・向上に努めるべきであると考えられる．

　高齢者であっても，体力の構成要素は若年者と同様であるが，"サクセスフル・エイジング"を目的とした体力の維持を考えた場合，上述の「行動体力」「防衛体力」といった分類とは異なる視点から体力を捉え評価する考え方がある．以下に代表的なものについて説明する．

### (1) 健康関連体力

　体力は，ヒトの身体活動や生命活動の基礎となる身体的能力である．特に高齢者にとっての体力は，健康長寿を全うするために重要であるといえよう．筋力や柔軟性，持久性などの体力要素は，歩行や階段昇降，衣服の着脱など日常生活にかかわる諸動作を支えている．体力を大きく健康関連体力と技能関連体力に分類すると，前者は，種々の慢性疾患や健康障害に関連する体力であり，全身持久性，筋力，柔軟性，筋持久力，身体組成といった要素が含まれる．後者は，平衡性，協調性，スピード，パワー，反応力から構成される（図I-14）．中年者では生活習慣病予防のために「健康関連体力」の改善がより強く望まれる．高齢者においても健康寿命延伸のために重要ではあるが，日常生活動作の円滑な遂行のために協調性を含む「技能関連体力」の維持・向上にも取り組む必要があろう．

　高齢者の体力は健康関連体力に焦点をあてる考え方が現在の主流となっているが，健康関連体力は，疾病や機能障害発症と関連する体力要素の個々のレベルが良い状態にあり，それらの発症の危険因子レベルが低い状態かどうかを問題とする．ところが，高齢者の場合は図I-7で示したように，壮年と異なり，基本的な日常生活を営む上で必要な最低限の体力レベル（基本的生活活動体力⇒生活基盤体力）をかろうじてクリアしている者の割合が高く，しかも図I-5の活動水準によって身体的エリート高齢者から要介護，あるいは寝たきり高齢者まで幅広いレベルにある．そのため，健康関連体力のみに注目した測定では高齢者の総合的な体力を捉えられない，または，日常生活を反映した能力を捉えられないといえるだろう．

図I-14　健康関連体力と技能関連体力．
(Pate RR (1983) : A new definition of youth fitness. Phys Sportsmed. 11: 77-83.)

表I-4 高齢者の体力と生活機能.

| 重症度 | 体力分類 | 体力要素 | 生活機能および獲得すべき標的ADL |
|---|---|---|---|
| 健康に関連のある体力 | | | |
| 重度 | 生命維持に必要な体力（病気に対する抵抗力も含む） | 姿勢保持筋力 | 半日以上の座位保持　標的ADL 食事・排泄・更衣動作など |
| ｜ 中等度 | 生活に必要な体力 | 筋パワーの獲得（筋の長い多関節筋） | 車椅子足こぎ・スクワットなど　標的ADL 歩行・入浴など |
| ｜ 虚弱 | 障害や外傷の治癒に必要な体力（病気，半健康からの回復） | 有酸素能力の獲得 | 歩行自立　標的ADL 散歩，階段昇降など |
| パフォーマンスに関連のある体力 | | | |
| ほぼ健常 | 社会活動に必要な体力 | 筋持久性の獲得 | 筋パワー＋歩行量の確保（最低1日4000歩）　標的IADL 余暇・家事・買い物・旅行など |
| ｜ 健常 | 緊急時に必要な体力 | 平衡性・協調性の確保 | 自転車・ゲートボール・畑仕事など　標的IADL ボランティア，他者の介護など |
| ｜ エリート | 競技に必要な体力 | 敏捷性の確保 | 個別トレーニングメニュー　標的IADL スポーツ愛好会，競技会への参加 |

　高齢者が「健やかに老いる」ためには，一定以上の体力，すなわち生活基盤体力を保持することが重要である．具体的には，①やや長い距離（4km）を，余裕を持って歩くことができる，②30段程度の階段をしっかりとした足取りで上がることができる，③とっさに身をかわすことができる，の3つの体力である．健康関連体力の要素のうち，心肺機能，筋力，筋持久力を如何に低下させないようにするかが重要と考えられ，特に下肢の機能低下を如何に予防するかが高齢者の生活基盤体力の充実の鍵となる．

　よって，高齢者では従来から用いられている体力分類より，健康に関連する体力要素や生活機能，日常生活動作（ADL）から整理すると理解しやすい．表I-4は高齢者の体力水準別に必要な体力要素と生活機能および獲得すべきADL（標的ADL）を示している．表の上から下に向かって体力レベルは高くなる．この項目から高齢者の体力には生活機能評価と動作の安定性，筋力や歩行スピードなどの最大能力，持久性（繰り返しの耐久性）などの体力要素が重要で社会生活と関連のあることがわかる．

### (2) 転倒関連体力

　高齢期において特徴的な観点として，「転倒予防」がある．高齢者は，身体機能の低下（運動器不安定症，視聴力の低下，認知機能低下，転倒回避能力の低下），ふらつき，卒倒や麻痺をともなう疾病や後遺症，関節障害や姿勢障害，ふらつきを副作用にもつ薬などの原因によって，姿勢制御できなくなったり，環境の変化に対応しきれず転倒する危険性が高い．さらに，加齢とともに骨粗しょう症が進むため，転倒の衝撃による骨折リスクも高まり，要介護・寝たきり状態の直接的な原因となる．骨折しなくとも，転倒経験の恐怖感から身体活動に制限が生じ，不活動な生活から要介護・寝たきり状態に陥ることもある（転倒後症候群）．転倒要因のうち，視聴力の低下や疾病，関節・姿勢障害，服薬は本人の努力だけでは改善しにくいが，転倒に関連する活動体力（転倒関連体力）を改善することで「転倒しにくい体力」，「転倒しそうになったときに回避する体力」は身に付けることは可能である．転倒は寝たきり高齢者を除いて，どの高齢者にも発生する可能性があり，転倒関連体力の高い高齢者は活動空間

表I-5 転倒関連体力の構成要素

| 移動・移乗能力 | | | | |
|---|---|---|---|---|
| 筋機能 | 体幹筋力 | | 腹筋力 | 体幹の安定性保持 |
| | | | 背筋力 | 体幹の安定性保持 |
| | 下肢筋力 | | 股関節伸展・屈曲力 | 階段歩行，台上への移動 |
| | | | 膝関節伸展・屈曲力 | 階段歩行，台上への移動 |
| | | | 足関節底屈力 | 蹴り出し動作 |
| 神経機能 | バランス能力 | | 静的バランス能力 | 立位姿勢の保持 |
| | | | 動的バランス能力 | 動作時の安定性 |
| 心肺機能 | 全身持久力 | | | 動作の持続性 |
| 転倒回避能力 | | | | |
| 筋機能 | 下肢筋力 | | 足関節背屈力 | つまずき防止 |
| | | | 股関節外転・内転筋力 | よろめき時の側方へのステップ |
| | 上肢筋力 | | 握力 | よろめき時の固定物への把持 |
| 神経機能 | バランス能力 | | 動的バランス能力 | よろめき時の姿勢回復 |
| | 敏捷性 | | 敏捷的なステップ能力 | よろめき時の素早いステップ |
| | | | 反応時間 | よろめき時の反応動作 |

も広い傾向にあるために転倒危険場面に遭遇する頻度も多くなる．しかし，転倒関連体力の高い者は，低い者に比べ，骨量が多い，またはとっさに衝撃を抑える転び方をすることから転倒によって重篤な怪我をしにくい．転倒は，日常生活動作において発生することから，転倒関連体力は日常生活動作を中心とした転倒に関わる活動体力と考えることができる．転倒関連体力は，自立した日常生活を営むうえで重要となる移動・移乗動作能力と転倒回避能力から構成される（表I-5）．

### 1）移動・移乗能力

前述したように，各体力要素が加齢とともに全面的に低下することによって，高齢期では日常生活動作（ADL）の成就が容易ではなくなる．とりわけ，移動・移乗動作が困難となると要介護・寝たきり化につながる．また，転倒は移動・移乗動作中，動作の開始時（歩行開始，起立時）に多く発生することからも，移動・移乗動作能力を高めることが重要といえる．したがって，移動・移乗動作に関わる，体幹・下肢筋力（筋機能），バランス能力（神経機能），さらにそれを持続させる全身持久力（心肺機能）は，高齢者にとって自立した日常生活を営むためだけでなく，転倒を予防するためにも重要な体力と考えられる．

### ①体幹・下肢筋力

体幹筋力（腹筋，背筋）は，動作中の体幹の安定性を保持するために重要となる．ヒトは足を地面に接地させているので，頭部は逆振り子のように揺らぐことになり，その揺らぎを体幹筋力によって小さくすることが動作の安定性につながる．逆に，体幹筋力が弱いと動作の不安定性から恐怖感を感じることになり，身体活動の制限につながる．

また，水平方向の歩行において，足関節の底屈力によって歩幅が決定されるため重要となる．さらに，移乗動作や階段，坂道歩行動作には，身体重心位置を上方もしくは下方への移動を要し，股関節，膝関節の伸展・屈曲力が重要となる．

②バランス能力

　バランス能力は，立位姿勢保持を安定させる静的バランス能力と身体重心位置の移動時の姿勢を安定させる動的バランス能力に大別される．安全な移動，移乗動作のためには，身体重心位置が移動方向のベクトルから逸脱しないことが重要でありバランス能力はその安定に関わる．

③全身持久力

　生活動作を継続するために，全身持久力は重要であり，特に移動動作を持続して行えることが生活空間を拡大するためには必要となる．つまり，全身持久力が日常活動量を決定する重要な要因となる．動作の継続は，筋力発揮の持続であるから筋持久力も貢献することになる．

2）転倒回避能力

　上述した移動・移乗能力に関与する体力要素は動作の効率性，安定性を高めるので，転倒発生リスクを低減する．しかし，若年者であっても，つまずきやスリップなど大きな外乱が生じた場合は転倒する．したがって，転倒予防において，転倒する直前，つまり地面に腰や手がついてしまう前に回避する動作（転倒回避動作）を実行できるための体力も重要となる．転倒回避能力は，日常生活において発生する転倒によって重篤な障害を防ぐために必要な体力である．日常生活動作を円滑に，安定的に実施できれば，転倒リスクは低くなることから，転倒関連体力はADL動作の成就能力と一致するところが多い．しかし，転倒関連体力のうち，転倒回避能力は，なんらかの外乱（つまずき，スリップ，ふらつきなど）によって姿勢制御限界を突破したときに，転倒を防ぐための防御手段をとる能力である．このような状況は，日常生活において頻繁に起こるものではないため，日常生活動作の成就能力は高くても，転倒回避能力が低い者は少なくない．転倒は，頭部または体幹が支持基底面（足部で支持している床面）から投げ出されるので，股関節方略を主として上体を支持基底面内に引き戻す体幹筋力や動的バランス能力が重要となる．それでも，支持基底面に重心位置を留められない場合，近くの固定物をとっさに把持して転倒を防いだり，素早いステッピング動作で支持基底面を拡大し，姿勢保持する能力が必要となる．素早く対応するためには敏捷性が重要となる．これらが転倒回避能力と定義できる．転倒回避動作では，身体がよろめいた方向にとっさに一歩踏み出す（代償的ステップ），または近くの固定物を把持する必要がある．したがって，移動・移乗動作に関わる，下肢・下肢筋力（筋機能），バランス能力，敏捷性（神経機能）が転倒回避動作に関わる重要な体力要素となる．十分な下肢筋力があれば，一歩の代償的ステップで重心動揺を制動できるが，そうでなければ複数のステップを要し，転倒しやすくなる．

①下肢・上肢筋力

　身体が前方に代償的ステップする場合，蹴り出し動作に関わる足関節底屈力とともに前方へ踏み出したつま先を挙上するための足関節背屈力が重要となる．また，側方への代償的ステップにおいて，側方への脚を振り出す股関節外転・内転力が重要となる．さらに，近くの固定物を把持し，身体の地面への着床を防ぐために握力も必要となる．

②バランス能力

身体重心位置が支持基底面から逸脱しそうな局面において，体幹を逆方向へ振り戻し，姿勢回復する，股関節方略による動的バランス能力が重要である．

③敏捷性

適切な転倒回避動作には，外乱により姿勢が崩れたことを知覚し，素早く反応動作にはいる反応時間，および敏捷的なステップ能力が貢献する．

### (3) 自立に必要な体力（運動器）

高齢者の身体機能は，図I-15に示すように，加齢とともに低下する．活動的な生活を送ることでその低下を緩やかにすることはできるが，運動不足な生活は，低下を加速させる．また，高齢者の場合，身体的疾患（障害・病気）によって不活動な期間が長くなると，身体機能は，寝たきり状態まで一気に低下することが多い．高齢者を不活動にする身体的疾患として，運動器障害が挙げられる．したがって，転倒関連体力の改善，評価において，運動器障害をハザード因子として考慮しなければならない．

厚生労働省（2010）の調査によると，高齢者が要介護状態に陥る原因の4位が関節疾患，5位が骨折・転倒である．いずれも，日常生活動作の成就に必要不可欠な運動器に関する要介護化の原因であり，両者を合わせると，1位の脳血管疾患に匹敵する．これらから，運動器の障害が，高齢者の生活の質（QOL）に及ぼす影響が非常に大きいことがうかがえる．

運動器とは，身体活動を司る神経・筋・腱・骨格・関節とそれを覆う皮膚，栄養にかかわる血管などを総称したもので，消化器・呼吸器・循環器などの表現に対応したものである．運動器疾患の代表である変形性膝関節症有病率は男性で42.6％，女性で62.4％，変形性腰椎症では男性で81.5％，女性で65.5％である．また，腰椎における骨粗鬆症では男性で3.4％，女性で19.2％，大腿骨頸部では男性で12.4％，女性で26.5％である．これら変形性関節症あるいは骨粗鬆症と診断される人は，男性で84.1％，女性で79.3％にのぼり，とくに70歳以上となると男女とも95％以上が変形性関節症あるいは骨粗鬆症のいずれかを有するといわれている．

運動器障害を有する高齢者は，転倒発生のリスクが飛躍的に高まることに加え，そ

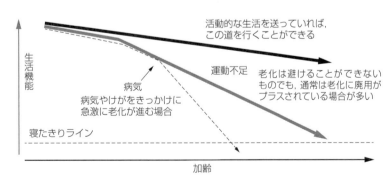

図I-15 加齢に伴う身体機能の低下．
(松田光生，福永哲夫，烏帽子田彰，久野譜也（2001）：地域における高齢者の健康づくりハンドブック．p113, NAP．)

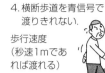

図I-16　ロコモティブシンドローム（運動器障害・疾患）診断ツール
（日本ロコモティブシンドローム研究会webサイト http://j-locomo.com/locoleaf2009.pdf）

の転倒によって重篤な外傷を負うリスクも高まるといえる．また，重篤な外傷を負った場合の転倒後症候群にともなう廃用の影響も受けやすい．したがって，このような高齢者のQOLの保持・増進には，転倒を予防することが最優先事項であるといえる．
　日本整形外科学会は，運動器障害・疾患，機能低下により要介護になるリスクの高い状態をロコモティブシンドローム（略称：ロコモ）として位置づけ，積極的に啓発運動を行っている．Locomotive（ロコモティブ）は「運動の」の意味で，機関車という意味もあり，能動的な意味合いを持つ言葉である．運動器は広く人の健康の根幹であるという考えを背景として，年をとることに否定的なニュアンスを持ち込まないことが大事であると考え，この言葉が選択されている．
　ロコモティブシンドロームは，「主に加齢による運動器の障害のために，移動能力の低下を来し，要介護になっていたり，要介護になる危険性の高い状態」のことを示し，疾病の危険のある者も疾病に罹患している者もその範囲に含めている．筋力の低下，バランスの低下，変形性膝関節症，腰部脊柱管狭窄症および骨粗鬆症があげられ，これらが自覚症状なく，複合的に相互に関連しながら進行し，ロコモティブシンドロームに陥る．しかし，これらの変化は不可避なものではなく，早期に把握し対策を講じることで，予防・改善が可能である．早期発見のための診断ツールの作成が，各種団体で試みられている．
　日本整形外科学会が提唱するロコモティブシンドロームの早期発見のための診断ツールは，7項目から構成される（図I-16）．これらのツールを利用し，運動器障害・疾患を早期に発見できれば，適切な運動習慣の導入やリハビリテーションの導入により，症状の改善あるいは進行の抑制が期待できる．

### (4) 自立水準の違いによる体力（行動体力）の特異性

　上述したような測定したい能力特性とは別に，自立水準や体力水準の違いにより異

なる立場で体力（行動体力）を捉える考え方もある．

### 1）身体的エリート高齢者の行動体力

「身体的エリート」の状態にある高齢者の中には，スポーツ競技大会に参加する，マラソンや登山に取り組むなど，運動強度の高いスポーツ活動を行う者も少なくない．このような高齢者の場合，健康関連体力，ときには技能関連体力を含め，各体力要素を全面的に高めることを目標にする．つまり，壮年期，中年期と同じような体力を必要とする．

### 2）日常生活自立・要介護・寝たきり高齢者の行動体力

運動強度の高いスポーツ活動への参加は，個々人の「生きがい」ともいえ，全ての高齢者が目標とするものではない．しかし，「友人・家族と楽しく買い物や旅行をする」，「園芸や畑仕事をする」，「カラオケを楽しむ」，「ボランティア活動をする」，「孫と遊ぶ」，「読書する」，「芸術を鑑賞する」など，なんらかの「生きがい」を持つことは，人生に対する主観的幸福感や満足感を高めるためには必要不可欠といってもよく，それらを実行する基盤として活動体力を要求する．逆に，活動体力に余裕があれば，生活空間を拡大でき，「生きがい」として取り組める活動の選択肢も広がる．「生きがい」（＝主観的幸福感，満足感）に近い概念としてQOL（Quality of Life）がある．QOLという用語は，広く利用されているが，その定義は様々で曖昧に使われている．医学領域におけるQOLは，WHOの健康の定義である「身体的・精神的・社会的に完全な良好な状態であり，単に病気あるいは虚弱でないことではない」という健康状態として定義される．しかし，本来QOLは日常生活において認識できるすべての要因を包括的に捉える概念であり，上述のQOLは健康関連QOL（Health-related QOL）として区別される．包括的な概念で定義すると，「個人が生活する文化，価値システムの中で，自分の目標，期待，基準，および関心に関連して，自分自身が生活の中で置かれている状況に対する認識」となる．つまり，QOLは「自身の性・年齢において，これまでの人生（学歴，職業，既往歴など）を踏まえて，現在の自身を取り巻く健康状態や経済状態，人間関係などから，生活の満足度を意識的に判断した結果」といい換えられる．ここで重要なことは，QOLは「個人の認識」によって相対的に決定されるものであり，絶対的な基準はない．つまり，個人を取り巻く状況（経済状態，健康状態など）が同じであってもQOLは個々人で異なるし，「要介護者」や「寝たきり者」のQOLが低いとは限らない．しかし，上述したように活動体力の向上と生活空間の拡大によって，「生きがい」の選択肢が増える可能性は高い．余裕を持って日常生活を営めるだけの活動体力を有していれば，より創造的な活動に挑戦することも可能となることは理解できよう．視点を変えて，予備的な活動体力を有することは，加齢に伴って罹患した疾病や障害の治療のため一時的に入院生活（ベッド上生活）となったとき，その治療過程で活動体力が低下してしまい，そのまま寝たきり状態となってしまうことを防ぐ意味でも重要といえる．この観点からいえば，高齢者に必要な活動体力とは，青年期のような各体力要素を全面的に高めることを目標とするのではなく，「日常生活動作を中心として，どの程度円滑に，安定的に，持続して行えるか」ということが重要となる．

次に，上述した活動体力水準より少し下がって，「日常生活動作を自立して行える

活動体力水準にあるか」という観点も重要となる．青年期や壮年期では，低体力者と判定されるものであっても日常生活動作の成就に困難となることはほとんどない．また，それらのものが不活動な生活習慣を営むことは生活習慣病の罹患リスクを高めることにはなるだろうが，身体的虚弱によって要介護状態に直結することはない．一方，高齢者の場合，日常生活自立者であっても，身体諸機能は加齢低下し，疾病の罹患リスクも高いので短期間のうちに要介護状態となることが少なくない．要介護判定のうち活動体力に関しては，日常生活動作（ADL）の成就度によって判定されることから，「日常生活動作を自立して成就できる活動体力」が重要となる．

　日常生活自立度を高めることに主眼を置くため，日常生活動作（ADL）の成就能力やその持続能力，転倒回避能力から活動体力が構成されることになる．自立高齢者であれば，日常生活動作を円滑に，素早く，安定的に，力強く，かつ持続的に行えるようにすべきであるし，要介護・寝たきり高齢者であれば，種々の日常生活動作のうち成就できる動作数を増やすことを目指すことになる．

### (5) 日常生活動作（ADL）能力と活動体力

　高齢者に必要な活動体力として，ADL能力を挙げた．1945年にリハビリテーション医学の分野から登場した概念である．日本では，日常生活動作または日常生活活動と訳される．日本リハビリテーション医学会の定義（1973）によると，ADLとは「ひとりの人間が独立して生活するために行う基本的な，しかも各人ともに共通に毎日繰り返される一連の身体動作群」とされる．これらはもともと，障害高齢者の残存能力評価に主眼をおいて定義された概念であり，日常生活で求められる身体的自立度を評価するために，身づくろいや食事，移動などの基本的ADL（Basic ADL：B-ADL）を用いた指標が作成された．その後，より高次の生活機能を捉えることを目的とした指標も開発された（古谷野ほか，1987）．

　これまでのADL研究においても，ADL能力が加齢に伴って低下することや，日常生活動作の中でも歩行動作や立ち上がり動作，立位保持動作など，下肢を用いた動作の加齢に伴う低下が著しく，体力水準や総合的なADL能力とも関連が高いことが報告されている．特に，高齢者の場合，歩行能力水準が体力水準の高さや，体力水準の低下の仕方に大きな影響を及ぼすことが明らかにされている．

　したがって，ADLは，動作の種類によって必要とされる活動体力水準がある程度規定できると考えられ，大別して，仰臥位または座位で行える動作（手指動作：整容，更衣，食事など），平地歩行を伴う動作（起居，立位保持，移乗，歩行など），環境の変化に対応した動作（昇降，跨ぎ越し，飛び越し，片脚立ちなど）に分類され，難度が異なってくる．

　また，ADLの評価には，認知機能などを含めて社会生活全般や社会的役割を評価する手段的ADL（Instrumental ADL：IADL）や機能的ADL（Functional ADL：FADL）がある．例えば，「銀行で預貯金を引き出す」，「買い物に行く」，「交通機関を利用する」，「電話をかける」などである．これらは高齢者の認知機能水準と活動力（活動体力と生活空間）をより総合的に捉えることになる．これらは主に質問紙調査票を用いて評価することになる．

これまで，高齢者に必要とされる体力について，健康関連体力，転倒関連体力，自立に必要な体力，自立水準による体力の特異性といったいくつかの観点から説明したが，これらに共通することは，日常生活動作（ADL）の成就能力が中心となっていることである．「身体的エリート」高齢者は，壮年期の体力観に類似しており，例外的に扱うことになる．これらの高齢者の場合，より高い体力水準にあるため，日常生活動作の成就能力を体力測定しても個人差を捉えにくくなる．その他の日常生活自立高齢者であっても，活動体力水準，身体症状や目的によって活動体力の測定方法は異なってくる．たとえば，比較的高い活動体力水準にある高齢者であれば，距離（cm），発揮力量（g），成就時間（second）などのCGS単位で計測できるが，日常生活自立が精一杯の高齢者の場合は，日常生活動作が成就できたか否かで判定することになる．さらに，要介護状態に近い高齢者の場合，日常生活動作の成就判定には，ADL評価票などの質問紙を使うこともある．

［山次　俊介・佐藤　進］

## I部　サクセスフル・エイジングと高齢者の体力評価との関わり

# 4章 高齢者の体力評価の考え方

## 1. 高齢者の体力水準による分類と体力テストの関係

　図I-17は，高齢者の体力水準による分類と実施可能な体力テストの関係を示している．身体的エリートは，持続的な走行や歩行，最大筋力発揮も可能であるから，文科省の体力テストや，壮年・中年期と同様の健康関連体力もしくは運動能力テストが実施可能となる．次に，身体的自立または身体的虚弱に分類される高齢者は，補助具を使用してなんとか歩行できる者から速歩ができる者，日常生活動作の一部が上手く成就できない者からほとんどすべての動作を難なくこなす者が含まれる．これらの高齢者に対するテストはADL成就能力について，素早さ，円滑さ，持続性，力強さなどを測定する体力テストが中心となる．ただし，低体力者の場合，ADL成就の可否を確認することになるであろう．さらに，要介護，寝たきり高齢者は自立歩行が困難となり，歩行を伴わない測定の一部を除き，ほとんどの体力テストは実施できないかもしれない．身体機能測定は介護者などの第三者等の観察評価が中心となる．

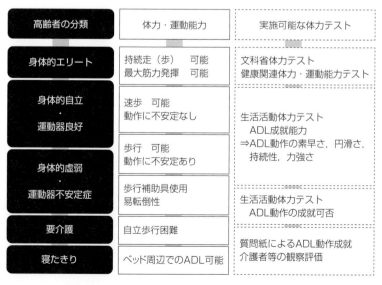

図I-17　高齢者の体力水準による分類と体力テストの関係.

## 2. 自立水準（身体機能水準）に応じた体力測定項目

　これまで述べてきたように，発育発達のピークを迎えた青年期以降，身体機能水準の個人差は拡大する．特に高齢期では，身体機能水準と自立水準が同義に解釈される場合も少なくない．また，高齢期における身体機能評価の目的や評価の仕方は，発育発達段階にある青年期までとは異なっている．

　高齢者の健康・身体機能評価を考える場合，このような自立水準を考慮し，適切な考え方・方法による評価が望ましい．図I-18は高齢期における健康・身体機能評価について，自立水準別の特徴をまとめたものである．自立水準の違いにより，健康および身体機能評価における関心や評価の視点が変化・多様化するのがわかる．

　要介護・寝たきり高齢者の段階では，疾病の有無に加え，日常生活における諸動作（特に屋内動作）の自立度や介護度が主な関心となる．寝たきりなのか（bed-bound），座位での生活が可能なのか（chair-bound），屋内での移動が可能なのか（house-bound）をはじめとして，日常生活動作の成就能力が評価され，第三者の介護やサポートをどの場面でどの程度必要とするのかを把握する．

　二次予防事業対象者（旧特定高齢者）・要介護高齢者の段階では，疾病の有無に加え，屋内/屋外動作の自立度や，一部の身体機能について生活自立レベルにある集団との比較から評価がなされる．基本的には日常生活に即した動作の成就能力が生活機能として評価される．

　生活自立高齢者の段階では，高次の日常生活動作（IADL：手段的ADL）の成就能力や生活空間（活動範囲）の把握を基本とするが，集団の機能水準の個人差が大きいため，いわゆる体力（行動体力）について最大能力発揮に基づく機能別・体力要素別評価が行われる場合もある．しかし，身体機能評価の主な目的は"自立した日常生活を営むうえで必要な身体機能水準を有しているか"であり，青年期までのそれとは異なる．

　エリート高齢者の段階では，青年期における身体機能評価と同様な観点に立ち，体力（行動体力）の概念に基づいて機能別・体力要素別に評価がなされる．この場合，より高い身体機能水準を有していることが"良いこと"であり，様々な機能に関する最大能力水準に関心が置かれる．競技的なスポーツを生きがいとして実践する高齢者も多く，競技的なスポーツ活動などを積極的に実施するための身体機能の有無に関心がある．

　本書II部では，具体的な測定内容の解説を行うが，前述したように，自立水準に応じてそれぞれの集団の目的や関心に合致した身体機能評価が求められることや，集団特性に応じて測定内容や測定方法，評価基準を選別する必要があることを念頭に置いておかなければならない．

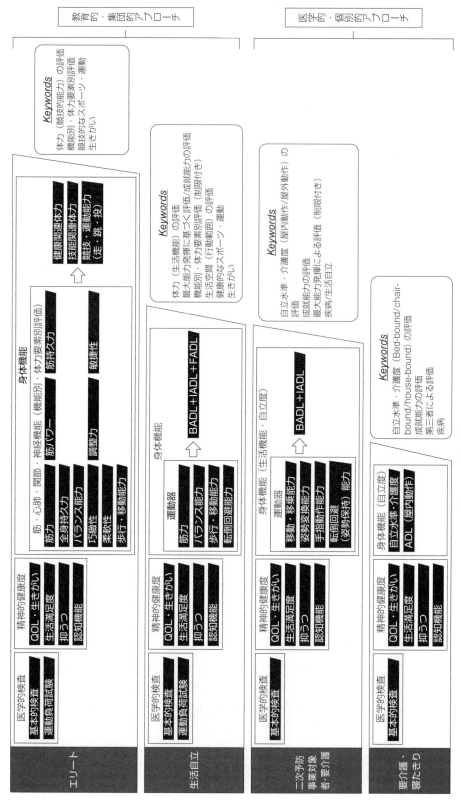

図I-18 自立水準に応じた高齢者別の健康・体力評価の特徴

## 3. 体力テストの目的と限界

### (1) 体力テストの目的・意義

　本書では，高齢者を対象とした種々の体力テストについて解説しているが，そもそも，体力テストを行う目的とは何であろうか？体力テストにかぎらず，「○○テスト」というと「他人との優劣を評価するもの」といったイメージがあるかもしれない．高齢者が体力テストを実施する場合も，こういったイメージに基づき，「この歳になって今さら他人と比較してどうこういわれたくない」というネガティブな考えを持つ方も多いかもしれない．実際，高齢者の体力測定の現場では，「今さら測定してどうするの？」「もう，わしゃ，ええよ」「何のためにするの？」といった言葉が聞かれることも少なくない．

　表Ⅰ-6は体力テストの目的・意義についてまとめたものである．体力テストを実施することにより，測定者にも被測定者にも幾つかのメリットがある．体力テストを行

表Ⅰ-6　体力テストの目的・意義

| | | |
|---|---|---|
| 測定者 | 運動プログラムの作成および効果の確認 | 高齢者の健康・運動指導を実践している指導者は，参加者（高齢者）の体力水準やその特徴を把握することで，より適切な運動プログラムを提供することができる．また，そのプログラムの効果を把握するためにも利用できる． |
| | データの取得 | 国・自治体関係者や研究者など，高齢者のサクセスフル・エイジングを実現するために高齢者の現状や介入事業に対する効果などについてデータを収集したいことが多々ある．体力テスト結果はこれらの一環として重要な資料を提供してくれる． |
| 被測定者（高齢者） | 体力水準の把握 | 他人との比較ではなく，生活自立に必要な体力（身体機能）を有しているか，自分の体力が何歳くらいの人の体力に相当するかなどを把握することができる |
| | 体力プロファイルの把握 | 各種身体機能の能力水準のバランスは良いか，体力のどの機能が優れ劣っているか，把握することができる |
| | 転倒や要介護の危険度の把握 | 高齢者にとって転倒・要介護予防は非常に重要であり，これらを最終目的として体力テストを実施する場合が多い．これらの目的で行われる体力テストでは，その結果から，転倒や要介護化の危険度に関する情報を得ることができる． |
| | 今後の目標の明確化 | 自分の体力水準やプロファイルがわかることにより，今後の生活の中での健康維持・体力維持における目標を明確にすることができる |
| | 体力の自覚 | 種々のテスト動作を実際に行うことにより，自己の身体的老化（維持・低下の程度）を実感できる |
| | 運動機会の確保 | 体力テストの実施は，それ自体が，運動機会が少ない高齢者にとってはエクササイズとなる． |
| | コミュニケーション機会の創出 | 測定や評価には第三者との関わりが不可欠となるため，必然的にコミュニケーションや会話が生まれる |
| | 自己を客観視する機会の創出 | 行動範囲が狭くなりがちな高齢期には，自己の現状を客観的に確認する機会は多くない．また，自己の価値観に基づき，自分の世界の中だけで物事を捉えることも多くなる傾向にある．体力テスト結果を標準値と比較することで，自己の体力・健康を客観的に捉える機会となる． |

う前提として，体力テストは実施する側・される側双方にとってメリットがなければならないし，それを実施することによって，実施した高齢者や周囲の人（介護者など）が現状の問題点（改善点）を把握し，その後の健康維持や転倒・要介護予防にとって有益な情報が得られなければならない．また，測定実施者は，どのような目的で測定を行い，それによってどのような良いことがあるのか（意義）を理解したうえで，実際にテストを実施する高齢者の方々にそのことを説明する必要がある．

　本書では，これまで高齢者のサクセスフル・エイジング実現における健康や身体機能水準の重要性について説明してきたが，体力テスト自体の目的・意義をまとめると表I-6のようになる．

### (2) 体力テストの限界

　体力テストは，子どもから高齢者までを対象に，体力水準やその特徴（体力プロファイル）を把握する目的で行われる．しかし，体力テストにより体力（行動体力）のすべてを捉えられるわけではない．測定者は，体力テストの結果がその人の体力すべてを表したものであると考えることは危険であることを理解しておくべきである．

　そもそも"筋力"や"持久力"といった能力は，身長や体重のように，直接見ることができない抽象的な概念である．それらの能力を何らかの動作を行わせた時の時間（秒）や長さ（cm），重量（kg）に置き換えて評価するのが体力テストである．したがって，"テストに用いた方法で本当にその能力を測定できているか"という方法論的な限界はすべてのテストが抱えているといえる．

　また，これら方法論上の問題以外にも，その限界に影響を与える要因があり，それが年代によって異なることも理解しておかなければならない．体力が未分化な幼児期の場合，個々の体力要素に焦点を当てて測定すること自体が難しく，運動能力や動作成就能力のように総合的に測定・評価されることが多い．心肺機能を評価する場合，最大酸素摂取量の測定が困難なため，心臓重量や形態の変化を手がかりに発達の程度を推測する場合もある．加えて，幼児の場合，テスト方法の理解力の問題なども考えられる．児童期以降から青年期までは，体力テスト結果が体力（行動体力）を反映している程度が最も高い時期であるが，中年期以降，その程度はまた低下していく．高齢期では，①テスト実施時のケガを予防するために最大能力発揮を敬遠する（最大能力を発揮することが怖い）傾向にあることや，②慢性的なケガ・疾患によりテストに必要な動作の実施が困難なケースが増えること，③その日の体調や気分によりテスト結果が大きく変動すること，④テスト実施自体に対するモチベーションの低下などの影響を受けると考えられる．高齢者を対象に体力テストを実施する際には，これらの特徴についても理解したうえで，測定時および結果のフィードバック時の工夫が必要である．

[佐藤　進・山次　俊介]

[文　献]

・Paffenbarger RS, et al (1990): Physical activity and physical fitness as determinants of health and longevity. [In] Exercise, Fitness, and Health, [Ed] Bouchard C, Shephard RJ,

Stephens T, Sutton JR, Mcpherson BD, Champaign, Illinois, Human Kinetics, pp.33-48.
・Rowe JW & Kahn RL (1987): Human aging: Usual and successful. Science, 237: 143-149.
・藤原勝夫，碓井外幸，立野勝彦（1996）：身体機能の老化と運動訓練―リハビリテーションから健康増進まで―．日本出版サービス，pp.232-233.
・東京都老人総合研究所（1997）：サクセスフル・エイジング　老化を理解するために．株式会社ワールドプランニング，pp216.
・宮原英種，稲谷ふみ枝（2005）：高齢者理解の臨床心理学　ナカニシヤ出版，pp64-78.
・Neugarten BL. (1970): Dynamics of transition of middle age to old age. Journal of Geriatric Psychiatry, 4, 71-87.
・宮下充正（1980）：子どものからだ―科学的な体力づくり―　東京大学出版会，p162.
・古谷野亘，柴田博，中里克治ほか（1987）：地域老人における活動能力の測定―老研式活動能力指標の開発―．日本公衆衛生雑誌，34（3）：109-114.

# II部

# 高齢者の身体機能の測定と評価

1章　筋力の測定と評価

2章　柔軟性の測定と評価

3章　全身持久力の測定と評価

4章　調整力の測定と評価

5章　身体組成の測定と評価

6章　バッテリテスト―体力，身体活動力の総合評価―

# II部　高齢者の身体機能の測定と評価

　加齢に伴う身体機能の低下は，これまで不可逆的なものではないかと考えられてきた．しかし，米国のナーシングホームに居住する虚弱な高齢者であっても運動器の機能向上がもたらされ，生活機能が改善することが報告されている．さらに85歳以上の高齢者であっても，介入効果を期待できるとしている．このような老年症候群（青壮年者には見られないが，加齢とともに現れてくる身体的および精神的諸症状・疾患）の多くは，身体や精神の活動低下が背景にあると考えられ，積極的な働きかけによって改善することが期待できる．実際，身体機能低下の改善や予防に効果がある運動として，弾力性バンドを用いた運動，ダンベル体操，マシンを用いた筋力増強運動などが報告されている．

　また，これまで脳血管疾患などの生活習慣病には積極的な予防施策がとられてきたが，要介護の原因となる高齢による衰弱・転倒・骨折などの加齢に伴う身体機能の低下を予防する施策は不十分であった．健康寿命を伸ばすためには，自立した生活を妨げる要因に着目した身体機能の低下を予防していかなくてはならない．すなわち，元気で長生きするためには，生活習慣病予防に加えて，新たに身体機能の低下を積極的に予防することが重要である．

　I部で述べたように，高齢期の身体機能の特徴は個人差の増大にある．したがって，より効果的な運動処方を導入するには，内容・頻度などに個別の要素を多く取り入れる必要がある．これを裏付けるように，運動器の機能向上では，個別評価に基づき個別処方を行ったものについてはより高い効果が認められている．このため，筋力・バランス機能・歩行能力・複合的動作能力など，体力の諸要素を個別に評価し，それに基づく個別で包括的な介入プランを提供していくことが望ましい．

　本章では，高齢者の身体機能を測定・評価する上で有効な測定項目について機能別に紹介する．

# 1章

# 筋力の測定と評価

## 1．筋力の測定の意義と種類

### （1）筋力測定の意義

　高齢者が要介護状態に陥る原因のほとんどは，疾患や障害等（脳血管疾患，関節疾患，心疾患等：66.8％），避けることのできないものばかりであるが，骨折・転倒（9.3％）

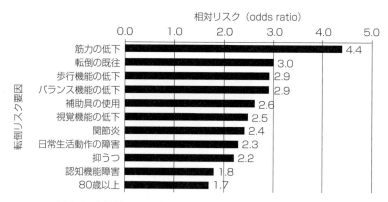

図Ⅱ-1　高齢者における転倒リスク要因およびそれらの相対リスク
(American Geriatrics Society, British Geriatrics Society, and American Academy of Orthopaedic Surgeons Panel on Falls Prevention., 2001. Guideline for the prevention of falls in older persons. J. Am. Geriatr. Soc. 49, 664-672.)

は，取り組み如何でその発生を防げる唯一の原因である．転倒は，高齢者の身体機能低下を助長する大きなトリガーの1つであるが，その発生には多くの要因が関連している．

　アメリカ老年医学会等が策定した高齢者の転倒予防ガイドライン（American Geriatrics Society et al., 2001）に示されている転倒リスク要因ごとの相対リスク比において，加齢に伴う筋力の低下が最も高いことからも，筋力の低下が高齢者の転倒に密接に関連していると推測される（図Ⅱ-1）．

　高齢になっても，高いADL能力を保持し，転倒あるいは転倒後症候群に伴う要介護・寝たきり化を防止するためには，加齢に伴う筋力低下の抑制が必要不可欠であり，そのための運動実践や栄養改善が重要である．本節では，高齢者の身体機能評価でも筋力に焦点が当てられているテストについて紹介する．

**(2) 筋力測定の種類**

　筋力は身体の力強さや姿勢保持などに関連する．特に高齢者における筋力低下は，日常生活の諸動作に支障をきたす．なお，その能力は人が行動を起こす時に必要とされる最大筋力や筋パワー，行動を持続させるときに必要とされる筋持久力に分けられる．

　最大筋力は1回の運動で筋が出せる最大の力のことを示し，高齢者の場合，握力，膝関節伸展筋力などにより測定される．筋パワーとは，筋力とスピードによって，瞬間的に強い力を発揮する能力を指すが，一般的に瞬発力と呼ばれる．高齢者の場合，椅子立ち上がりテストが行われることが多い．筋持久力とは筋が一定以上の負荷に長時間耐える能力を指し，エネルギーの効率的な供給が不可欠で，筋肉内の血流量に大きく左右される．上体おこしが代表的な測定項目として挙げられる．

　身体部位別では以下のように分類される．

①**上肢の筋力**…物をしっかりつかむ，固く閉じているふたを開けるなどの動作に上肢の筋力が関係する．測定項目としては握力が挙げられる．

②**下肢の筋力**…歩く，椅子から立ち上がるなどの身体の移動や移乗に下肢の筋力が関

係する．測定項目としては膝関節伸展筋力，最大歩幅テスト，椅子立ち上がりテスト等が挙げられる．
③**体幹の筋力**…胴体の曲げ伸ばしのほか，姿勢保持，体全体のバランスをとるのに体幹の筋力が関係する．測定項目としては上体起こしが挙げられる．

## 2．筋力測定評価の実際

### (1) 握力

高齢者の筋力測定として，代表的な項目である．健常者のみならず，多くの有疾患者，障害者に対しても測定が行われている．握力は個々人の職業や運動種目などに影響され，若者や中年者においては，健康度や身体活動量とはほとんど関連が認められない．しかし，高齢者においては，握力は背筋力および脚筋力（脚伸展力），または身体活動量などと相関関係が認められ，高齢者の健康度の指標として用いられている．測定上のメリットとしては，1つは簡便であることと，もう1つは背筋力の測定と比べ怪我の危険性が少ないことである．高齢者が自立した生活を営むためには，男性20kg，女性15kg以上が推奨される．

（測定方法については文部科学省「新体力テスト（65歳〜79歳対象）」参照）

### (2) 膝関節伸展筋力

定義と目的

膝関節伸展筋力は，大腿四頭筋を中心とする大腿前部の筋・筋群のトルクと定義することができる．加齢に伴う筋力低下に対する対策を講じることは，高いADL能力の保持に伴うQOLの保持・増進，ならびに筋力低下に伴う転倒あるいは転倒後症候群に伴う要介護化・寝たきり化を防止するために欠かせない．特に，下肢の筋力は，モビリティに大きく影響するため，適切なレベルでの保持・増進は，前述の目的を達成するためには，必要不可欠である．

測定対象

身体的エリート，日常生活自立高齢者．要支援，重度の骨粗鬆症患者や，前方に身体を曲げる時に痛みのある対象者に対しては，この測定は避ける．

測定方法

1）テンションメーターによる測定

一般的には，図II-2に示すような測定台およびテンションメーター等の力量計が必要である．

被験者は，まず股関節と膝関節がそれぞれ90°となるような座位姿勢をとる．足関節固定具が上記姿勢を取った際の足関節位置にくるように長さを調節する．筋力発揮時の股関節は，可能な限り最初の座位姿勢を保持するよう被験者に指示するが，どうしても伸展してしまう場合は屈曲80°を維持して筋力発揮するように指示する．最大筋力発揮を行っても，足関節固定具が足関節を，また最初の座位姿勢を保持していること，および固定具とテンションメーターおよび力発揮方向との位置関係が正しいことを確認する．それぞれの試行ごとの筋力発揮前には，開始肢位が正しいことをチェッ

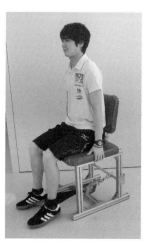

図Ⅱ-2 フィールドでの利用に適した，持ち運びが可能な筋力測定台およびテンションメータ
（竹井機器工業株式会社製片脚用筋力測定台：T.K.K.5715およびテンションメーター：T.K.K.5710e）

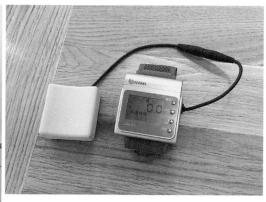

図Ⅱ-3 徒手筋力検査装置（HHD）およびHHDによる膝関節伸展筋力測定

クしなくてはならない．

### 2）徒手筋力検査装置（Hand-Held Dynamometer：HHD）による測定

　現在では図Ⅱ-3のようなストレインゲージ（物体のひずみを測定する力学的センサー）によって歪み量を電気的にとらえることで，正確な筋力測定が可能なHHDが各種市販されている．

　HHDを利用した膝関節伸展筋力の測定に先立ち，HHDに取り付けたベルトをしっかりとした椅子等の支柱に通す．被験者は，椅子に股関節および膝関節がそれぞれ90°となるような座位姿勢を取る．HHDのセンサーを足関節の上方約5cmの脛に当て，前述の関節角度が保たれるように，ベルトの長さを調整する．その他の被験者の測定姿勢に関する留意事項は，テンションメーターによる測定と同様であるが，HHDにおいては，検者は，筋力発揮時にHHDのセンサーが左右にズレたりしないかを確認する必要がある．また，ズレた場合は正確に測定されていないため，一定の休息時間の後，再測定する必要がある．

表II-1 50および60歳代男性および女性の各種筋力の平均値,標準偏差

|  | 50歳代男性 | | 60歳代男性 | | 50歳代女性 | | 60歳代女性 | |
| --- | --- | --- | --- | --- | --- | --- | --- | --- |
|  | 平均 | 標準偏差 | 平均 | 標準偏差 | 平均 | 標準偏差 | 平均 | 標準偏差 |
| 膝伸展 | | | | | | | | |
| 最大値(ポンド) | 131.1 | 34.8 | 109.1 | 21.5 | 86.1 | 16.2 | 72.5 | 21.4 |
| 最大値/体重(ポンド/ポンド) | 0.705 | 0.192 | 0.602 | 0.131 | 0.601 | 0.1 | 0.51 | 0.15 |
| 疲労度(%) | 10 | 5 | 15 | 7.5 | 10 | 5 | 15 | 7.5 |

(Amundsen, LR:髙橋正明,乗安整而訳(1996):筋力検査マニュアル—機器検査から徒手検査まで—. p106, 医歯薬出版を改変)

### 評価方法

表II-1に,50および60歳代の男性および女性における膝伸展筋力の平均値,標準偏差をまとめた.

### 研究事例

Kellnら(2008)は,20名の健康で活動的な若年者を対象に,HHDによる膝関節伸展筋力の検者間信頼性を検討した.その結果,膝関節伸展筋力の検者間信頼性係数(ICC)は0.77であったと報告している.一方で,Bohannon(1997)は,20歳から79歳までの男性106名および女性125名を対象に,ハンドヘルドダイナモメーターによる膝関節伸展筋力の試行間信頼性を検討した.その結果,利き足の試行間信頼性係数(ICC)は0.963,非利き足は0.972であったと報告している.

## (3) 最大歩幅テスト

### 定義と目的

両足を揃えた立位姿勢から,いずれか一方の脚を可能な限り前方へ踏み出し,その後,踏み出した足を元の位置へ戻す.スタートラインから,踏み出した足の位置(踵の位置)の移動距離を測定する.

つまずきやスリップ等により身体バランスを喪失し,体重心が支持基底面を逸脱すると,転倒が発生する.身体バランス喪失時に出される「とっさの一歩」により,支持基底面を拡大させることで,転倒が回避できる.最大歩幅テストで評価される下肢の筋力は,身体バランス喪失時に支持基底面拡大を図ることができる能力を捉えていると判断される.

### 測定対象

身体的エリート,日常生活自立高齢者,二次予防事業対象者等々,幅広い対象の測定・評価が可能.

### 測定方法

テープメジャーと色付きのビニールテープを準備する.図II-4に示すように,テープメジャーを,足を踏み出す方向に沿って設置し,それと直行するように色付きのビニールテープをスタートラインとして貼り付ける.

①安全性の確保のため,対象者には裸足にて測定に臨むよう指示する.
②足の位置は,図II-4に示すように,スタートラインにつま先を合わせ,背すじを伸ばし,上肢を胸の前で交差する姿勢を対象者にとらせる.
③右あるいは左脚を最大限に前方へ踏み出し,バランスを崩さないように元のスター

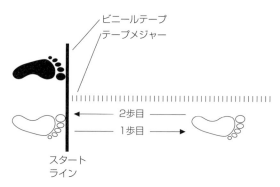

図Ⅱ-4 最大一歩幅の測定準備・方法概略

ト位置まで足を戻す．
④スタートラインから踏み出した足の踵までの距離を測定する．
⑤対象者が測定中に摺足あるいはジャンプを行わないよう注意する．また，足を戻す際にバランスを崩し，スタート位置以外の場所に足をついてしまった場合は再測定となる．

評価方法

最大一歩幅テストの有効性を実証した先行研究は幾つか報告されている．しかし，未だ標準値や評価基準の確立には至っていない．

研究事例

DemuraとYamada（2011）は，地域在宅高齢者57名（年齢74.8±5.6歳）を対象に，最大一歩幅テストの試行間信頼性を検討し，ICC=0.95と非常に高い信頼性が保証されたと報告している．また，最大一歩幅および最大二歩幅テストと年齢およびADLとの関係を検討した．その結果，最大一歩幅テストと年齢およびADLとは有意な関係が認められなかったが，最大二歩幅テストにおいては1歩目，2歩目およびその合計ともに，有意に中程度の関係が認められたと報告している．

### (4) 椅子立ち上がりテスト

定義と目的

椅子に座った姿勢から，可能な限り素早く立位姿勢をとる際の体重心の上方向の移動速度，あるいは30秒間の成就回数を測定する．

椅子立ち上がり動作は，代表的な起居・移乗動作であり，その他の日常生活動作に先立つ動作である．それゆえ，この動作を円滑に成就できるか否かは，高齢者の自立生活に影響する．

測定対象

身体的エリート，日常生活自立高齢者，二次

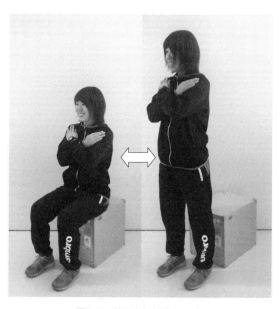

図Ⅱ-5 椅子立ち上がりテスト

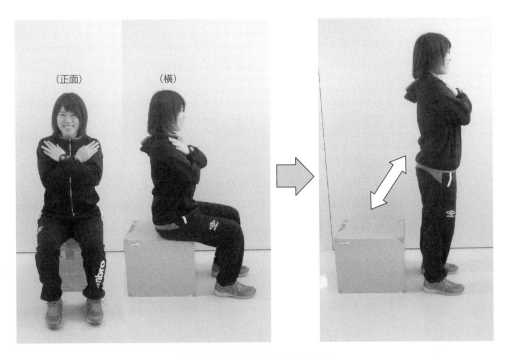

図Ⅱ-6 椅子立ち上がりテストの方法

予防事業対象者等々，幅広い対象の測定・評価が可能．

測定方法

### 1）機器による測定評価

測定器具は，パイプ椅子一脚，およびFiTRODyne Premium（PCとのセット）を準備する．後者の測定機器には，ロータリーエンコーダーが内蔵されており，それと連動した糸巻きから，紐が引っ張られる際の回転速度が記録される．

① 被験者に，背すじを伸ばし，上肢を胸の前で交差させた座位姿勢をとるように指示する．
② ①の姿勢から，可能な限り素早く立ち上がるように指示する．
③ 1～2回の予行練習の後，本テストを行う．
④ 試行間に約1分程度の休憩時間をとる．

もし，1試行目と2試行目の測定値が大きく異なった場合，3試行目を実施し，近似2試行を代表値の算出に利用する．なお，対象者が少しでも痛みや違和感を訴えた際は，ただちにテストを中止する．

### 2）30-seconds chair standing test（CS-30テスト）

Jonesら（1999）が提唱した下肢筋力の検査である．椅子座位で腕組みをしたまま立ち上がり，再び椅子に腰かける．この動作が30秒間で何回可能かを測定する．

① 踵の低い靴か素足で行う．
② 椅子の中央より少し前に座り，少し前屈みになる（体幹が10°くらい前屈）
③ 両膝は握りこぶし1つ分くらい開く（できるだけX脚やO脚にならないようにする）

④足底を床につけ，踵を少し引く．
⑤両手は胸の前で腕組みをして胸につける．
⑥「用意」「始め」の合図で，両膝が完全に伸展するまで立ち上がり，素早く座位姿勢に戻る．
⑦練習を5～10回行い，姿勢を確認した後に30秒間で何回立ち座りが繰り返せたかを測定する．測定は1回とする．

評価方法
1) 機器による評価基準

図Ⅱ-7は，幅広い特性を有する高齢者の椅子立ち上がり動作開始から完了までの体重心移動速度の変化を示している．いずれの高齢者も動作開始に伴い上昇し，ピー

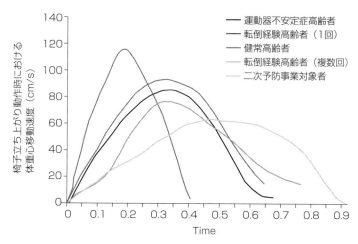

図Ⅱ-7　各特性の高齢者の椅子立ち上がり動作時における体重心移動速度

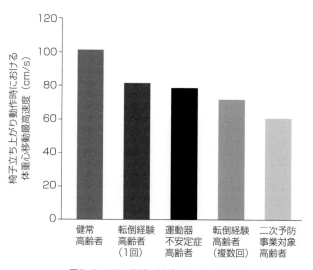

図Ⅱ-8　ROC分析に基づくカットオフ値

表Ⅱ-2 年代別CS-30テストの標準値

| 年齢群 | CS-30回数 | | | | |
|---|---|---|---|---|---|
| | 優れている | やや優れている | ふつう | やや劣っている | 劣っている |
| | 5 | 4 | 3 | 2 | 1 |
| 男性 | | | | | |
| 20～29 | 38以上 | 37～33 | 32～28 | 27～23 | 22以下 |
| 30～39 | 37以上 | 36～31 | 30～26 | 25～21 | 20以下 |
| 40～49 | 36以上 | 35～30 | 29～25 | 24～20 | 19以下 |
| 50～59 | 32以上 | 31～28 | 27～22 | 21～18 | 17以下 |
| 60～64 | 32以上 | 31～26 | 25～20 | 19～14 | 13以下 |
| 65～69 | 26以上 | 25～22 | 21～18 | 17～14 | 13以下 |
| 70～74 | 25以上 | 24～21 | 20～16 | 15～12 | 11以下 |
| 75～79 | 22以上 | 21～18 | 17～15 | 14～11 | 10以下 |
| 80歳以上 | 20以上 | 19～17 | 16～14 | 13～10 | 9以下 |
| 女性 | | | | | |
| 20～29 | 35以上 | 34～29 | 28～23 | 22～18 | 17以下 |
| 30～39 | 34以上 | 33～29 | 28～24 | 23～18 | 17以下 |
| 40～49 | 34以上 | 33～28 | 27～23 | 22～17 | 16以下 |
| 50～59 | 30以上 | 29～25 | 24～20 | 19～16 | 15以下 |
| 60～64 | 29以上 | 28～24 | 23～19 | 18～14 | 13以下 |
| 65～69 | 27以上 | 26～22 | 21～17 | 16～12 | 11以下 |
| 70～74 | 24以上 | 23～20 | 19～15 | 14～10 | 9以下 |
| 75～79 | 22以上 | 21～18 | 17～13 | 12～9 | 8以下 |
| 80歳以上 | 20以上 | 19～17 | 16～13 | 12～9 | 8以下 |

クを示し低下した．しかし，対象が有する身体機能特性によりピークの大きさや速度波形の振幅は大きく異なることがわかる．図Ⅱ-8に示されているように，それぞれの対象ごとのカットオフ値も提案されている．

### 2) CS-30テストの評価基準

研究事例

表Ⅱ-2は，Jonesら（1999）が提唱したCS-30テストを中谷ら（2002；2002；2003）が日本人に応用し作成した標準値を示している．この標準値に照らし合わせることで，被験者の下肢筋力年齢が把握できる．

Yamada et al.（2013）は，健常自立高齢者24名（79.5±4.9歳）と二次予防対象高齢者24名（79.5±4.9歳）を対象に，椅子立ち上がり動作時における体重心移動最高および平均速度の試行間信頼性を検討し，健常高齢者では，最高速度でICC=0.90，平均速度でICC=0.94の非常に高い信頼性が，二次予防事業対象高齢者でも，最高速度でICC=0.77，平均速度でもICC=0.80の高い信頼性が得られたと報告している．

また，山田ら（2011）は，地域在宅高齢者を対象に，12週間の運動介入効果を，介入群および統制群各15名を対象に検討した．その結果，両群間に有意差は認められなかったものの，介入群において有意に上昇したと報告している．椅子立ち上がり動作時における体重心移動最高および平均速度は，加齢に伴う身体機能の低下を詳細に捉えう

ると示唆されるが，運動実施に伴う改善についても的確に評価しうると判断される．

## (5) 上体起こし

　上体おこしは，腹部筋群の筋持久力を測定する．この部位の筋群の低下は腰痛の発症にもつながるので，単に腹部筋群の筋力／筋持久力として評価されるだけでなく，健康関連体力指標としての意味づけがなされている．高齢者が自立した生活を営むためには，男性5回，女性3回以上が推奨される．（測定方法については文部科学省「新体力テスト（65歳～79歳対象）」参照）

［山田　孝禎］

［文　献］
- Amundsen LR.編．高橋正明，乗安整而　監訳（1996）：筋力検査マニュアル―機器検査から徒手検査まで．医歯薬出版社．
- Demura S, Yamada T. (2011): The maximal double step length test can evaluate more adequately the decrease of physical function with age, than the maximal single step length test. Arch Gerontol Geriatr. 53: e21-24.
- American Geriatrics Society, British Geriatrics Society, and American Academy of Orthopaedic Surgeons Panelon Falls Prevention (2001): Guideline for the prevention of falls in older persons. J Am Geriatoric Soc 49: 664-672.
- Kelln BM, McKeon PO, Gontkof LM, Hertel J. (2008): Hand-held dynamometry: reliability of Lower extremity muscle testing in healthy, physically active, young adults. J Sport Rehabil. 17: 160-170.
- Bohannon RW. (1997): Reference Values for extremity muscle strength obtained by hand-held Dynamometry from adults aged 20 to 79 years. Arch Phys Med Rehabil. 78: 26-32.
- Jones CJ, Rikli RE, Beam WC. (1999): A 30-s Chair-stand test as a measure of lower body strength in community-residing older adults. Res Q Exerc Sport 70: 113-119.
- 山田孝禎，出村慎一，辛　紹熙，杉浦宏季（2011）：高齢者の椅子立ち上がり動作時における体重心移動速度のトレーナビリティ．日本体育学会第62回大会号：195.
- 中谷敏昭，灘本雅一,三村寛一，廣藤千代子，近藤純子，鞘本佳代，伊藤稔（2003）：30秒椅子立ち上がりテスト（CS-30テスト）成績の加齢変化と標準値の作成．臨床スポーツ医学．20：349-355.
- 中谷敏昭，灘本雅一,三村寛一，伊藤稔（2002）：日本人高齢者の下肢筋力を簡便に評価する30秒椅子立ち上がりテストの妥当性．体育学研究．47：451-461.
- 中谷敏昭，川田裕樹，灘本雅一（2002）：若年者の下肢筋パワーを簡便に評価する30秒椅子立ち上がりテスト（CS-30テスト）の有効性．体育の科学．52：65-69.

## II部　高齢者の身体機能の測定と評価

# 柔軟性の測定と評価

## 1. 柔軟性の測定の意義と種類

### (1) 柔軟性測定の意義

　柔軟性は"1つまたは複数の関節の運動可能な生理的最大範囲"であり，それらを取り巻く靭帯，筋，腱，脂肪組織，皮膚などの諸組織の影響を直接受けるものである．柔軟性は，高齢者にとっても大切な要素である．日常動作を円滑に行うためには，力強さに加えて全身の柔らかさが備わっていることも必要である．柔軟性を保てば，バランスの維持に役立ち，日常生活でも気持ちよく動作ができる．筋の緊張の緩和，動作の協調性の向上，ケガの予防，身体意識の向上，さらには循環系の改善にも役立つ．それに対して，大腿後部（ハムストリングス）の筋や腓腹筋，腰背部，肩関節が硬いと，日常生活のさまざまな局面において円滑な動作の遂行に支障をきたす．特に股関節や膝における関節可動域の低下は，転倒の危険性を増大するため注意が必要である．

　柔軟性低下の原因は，身体活動の不足と身体のコラーゲン構造の変化である．コラーゲンは結合組織にみられるタンパク質である．年齢を重ねるとともに，互いに付着しやすくなり，関節を覆う層が厚くなり，関節を取り巻く繊維性の組織が増加する．スムーズに，正確に身体を動かせなくなってきたり，動かせる範囲が狭くなったと感じたり，さらには拘縮，関節強直が起こっていたりする場合もある．したがって，柔軟性（関節可動域）を評価する場合，得られた値がどの要素に依存しているかをある程度知っておかなければ，過大評価をしたり，誤った対応策をアドバイスしたりすることになりかねないので注意が必要である．

### (2) 柔軟性測定の種類

　柔軟性の測定・評価を大別すると，長さで表記する距離法と角度で表記する角度法に分けられる．距離法は，一般に計測が容易であることから多用されるが，発育期では身長の影響が多く入り込んでしまい，妥当性の低いことが問題とされている．ただし，発育期を過ぎた者の個人の測定値およびその値の変化にはそれなりの意味づけがあると考えられている．測定項目としてはバックスクラッチ（上肢柔軟性），長座体前屈およびシットアンドリーチが挙げられる

　一方の角度法は，計測部位の選定がやや専門的知識を要することと，計測器機が長

さを測る場合ほど容易ではないことから，方法論的に妥当性が高いにもかかわらず，フィールドテストとしてあまり普及していない．ここでは健康・健康づくり事業財団（公益財団法人）が推奨する簡便な足関節柔軟性テストを紹介する．

## 2．柔軟性測定評価の実際

### (1) バックスクラッチ（上肢柔軟性）

**定義と目的**

　　上肢の柔軟性を簡単に評価するパフォーマンステストである．どちらか一方の腕を上から背中へまわし，他方の手を脇下からまわし，背で左右の第3指（中指）が届くかというものである．

　　単に身体が硬いとか柔らかいということでなく，腕を上げて髪をブラシでとけるか，後ろにある洋服のファスナーを自分で上げることができるかといった生活のなかで必要な動作ができるかという視点から生まれたテストである．機能的肩関節回旋テストであり，アプレースクラッチテスト（Apley Scratch Test）と紹介されることもある．

**測定対象**

　　身体的エリート，自立高齢者（高・中・低），要支援．

**測定方法**

　　測定に際しては，50cm程度の定規を準備する．

①片方の手を上に挙げ，肩関節伸展，内転，内旋の肢位をとらせ，肘関節を屈曲する．

②他方の手の指を伸ばした手掌を背中にふれたまま脊柱に沿いながら上方に向けて伸ばす．そして両手の第3指（中指）が触れるか，または重なり合うかをみる．このときの測定側は，対象者がより好む側，より到達可能な側で測定を行なう．

③少なくとも1〜2回の予行練習を終えた後，2回の本テストを行う．

④対象者の両手の第3指（中指）がどれだけ近づいているかをチェックする．測定時

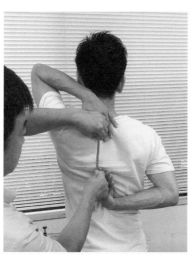

図Ⅱ-9　バックスクラッチテストの測定方法

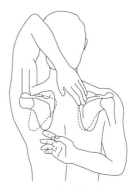

図Ⅱ-10　筋骨格系検査法
肩関節・鎖骨・肩甲骨などの動きや可動域を調べる．

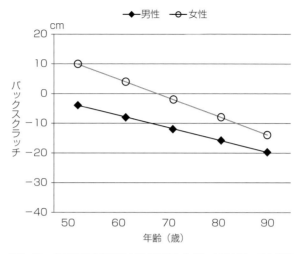

図Ⅱ-11　地域在住高齢者を対象に測定したバックスクラッチの結果

には，弾みをつけた動作を避け，伸ばしながら息を止めないように，また第3指（中指）が一直線になるように指導する．また，対象者が自分の指をつかみ，引っぱることなどはしないようにする．

⑤第3指（中指）の先端の重なっている距離，またはその先端の間の距離を測る．

⑥測定距離の表記は，中指どうしが触れないときはマイナス（－）とし，かろうじて中指に触れるときはゼロ（0），中指が重なる場合はプラス（＋）とする．

　もし，背部での手の位置が一直線上に位置しない場合は，1本の中指の先端からもう一方の中指の先端までの距離を測定する．また，対象者が少しでも痛みや違和感があれば，ただちにテストを中止する．

評価方法

　地域在住高齢者を対象に毎年多くの測定が進められているが，標準値などは現段階では発表されていない．本書では一部を参考までに示す（図Ⅱ-11）．個人差が大きいが，各年代の平均値を評価の基準に考えるとよいと思われる．

研究事例

　竹島ら（2010）はデイサービスを利用する高齢者15人の機能的体力について，運動実施前（T1）から3ヵ月後（T2），6ヵ月後（T3），12ヵ月後（T4）の経時的変化を示している．

　各運動プログラムの選択は，利用者の疾患や身体状況，本人の意思を考慮して選択しているが，運動の内容は　1）油圧マシンエクササイズプログラム，2）アクアエクササイズプログラムを実施．いずれも総運動時間はおよそ60分であった．上肢の柔軟性パフォーマンスであるバックスクラッチはT1からT3のみ有意な変化がみられた．

[文　献]
・竹島伸生（2010）：デイサービスへの運動指導導入とその成果〜医療法人いつき会グループの取り組み〜，ストレングス＆コンディショニング，17（6），3-9．

### (2) 長座体前屈

柔軟性の検査として，手の長さの影響を受けないため，立位体前屈よりも普及している．

主に大腿の裏側（ハムストリング）と腰部の柔軟性を評価する．元々は立位体前屈で測定していたが，立位体前屈は立って頭を下げた状態で測定するので，血管系疾患のリスクがある中高年者には脳血管系事故等のリスクを伴う．また，台に昇ったり降りたりする際，前屈終了後上体を起こした時にふらついたり，落ちたりする危険性もある．そこで，立位体前屈より安全に行える長座体前屈が考えられ，主に高齢者用の柔軟性測定方法として広く実践されるようになった．

（測定方法についてはp.97　文部科学省「新体力テスト（65歳〜79歳対象）」参照

### (3) シットアンドリーチ（椅座位体前屈）

#### 定義と目的

椅子に座った状態での体前屈距離を測定する．椅子に座って靴のひもを容易に結ぶことができるかなどといった視点からつくられた，主に大腿の裏側（ハムストリング）と腰部の柔軟性を評価するパフォーマンステストである

#### 測定対象

身体的エリート，自立高齢者（高・中・低）

要支援，重度の骨粗鬆症患者や，前方に身体を曲げる時に痛みのある対象者に対しては，この測定は避ける．

#### 測定方法

椅子（背もたれの動かない，高さ42cm）と50cm程度の定規を用意する．もしくは図Ⅱ-12のような専用に作られた椅座位体前屈計を利用する．

①安全性の確保のため，椅子は滑らないように壁を背にして配置する．対象者は椅子

図Ⅱ-12　椅座位体前屈計（竹井機器社製）

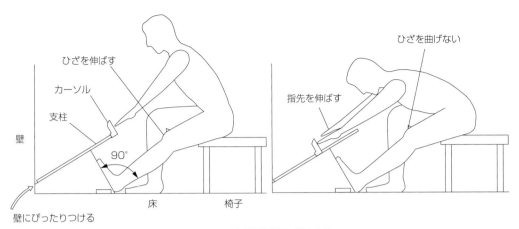

図Ⅱ-13 椅座位体前屈の測定方法

表Ⅱ-3 椅座位体前屈（柔軟性）の性別年齢階級別評価（単位：cm）

| | 年代 | 人数 | 平均値 | 椅座位体前屈　評価 | | | | |
|---|---|---|---|---|---|---|---|---|
| | | | | 5 優れている | 4 やや優れている | 3 ふつう | 2 やや劣っている | 1 劣っている |
| 男性 483名 | （歳） 20-29 | | | | | | | |
| | 30-39 | 6 | 7.5 | 18.2以上 | 18.1～11.1 | 11.0～4.0 | 3.9～-3.2 | -3.3以下 |
| | 40-49 | 26 | 4.4 | 21.2以上 | 21.1～10.0 | 9.9～-1.2 | -1.3～-12.4 | -12.5以下 |
| | 50-59 | 39 | 3.8 | 18.5以上 | 18.4～8.7 | 8.6～-1.1 | -1.2～-10.9 | -11.0以下 |
| | 60-64 | 94 | 6.2 | 20.9以上 | 20.8～11.1 | 11.0～1.3 | 1.2～-8.5 | -8.6以下 |
| | 65-69 | 152 | 4.7 | 20.0以上 | 19.9～9.8 | 9.7～-0.4 | -0.5～-10.6 | -10.7以下 |
| | 70-74 | 89 | 8.1 | 21.9以上 | 21.8～12.7 | 12.6～3.5 | 3.4～-5.7 | -5.8以下 |
| | 75-79 | 33 | 5.7 | 17.7以上 | 17.6～9.7 | 9.6～1.7 | 1.6～-6.3 | -6.4以下 |
| | 80+ | 44 | 3.1 | 16.2以上 | 16.1～7.5 | 7.4～-1.3 | -1.4～-10.0 | -10.1以下 |
| | （歳） | | | 5 優れている | 4 やや優れている | 3 ふつう | 2 やや劣っている | 1 劣っている |
| 女性 1289名 | 20-29 | 6 | 11.8 | 29.8以上 | 29.7～17.8 | 17.7～5.8 | 5.7～-6.2 | -6.3以下 |
| | 30-39 | 9 | 17.8 | 28.0以上 | 27.9～21.2 | 21.1～14.4 | 14.3～7.6 | 7.5以下 |
| | 40-49 | 45 | 13.8 | 29.9以上 | 29.8～19.2 | 19.1～8.5 | 8.4～-2.3 | -2.4以下 |
| | 50-59 | 242 | 15.1 | 27.0以上 | 26.9～20.0 | 19.9～12.0 | 11.9～0 | -0.1以下 |
| | 60-64 | 265 | 16.7 | 28.9以上 | 28.8～20.8 | 20.7～12.7 | 12.6～4.6 | 4.5以下 |
| | 65-69 | 319 | 15.7 | 26.8以上 | 26.7～20.5 | 20.4～12.8 | 12.7～2.5 | 2.4以下 |
| | 70-74 | 194 | 14.1 | 26.0以上 | 25.9～18.1 | 18.0～10.2 | 10.1～2.3 | 2.2以下 |
| | 75-79 | 119 | 14.6 | 25.0以上 | 24.9～18.6 | 18.5～11.0 | 10.9～2.0 | 1.9以下 |
| | 80+ | 90 | 10.8 | 23.4以上 | 23.3～18.0 | 17.9～7.8 | 7.7～-5.0 | -5.1以下 |

2007.3.5

のやや前方に座り，一方の脚を膝関節伸展位にして踵をつけ，つま先を天井に向ける．このときの足関節の底背屈角度は0度とする．他方の足は足底全面を床に着けるようにし，膝関節を屈曲させ，座位の安定性を図る．

②この状態で，腕を前方に伸ばし，両手〔第3指（中指）先端〕を重ね，膝を伸ばし

たまま，つま先に向かって，もしくはつま先を越えてできるだけ遠くに向かって，ゆっくりと息を吐きながら，股関節から身体を前方に傾ける．

③ 足の先端（つま先もしくは靴の頂点）に，定規を合わせ（0cm）超えた部分をプラス（＋）とし，手が足に届かない場合はマイナス（－）と評価する．

④ 反動やはずみで勢いよく曲げないように指導し，対象者には痛みを感じず，可能な範囲で曲げられるところまでとして測定する．

⑤ 測定中に膝関節が屈曲したら，上体をゆっくりもどし，膝関節の完全伸展が得られた肢位で測定する．このとき最大のリーチを2秒間保持しなければならない．

⑥ 検者は実演を行い，1〜2回の練習後に2回測定を実施する．

⑦ 計測は0.5cm単位で行い，手の中指の先端から足の頂点への距離を測定する．2回測定し，よい結果を測定値とする．

過去には座位ではなく，立位体前屈で測定されていたが，立位より安全に行える椅子座位体前屈が考えられ，広く実践されるようになった．

[評価方法]

地域在住高齢者を対象に毎年多くの測定が進められており，いずれ標準値が発表される予定であるが，本書では一部を参考までに示す（表II-3）．個人差が大きいが，各年代の平均値を評価の基準に考えるとよいと思われる．

[研究事例]

竹島ら（2010）はデイサービスを利用している高齢者22人を対象に運動プログラムを行わせ，その効果をシットアンドリーチで検証している．

運動プログラムの内容は前項（バックスクラッチ）と同様の油圧マシンエクササイズプログラムとアクアエクササイズプログラムを実施した．

図II-14は，利用者の3ヵ月間に及ぶ運動実践によるシットアンドリーチの変化を示している．

運動後に有意（$p<0.05$）に増加し，運動による改善が得られたものと考えられた．

本調査では，比較対照群が設定されていないので厳密な運動効果を論じることは難しいが，デイサービスを利用する虚弱高齢者においても運動効果が期待できるという見方を可能とする結果といえよう．

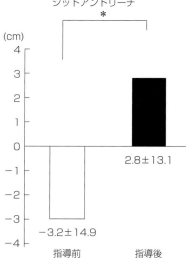

図II-14 デイサービス利用者の3ヵ月間にわたる運動の効果
＊：有意差あり　$p<0.05$

[文　献]
・竹島伸生（2010）：デイサービスへの運動指導導入とその成果〜医療法人いつき会グループの取り組み〜，ストレングス＆コンディショニング，17 (6)，3-9．

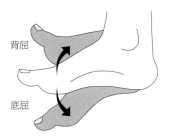

図Ⅱ-15　足関節の背屈および底屈

図Ⅱ-16　足関節柔軟性テストの方法

### (4) 足関節柔軟性テスト

#### 定義と目的
　椅子に座った状態でつま先および踵を接した状態での底屈，背屈角度を測定する．加齢は足部・足関節の構造と機能に変化をもたらす．足部の柔軟性に問題があると，バランス機能が低下し転倒リスクが増大するとされている．健康・体力づくり事業団が推奨しているテストである．

#### 測定対象
　身体的エリート，自立高齢者（高・中・低），要支援．

#### 測定方法
　下腿部が床に垂直になるように椅子に座り，つま先を地面に接した状態（親指の母指球が離れないように）からできるだけ踵をあげ，足底部が床となす最大角度を分度器で測定する（底屈）．また，踵をあげないようにしてつま先を上に持ち上げ，足底部が床となす角度を分度器で測定する（背屈）．分度器が準備出来ない場合は三角定規の60度，30度の角度を目安にする．底屈の目安は60度，背屈の目安は30度である．

#### 評価方法
　底屈，背屈角度の合計角度で評価する（表Ⅱ-4）．

#### 研究事例
　Hylton et al.（2011）は62〜96歳（平均80.1±6.4歳）の高齢者176名（男性56名，女性120名）を対象に，バランスや機能的能力と有意な相関がみられる因子を判定することを目的に測定を行った．検査項目は足部と足関節の特徴として，足の肢位，関節可動域，足の変形と機能障害，足趾筋力，足底の触覚．感覚運動機能の評価として，視力，外果の触覚と固有感覚，膝伸展と足背屈筋力，反応時間．バランスと機能的能力の評価として，立位バランス，傾きバランス，ステッピング，反復起立，歩行スピードを調査した．足部・足関節の特徴のなかで，高齢者のバランス機能に影響する重要な因子は，足底の触覚感受性，足関節の柔軟性，足趾筋力であった．高齢者の転倒リ

表Ⅱ-4 「足関節柔軟性テスト」の評価表

柔軟性（足底背屈）（度）

| | 年齢 | 硬い | 普通 | 柔らかい |
|---|---|---|---|---|
| 女 | 20-24 | ～76 | 77～94 | 95～ |
| | 25-29 | ～76 | 77～94 | 95～ |
| | 30-34 | ～76 | 77～94 | 95～ |
| | 35-39 | ～76 | 77～94 | 95～ |
| | 40-44 | ～74 | 75～92 | 93～ |
| | 45-49 | ～74 | 75～92 | 93～ |
| | 50-54 | ～74 | 75～90 | 91～ |
| | 55-59 | ～74 | 75～90 | 91～ |
| | 60-64 | ～71 | 72～88 | 89～ |
| | 65-69 | ～71 | 72～88 | 89～ |
| | 70-74 | ～71 | 72～88 | 89～ |
| | 75～ | ～71 | 72～88 | 89～ |
| 男 | 20-24 | ～67 | 68～85 | 86～ |
| | 25-29 | ～67 | 68～85 | 86～ |
| | 30-34 | ～67 | 68～85 | 86～ |
| | 35-39 | ～67 | 68～85 | 86～ |
| | 40-44 | ～64 | 65～82 | 83～ |
| | 45-49 | ～64 | 65～82 | 83～ |
| | 50-54 | ～64 | 65～81 | 82～ |
| | 55-59 | ～64 | 65～81 | 82～ |
| | 60-64 | ～59 | 60～80 | 81～ |
| | 65-69 | ～59 | 60～80 | 81～ |
| | 70-74 | ～59 | 60～75 | 76～ |
| | 75～ | ～59 | 60～75 | 76～ |

http://www.health-net.or.jp/tairyoku_up/pdf/checklist03.pdf　より

スク軽減には，足底からの感覚情報増大や足部・足関節のストレッチ，足趾筋力を高めるための足把持エクササイズが有効となる可能性が示唆された．

[宮口　和義]

[文　献]
・Hylton B. Mentz, Meg E. Morris and Stephen R. Lord (2011): Foot and Ankle Characteristics Associated With Impaired Balance and Functional Ability in Older People. Journal of Gerontology, MEDICAL SCIENCES.

## II部　高齢者の身体機能の測定と評価

# 3章 全身持久力の測定と評価

## 1. 全身持久力測定の意義と種類

### (1) 全身持久力測定の意義

持久力には，心肺機能，筋力，および歩行能力等，様々な機能・能力が関与するため，持久力の測定により，総合的な体力および健康度を推測することができる．実際，$\dot{V}O_2max$（最大酸素摂取量）は生活習慣病の危険因子と関連し，$\dot{V}O_2max$の高い者は，内分泌機能および体温調節機能に優れ，$\dot{V}O_2max$の低い者は，体脂肪率，中性脂肪，低比重リポ蛋白コレステロール，および血圧が高い．厚生労働省が生活習慣病予防のために作成した「健康づくりのための運動基準2006」の中でも，最大酸素摂取量を高い水準に維持することが重要であると述べられている．

持久力は，その他の体力指標と同様に，加齢とともに低下する．その原因には，加齢による心肺機能および筋力の低下，体脂肪率および体重の増加，日常生活活動量の減少などが挙げられる．現在，高齢化が進行し，高齢者の体力低下に伴う転倒が社会問題となっている．総合的な体力の目安ともなる持久力を測定・評価することは，高齢者の健康や体力に関する研究，あるいは臨床の現場においても非常に重要である．

### (2) 全身持久力測定の種類

持久力の測定は直接法と間接法に大別される．直接法は，$\dot{V}O_2max$を呼気分析から直接測定する方法である．しかし，直接法は，被験者の身体的負担，測定の煩雑さ，特殊な実験器具が必要など，実用性や簡便性に欠ける．直接法の短所を解決するため，様々な間接法が開発されてきた．間接法には，一定時間内における歩行（走行）距離を測定する方法（6分間歩行，シャトル・スタミナ・ウォークテストなど），一定距離を歩行（走行）する時間を測定する方法（1500m走など），トレッドミルや自転車エルゴメータを利用し，心拍数や運動強度から持久力を評価する方法（PWC170など）がある．間接法は，正確性や信頼性の点で直接法より劣るが，最大運動が要求されないため，安全性に優れること，高価な器具を必要としないこと，多数の被験者を同時に測定できること，といった特徴があり，簡便性や実用性に優れる．

本項では，高齢者測定でよく用いられる6分間歩行，シャトル・スタミナ・ウォークテストを紹介する．

## 2. 全身持久力測定評価の実際

### (1) 6分間歩行（6MWD：6-minute walking distance）
#### 定義と目的
　6分間で進んだ歩行距離を測定するテストである．6分間歩行は，文部科学省の65〜79歳までを対象とした新体力テストの項目に組み込まれている．新体力テストにおける6分間歩行の測定意義は，正しい歩行姿勢を保って歩くことができる距離を計測すること，すなわち，歩行能力を測ることである．したがって，競争ということを被験者には意識させない．6分間の移動距離を10倍すれば，1時間あたりに歩ける距離を算出することができるため，各個人が運動の目安を把握し，運動プログラムを計画しやすいようにといった目的も兼ねている．

#### 測定対象
　身体的エリート，日常生活自立高齢者，二次予防対象者等々，幅広い対象の測定・評価が可能．

#### 測定方法
　1周30m以上の周回路または50m以上の折り返し直線路（距離の計測が容易にできるように，5m間隔で目印をつける），ストップウォッチが必要．歩行速度は最大，任意および普段時と同様など，測定（研究）目的により異なる．最大酸素摂取量の推定あるいは持久力の判定のための研究であれば，最大努力の歩行速度が要求されることが多い．新体力テストでは普段の歩行速度と規定され，競わないことが指示されている．歩行中は，走ることは禁止され，どちらかの足が地面に着いていなければならない．検者は，スタートから1分毎に，経過時間を伝える．新体力テストでは，記録は5m単位とし，5m未満は切り捨てるとあるが，測定目的にあわせて，記録を取る必要がある．被験者の健康状態に注意し，医師の治療を受けている者，風邪気味の者，熱がある者，二日酔いの者，当日の血圧が160/95mmHg以上の者は測定を行わない．

#### 評価方法
　6分間に進んだ距離(m)を持久力の指標として利用する．新体力テスト(65〜79歳)における評価は表II-5の通りである．最大努力における6分間歩行の結果から最大酸素摂取量を算出できる（下式）．

　$\dot{V}O_2max = 0.006 \times 6$分間歩行距離$(feet) + 3.38$

　年齢，身長，体重から6分間歩行の基準値も予測できる．

　男性：$6MD = (7.57 \times 身長(cm)) - (5.02 \times 年齢) - (1.76 \times 体重(kg)) - 309m$
　女性：$6MD = (2.11 \times 身長(cm)) - (5.78 \times 年齢) - (2.29 \times 体重(kg)) + 667m$

#### 研究事例
　6分間歩行テストは12分間で進んだ歩行距離（m）を測定するテストである12分間歩行テストと高い相関がある（$r = 0.955$）(Butland et al., 1982)．その12分間歩行テストは最大酸素摂取量と関係があると報告されている．
　65歳以上の高齢者を対象にした研究では，6分間歩行と膝伸展筋力，下肢筋肉量，および開眼片脚立ち間に中程度の相関（$r = 0.41〜0.54$）が認められている（藤本ら，

表II-5 新体力テスト（65〜79歳）における6分間歩行の評価

| 得点 | 男子 | 女子 |
|---|---|---|
| 10 | 755m以上 | 690m以上 |
| 9 | 695〜754 | 640〜689 |
| 8 | 645〜694 | 610〜639 |
| 7 | 595〜644 | 570〜609 |
| 6 | 550〜594 | 525〜569 |
| 5 | 510〜549 | 480〜524 |
| 4 | 470〜509 | 435〜479 |
| 3 | 430〜469 | 400〜434 |
| 2 | 390〜429 | 340〜399 |
| 1 | 389m以下 | 339m以下 |

2009）．また，6分間歩行では，介護を受けずに生活できる基準値も報告され，その値は313mである（藤本ら，2009）．この判別基準は，障害物歩行時間，開眼片脚立ち，膝伸展筋力，および大腿の筋肉量のそれよりも判別精度が高いと報告されている．

[文 献]
・Butland RJ, Pang J, Gross ER, Woodcock AA, Geddes DM. (1982): Two-, six-, and 12-minute walking tests in respiratory disease. Br Med J., 284, 1607-1608.
・藤本繁夫，中雄勇人，三村達也（2009）：高齢者の自立活動に必要な体力基準，保健の科学，51（3），154-160.

### (2) シャトル・スタミナ・ウォークテスト（SSTw：Shuttle Stamina Walking Test）

**定義と目的**

シャトル・スタミナ・ウォークテスト（SSTw：Shuttle Stamina Walking Test）は，金子ら（1986）が考案したシャトル・スタミナテスト（SST：Shuttle Stamina Test）を高齢者用に適応させたテストである．SSTは10m折り返しの3分間全力走テストであるが，SSTは体力水準が低下している高齢者には負担が大きく，危険性を伴うことから，歩行で測定するSSTwが開発された．持久力，総合的な体力を評価するために利用される．

**測定対象**

身体的エリート，日常生活自立高齢者，二次予防対象者等々，幅広い対象の測定・評価が可能．

**測定方法**

体育館などの屋内フロアーにて，10mの直線路を利用する．10mの両端にジグザグドリブル用のポールを設置し，その間の床面には2m間隔で印（ビニールテープ）をつける．距離計測用のメジャー，ストップウォッチが必要である．

被験者は，最大努力で10mの往復歩行（ポールを回って折り返す）を3分間行う．検者は30秒ごとに時間をいい，終了10秒前を知らせる．被験者には無理をしない範囲でできるだけ速く歩くこと，折り返し時はできるだけポールの近くを小刻みな歩調

図II-17 シャトル・スタミナ・ウォークテストの測定方法

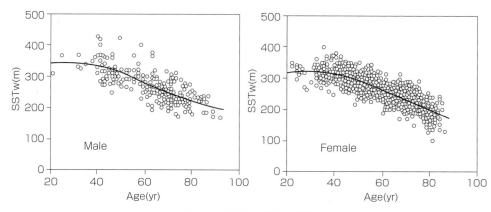

図Ⅱ-18 SSTwと年齢との関係
(木村みさか,岡山寧子,田中靖人,金子公宥(1998)高齢者のための簡便な持久性評価法の提案 シャトル・スタミナ・ウォークテストの有用性について,体力科学,47(4),401-410.)

で回ることを指示する.また,測定前に1往復の練習をさせる.

### 評価方法

3分間の歩行距離を計測し(10m×折り返し回数+停止線までの距離),持久力の指標とする.西垣ら(2001)は,SSTwから6分間歩行を予測する推定式を算出している.推定式はY = 1.98X+111.83(Y:6分間歩行(m),X:SSTw(m))である.

### 研究事例

西垣ら(2001)は,65歳〜78歳までの高齢者29名を対象に,6分間歩行とSSTwの関係を明らかにした.その結果,両者間にはr = 0.868(p＜0.05)の高い相関が認められている.

木村ら(1998)は,20歳〜92歳の1162名を対象に,SSTwの加齢変化を検討している.その結果は図Ⅱ-18の通りであり,加齢とともに低下する傾向が見られる.40歳以降のSSTwの低下率は,1年間で男性0.84%,女性1.06%である.この値は$\dot{V}O_2$maxの加齢による低下率とほぼ一致する.また,SSTwは自覚的な持久性能力と関係がある.「やや急ぎ足で30分間は歩ける」,「やや急ぎ足で1時間でも歩ける」「ゆっくりなら15分間走れる」の問いに対して,「できる」と回答した者(自覚的な持久性能力が高い者)が「できない」と回答した者よりもSSTwの成績が優れていた(木村ら,1998).

[池本　幸雄]

[文　献]
・木村みさか,岡山寧子,田中靖人,金子公宥(1998):高齢者のための簡便な持久性評価法の提案 シャトル・スタミナ・ウォークテストの有用性について,体力科学,47(4),401-410.
・西垣利男,青木敦英,田路秀樹,末井健作,岩崎英人,小清水英司(2001):高齢者におけるシャトル・スタミナ・ウォークテストの併存的妥当性,体育測定評価研究,1,113-117.

## II部　高齢者の身体機能の測定と評価

# 4章 調整力の測定と評価

　神経系を中心とした体力評価因子は数多く考えられるが，一つにまとめると調整力といえる．調整力とは，自分のからだを思い通りに動かす能力で，平衡性（体をバランスよく保持する能力）・敏捷性（体を素早く動かす能力）・巧緻性（からだを巧みに動かす能力）などの項目から成り立っている．高齢者においても，これらが総合的に備わっていることが大切である．

## 1. 平衡性の測定と評価

### (1) 平衡性測定の意義と種類

#### 1) 平衡性測定の意義

　姿勢の保持は，視覚情報，体性感覚情報（筋・腱・関節からの情報，足裏等の圧感覚情報など），前庭系の情報（内耳の三半規管）などを基に脳が中枢処理を行ない，出された司令を骨格筋が実行することでなされる．ヒトは随意運動や動作を円滑に行うためには，立位，座位などの重力に抗した様々な体位において，姿勢を崩すような外乱に対して姿勢を保持することや姿勢を保持しつつ随意運動ができなければならない．平衡機能やバランス能力は，重力に対して姿勢を安定して保持する機能・能力であり，これらにより，さまざまな姿勢においても随意運動が安定して行われ，不意の外乱に対してもバランスが維持され，移動動作，日常生活動作（ADL動作）が安定して，効率的に遂行される．高齢者においてはしっかりと立ち，歩く生活機能上の重要な一要素になり，平衡機能やバランス能力の低下が転倒に結びつき骨折の危険因子となる．

#### 2) 平衡性測定の種類

　バランス能力は，立位保持などにおける静的バランス能力と，身体の移動を伴う歩行時などにおける動的バランス能力に分けられる．静的バランス能力の測定法としては，開眼片足立ち，閉眼片足立ちが挙げられる．文部科学省の新体力テストでは高齢者向け（65〜79歳）のバランス能力の評価として開眼片足立ちが採用されている．また，より精密な測定を行うため，日本平衡神経科学会（1994）は重心動揺計による足圧中心（COP；center of foot pressure）動揺を指標とする測定法を推奨している．
　一方，動的バランス能力の測定法としてはファンクショナルリーチ，継ぎ足歩行や画面指示ステップテストが挙げられる．しかし，数多くのバランステストから実証的

にバランス能力の因子構造を明らかにした研究は少ない．そのため，片足立ちは静的バランス能力を評価すると主張する研究がある一方，動的バランス能力を評価すると主張する研究もある．同様のことはファンクショナルリーチでもみられる．

### (2) 平衡性測定評価の実際
#### 1) 開眼片足立ち

高齢者の平衡性測定として，代表的な項目である．健常者のみならず，多くの有疾患者，障害者に対しても測定が行われている．片足立ちテストには目を閉じて行なう閉眼片足立ちと開眼片足立ちがある．片足立ちテストは足の筋力や平衡機能を調べるのに適している上，短時間で簡単に測定が可能である．高齢者で長くできる人ほど歩行中に転倒しにくい，という研究データもあり，安全な歩行の指標に適している．

年齢とともに脚力が弱まり，歩行が困難になる高齢者を減らすことを目的とし，厚生労働省は開眼片足立ちが20秒以上できる人の割合を，「健康日本21」に数値目標として掲げ，2010年に75歳以上の男性で60％以上，女性で50％以上を目指した取り組みも実際に行われた（2006年現在では男性約39％，女性約21％）．

（測定方法についてはp.97　文部科学省「新体力テスト（65歳～79歳対象）」参照）

#### 2) ファンクショナルリーチ

**定義と目的**

片側上肢による前方へのリーチ距離を測定するが，転倒方向は前方だけではなく左右や後方向もあること，前方と左右，後方の姿勢方略が異なることから後方や左右方向のリーチ距離測定も提案されている．

重心位置が変わっても，どれだけ足を踏ん張る事ができるかという転倒予防への適応テストとして行われる．片側上肢を伸ばす動作であるため，リーチ動作の最終局面では伸ばしている上肢と同側の足への荷重が必要となる．そのため，片側下肢の関節に障害を有している高齢者の場合，左右でリーチ距離が異なる可能性がある．

**測定対象**

身体的エリートおよび自立高齢者（高・中・低）

**測定方法**

ファンクショナルリーチ測定器，もしくは方眼紙またはホワイトボードとメジャー．

①被験者は測定器に横向き（壁に平行）に立ち，両足を軽く開き，両腕を肩の高さ（90度）に上げ，その状態のまま測定器のプレートに指先を合わせる．（その際，目盛りがゼロの位置にあるのを確認）

②測定器側の反対側の手を下ろし，プレート側の手は同じ高さを維持したまま，足を動かさずにできるだけ前方へ手を伸ばし，最長地点で測定する．

③姿勢を戻す．

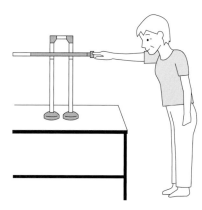

図Ⅱ-19　ファンクショナルリーチ

簡便なファンクショナルリーチとして，伸縮可能な支持棒を利用したModified-Functional reach test（M-FR）が提案されている．この方法では，支持棒にメジャーを貼り付け，被験者が壁に支持棒の先端を押し当て，支持棒が縮んだ距離を測定する．しかし以下の点に注意する必要がある．

①支持棒の先端を壁に押し当てているため，わずかではあるがその反力を受ける．
②オリジナルでは，肩峰の高さに調節されたメジャーに沿ってリーチ動作をしなければならないが，支持棒の場合，支持棒の先端を肩峰の高さに固定するだけで良い．そのため，体幹の屈曲動作が大きくなる．

### 評価方法

距離を評価する．判定基準値は表II-6に示すとおりである．

表II-6 ファンクショナルリーチテストの判定基準

| | |
|---|---|
| 30cm以上 | 転倒の心配はない．筋力アップに励みましょう． |
| 20-29cm | 転倒予備軍に属します．転倒予防運動で筋力をアップしましょう． |
| 19cm以下 | 転倒する確率が大きい．すぐに転倒予防運動を始めましょう． |

### 研究事例

ファンクショナルリーチは研究によって，静的バランス能力あるいは動的バランス能力の評価指標として用いられている．ファンクショナルリーチテストの信頼性は0.81～0.92と高いことが報告されている（Duncan et al. 1990）．

加齢によってファンクショナルリーチの成績は低下する．Duncan et al.（1990）は，ファンクショナルリーチの成績は20～40歳の女性を100％にすると，41～69歳で94.6％，70～87歳で72.0％に低下すると報告している．中村ら（2006）は20～40歳の若者と61～85歳の地域高齢者のファンクショナルリーチを比較し，37cmと28cmであり，高齢者では年齢と－0.59の負の相関を認めることから，加齢による低下を報告している．

[文献]
・Duncan WP, Weiner KD, Chandler J, Studenski S. (1990): Functional reach: a new clinical measure of balance. Journal of Gerontology, 45, 192-197.
・中村一平，奥田昌之，鹿毛治子，國次一郎，杉山真一，芳原達也，浅海岩生（2006）：ファンクショナルリーチテストとその他のバランス評価法との関係．理学療法学，21, 335-339.

## 3）継ぎ足歩行

### 定義と目的

継ぎ足歩行は床面に引いた直線上を一側の爪先に対側の踵を接触させながら歩行する．継ぎ足歩行は特に前額面上の支持基底面が狭小化するため，動的バランスの評価に用いられる．東京都老人総合研究所監修の資料にも，継ぎ足歩行は転倒予防体操の1つとして紹介されている．

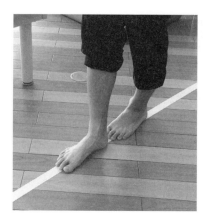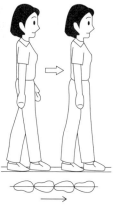

図Ⅱ-20　継ぎ足歩行の方法

表Ⅱ-7　mis-stepまでの歩数により評価する方法

| 研究者 | 測定方法 |
|---|---|
| Dargent-Moris et al (1996) | Mis-stepまでの歩数で次の4段階に評価<br>　1：4歩を確実に継ぎ足歩行できる<br>　2：3歩でよろけてしまう<br>　3：通常歩行はできるが，継ぎ足姿勢をとることができない<br>　4：杖歩行しかできない |
| Wrisley et al (2004) | 上肢を胸の前で組んだ状態で3.6m継ぎ足歩行させ，最大10歩まで<br>　3：normal（正常）　ふらつきなしに10歩可能<br>　2：maild impairment（軽度障害）　7〜9歩可能<br>　1：moderate impairment（中等度障害）　4〜7歩可能<br>　0：savege impairment（重度障害）　3歩以下 |

### 測定対象
身体的エリートおよび自立高齢者（高・中・低）

### 測定方法
継ぎ足歩行の評価には2つの方法がある．第1の方法は一定距離，あるいは一定歩数の継ぎ足歩行の可否により評価する．例えば，4歩の継ぎ足歩行の可否により評価する方法，あるいは2.5mの継ぎ足歩行に要した歩数により評価する方法がある．第2の方法は，一定距離の所要時間や直線上から逸脱した数により評価する．例えば，2mや約6.1mの継ぎ足歩行の所要時間，逸脱の数や有無により評価する．

### 評価方法
継ぎ足歩行は特別な器具を使用しないため，臨床応用が簡単という利点があるが，評価指標として用いる場合，評価手順が統一されていない．ここでは，mis-stepまでの歩数によりランク分けする方法を紹介する（表Ⅱ-7）．

Dargent-Molinaet et al（1996）が，4歩の継ぎ足歩行の可否により4段階に段階分けしている．また，Wrisley et al（2004）は，10項目で構成される歩行能力の評価バッテリーであるFGA（Functional Gait Assessment）の下位項目に継ぎ足歩行を含めて

いる．Wrisleyらの方法では，上肢を胸の前に組んだ状態で3.6m継ぎ足歩行させ，最大10歩までの歩数を計測して4段階で評価している（表II-7）．

### 研究事例

Schrager et al. (2008) は54〜92歳の高齢者を対象に継ぎ足歩行を行い，動作解析装置を用いて歩幅，歩行速度，歩隔，重心位置を解析した．その結果，歩行速度，歩幅，重心の動揺速度，重心の動揺範囲は加齢によっていずれも有意に低下すると報告している．

[文　献]
- Schrage AM, Kelly EV, Price R, Ferrucci Luigi, Shumway-Cook A. (2008): The effects of age on medio-lateral stability during normal and narrow base walking. Gait and Posture, 28, 466-471.
- Dargent-Molina P, Favier F, Grandjean H, et al. (1996): Fall-related factors and risk of hip fracture: the EPIDOS prospective study. Lancet, 348: 145-149.
- Wrisley DM, Marchetti GF, Kuharsky DK, et al. (2004): Reliability, internal consistency, and validity of data obtained with the functional gait assessment. Phys Ther, 84, 10: 906-918.

### (3) 足圧中心動揺検査

#### 定義と目的

ある姿勢を保持している間の細かい身体動揺を，足底面での2次元座標として定量的に捉えたものが足圧中心動揺である．

重心動揺検査は，両足内側縁を接したRombergの姿勢をとり，裸足で重心動揺計の上に立ち，60秒（日本平衡神経科学会）の足圧中心動揺を記録する．静止立位における姿勢制御能力の指標といえる．

#### 測定対象

身体的エリートおよび自立高齢者（高・中・低）．

#### 測定方法

足圧中心動揺測定器（アニマ社製）など．足圧中心動揺計は自作可能だが，各種製品が100万円前後で市販されている．

①被験者は，両足先，踵を接して重心動揺計上の所定の位置（通常，足型などがペイントされており，脚のサイズにあわせ，前後位置を調節して足を乗せる）に直立させる．
②両腕は，体側にたらし，楽な姿勢を維持するように支持する．被験者の視線も統制する必要がある．
③被験者には，被験者正面の目の高さに置かれた注視点を注視させる．
④検者は，被験者の重心動揺が安定したことを確認し，データの記録を開始する．
⑤測定時間は，30秒〜60秒とされ，開眼および閉眼で実施する．

#### 評価方法

動揺変数の中でも有効な変数は以下の変数が有効とされている．
　・距離変数は単位軌跡長，実効値，X実効値，Y実効値の4変数

図Ⅱ-21 重心動揺計

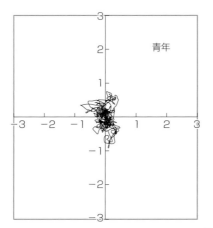
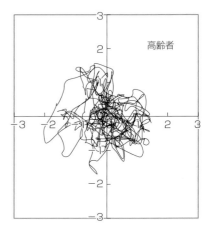

図Ⅱ-22 重心動揺の実際例

- 面積変数は単位面積軌跡長,矩形面積,実効値面積の3変数
- 速度変数はX速度の平均,Y速度の平均,速度の実効値の3変数
- 位置変数はX中心位置,Y中心位置の2変数
- 振幅変数はX標準偏差,Y標準偏差,X速度の標準偏差,Y速度の標準偏差の4変数
- パワー変数は位置・速度の各方向におけるA面積比とC面積比の12変数
- ベクトル変数は位置・速度のA・E方向(前後)とC・G方向(左右)の8変数

これらの変数を用い表Ⅱ-8,9のような正常値範囲を基準に評価される.

### 研究事例

重心動揺の信頼性は高い(ICC:0.71〜0.95)ことが報告されている.
Overstall et al.(1977)は男女の重心動揺を測定し,女性は男性よりも重心動揺が大きく,バランス能力の低下の他に眩暈や躓き等の多数の転倒発生状況と関連すると

表Ⅱ-8 重心動揺検査の正常値（平均値±標準偏差）

| | 検査項目<br>年齢 | 単位軌跡長 (cm/s) | | | 最長動揺径 (cm) | | 外周面積<br>(cm²) | 棄却楕円面積<br>(cm²) | 振幅確率密度分布の標準偏差 (cm) | | |
|---|---|---|---|---|---|---|---|---|---|---|---|
| | | XY | 左右 (X) | 前後 (Y) | 左右 (X) | 前後 (Y) | | | XY | X | Y |
| 開眼 | 15〜19 | 1.01±0.43 | 0.58±0.31 | 0.37±0.19 | 1.94±0.47 | 2.17±0.68 | 1.86±0.80 | 4.77±2.35 | 0.56±0.18 | 0.34±0.04 | 0.44±0.21 |
| | 20〜29 | 0.83±0.20 | 0.48±0.16 | 0.30±0.08 | 1.88±0.54 | 1.94±0.67 | 1.73±0.76 | 3.92±2.15 | 0.51±0.15 | 0.34±0.09 | 0.38±0.15 |
| | 30〜39 | 0.96±0.14 | 0.56±0.10 | 0.37±0.07 | 2.28±0.64 | 2.20±0.56 | 2.34±0.80 | 5.38±2.94 | 0.59±0.15 | 0.39±0.11 | 0.44±0.15 |
| | 40〜49 | 0.88±0.17 | 0.46±0.10 | 0.39±0.09 | 2.09±0.48 | 2.32±0.50 | 2.22±0.76 | 5.44±2.61 | 0.62±0.13 | 0.39±0.13 | 0.46±0.13 |
| | 50〜59 | 0.95±0.22 | 0.48±0.13 | 0.44±0.14 | 2.24±0.54 | 2.60±0.58 | 2.68±0.68 | 6.79±2.72 | 0.69±0.13 | 0.41±0.10 | 0.54±0.16 |
| | 60〜69 | 1.04±0.22 | 0.57±0.14 | 0.46±0.15 | 2.39±0.76 | 2.34±0.68 | 2.50±0.96 | 6.27±3.00 | 0.63±0.14 | 0.44±0.13 | 0.46±0.13 |
| | 70〜 | 1.20±0.42 | 0.64±0.22 | 0.55±0.27 | 2.91±0.54 | 2.23±0.42 | 3.07±0.79 | 6.09±1.80 | 0.62±0.14 | 0.49±0.09 | 0.44±0.04 |
| | 20〜49<br>(成人値) | 0.88±0.18 | 0.49±0.14 | 0.35±0.09 | 2.05±0.55 | 2.14±0.61 | 2.07±0.85 | 4.81±2.56 | 0.57±0.15 | 0.37±0.11 | 0.42±0.15 |
| 閉眼 | 15〜19 | 1.55±0.56 | 0.86±0.33 | 0.73±0.32 | 2.89±0.67 | 2.65±0.38 | 3.56±1.03 | 7.05±1.48 | 0.70±0.09 | 0.49±0.08 | 0.49±0.12 |
| | 20〜29 | 1.34±0.39 | 0.83±0.30 | 0.55±0.17 | 2.99±1.26 | 2.53±0.62 | 3.59±1.83 | 6.75±3.83 | 0.69±0.21 | 0.48±0.21 | 0.46±0.12 |
| | 30〜39 | 1.49±0.21 | 0.92±0.13 | 0.61±0.11 | 3.12±0.54 | 2.73±0.64 | 4.12±1.08 | 8.31±3.27 | 0.74±0.15 | 0.51±0.07 | 0.54±0.16 |
| | 40〜49 | 1.44±0.41 | 0.79±0.24 | 0.70±0.25 | 2.61±0.63 | 3.08±0.73 | 3.87±1.59 | 7.70±4.39 | 0.71±0.17 | 0.44±0.11 | 0.55±0.15 |
| | 50〜59 | 1.60±0.50 | 0.89±0.34 | 0.78±0.31 | 2.93±0.83 | 2.93±0.72 | 4.06±1.56 | 7.60±2.88 | 0.72±0.14 | 0.51±0.13 | 0.50±0.13 |
| | 60〜69 | 1.65±0.48 | 0.89±0.25 | 0.81±0.32 | 3.31±0.96 | 2.99±0.88 | 5.18±2.66 | 9.49±5.04 | 0.79±0.23 | 0.58±0.19 | 0.53±0.18 |
| | 70〜 | 2.30±0.73 | 1.32±0.53 | 1.13±0.40 | 3.76±1.31 | 3.19±1.00 | 6.24±3.42 | 9.86±4.89 | 0.81±0.21 | 0.61±0.18 | 0.52±0.14 |
| | 20〜49<br>(成人値) | 1.41±0.37 | 0.83±0.25 | 0.61±0.20 | 2.86±0.93 | 2.78±0.70 | 3.82±1.60 | 7.43±3.94 | 0.71±0.19 | 0.47±0.16 | 0.51±0.16 |

表Ⅱ-9 重心動揺検査の正常値（平均値±標準偏差）

| | 検査項目 | 平均軌跡速度 | 左右方向 | 前後方向 | 速度 (cm/sec) 右方向 | 左方向 | 前方向 | 後方向 | パワースペクトル (%) X 0.02〜0.2Hz | 0.2〜2.0Hz | 2.0〜9.98Hz | Y 0.02〜0.2Hz | 0.2〜2.0Hz | 2.0〜9.98Hz |
|---|---|---|---|---|---|---|---|---|---|---|---|---|---|---|
| 開眼 | 15〜19 | 1.72±0.65 | 1.29±0.56 | 0.97±0.47 | 1.26±0.59 | 1.32±0.56 | 0.98±0.41 | 0.95±0.54 | 24.17±6.13 | 47.07±8.19 | 28.84±3.78 | 29.06±9.12 | 38.76±7.97 | 32.13±3.98 |
| | 20〜19 | 1.43±0.33 | 1.03±0.34 | 0.75±0.20 | 1.05±0.37 | 1.01±0.34 | 0.75±0.23 | 0.75±0.26 | 23.64±6.19 | 46.66±5.76 | 26.69±4.27 | 30.38±5.98 | 38.24±4.46 | 31.18±4.81 |
| | 30〜39 | 1.63±0.17 | 1.17±0.24 | 0.80±0.18 | 1.13±0.27 | 1.21±0.26 | 0.77±0.18 | 0.84±0.22 | 24.58±3.72 | 48.27±2.37 | 27.16±3.69 | 30.91±6.18 | 40.84±4.33 | 30.19±2.79 |
| | 40〜49 | 1.52±0.20 | 1.00±0.15 | 0.98±0.20 | 1.03±0.20 | 0.97±0.14 | 0.96±0.22 | 1.01±0.23 | 27.78±5.70 | 44.23±4.31 | 27.99±3.42 | 32.58±4.85 | 38.26±4.32 | 29.16±3.77 |
| | 50〜59 | 1.82±0.30 | 1.08±0.24 | 0.99±0.30 | 1.12±0.27 | 1.07±0.29 | 0.93±0.30 | 1.02±0.31 | 27.32±5.57 | 44.77±5.41 | 27.31±5.14 | 32.93±5.42 | 39.16±5.29 | 27.91±4.10 |
| | 60〜69 | 1.76±0.27 | 1.24±0.21 | 1.04±0.30 | 1.23±0.23 | 1.24±0.23 | 0.96±0.28 | 1.12±0.36 | 26.89±6.57 | 46.28±6.55 | 26.61±2.77 | 30.71±6.37 | 40.94±5.22 | 28.35±3.09 |
| | 70〜 | 1.99±0.49 | 1.42±0.29 | 1.24±0.42 | 1.36±0.24 | 1.48±0.36 | 1.21±0.47 | 1.26±0.40 | 26.08±5.10 | 47.37±5.48 | 26.55±4.39 | 27.29±5.09 | 43.42±7.16 | 29.29±3.89 |
| | 20〜49 (成人値) | 1.51±0.27 | 1.05±0.27 | 0.84±0.22 | 1.08±0.30 | 1.03±0.28 | 0.83±0.24 | 0.85±0.25 | 25.30±5.81 | 46.12±4.90 | 28.59±3.93 | 31.27±5.61 | 38.77±4.41 | 29.96±4.24 |
| 閉眼 | 15〜19 | 2.40±0.70 | 1.74±0.58 | 1.42±0.48 | 1.65±0.57 | 1.82±0.59 | 1.40±0.44 | 1.43±0.54 | 24.10±9.12 | 52.86±8.65 | 23.04±2.97 | 26.11±6.75 | 47.65±8.89 | 26.66±4.49 |
| | 20〜19 | 2.16±0.57 | 1.69±0.60 | 1.12±0.30 | 1.67±0.64 | 1.69±0.59 | 1.10±0.32 | 1.12±0.32 | 21.60±5.89 | 54.08±5.18 | 24.34±5.25 | 25.88±6.10 | 47.25±6.47 | 26.93±3.18 |
| | 30〜39 | 2.31±0.28 | 1.84±0.27 | 1.19±0.20 | 1.96±0.37 | 1.71±0.22 | 1.20±0.24 | 1.17±0.18 | 22.53±3.87 | 55.03±2.93 | 22.44±1.49 | 27.52±4.25 | 47.48±2.83 | 25.00±3.37 |
| | 40〜49 | 2.19±0.54 | 1.55±0.41 | 1.36±0.45 | 1.55±0.42 | 1.55±0.42 | 1.36±0.45 | 1.35±0.47 | 22.56±5.82 | 53.77±5.50 | 23.67±2.79 | 29.58±7.29 | 46.85±6.30 | 23.57±3.17 |
| | 50〜59 | 2.46±0.70 | 1.75±0.64 | 1.43±0.58 | 1.79±0.60 | 1.71±0.70 | 1.45±0.53 | 1.56±0.55 | 24.28±5.58 | 50.95±4.84 | 24.77±3.57 | 25.77±6.07 | 47.82±4.48 | 26.41±4.98 |
| | 60〜69 | 2.53±0.63 | 1.75±0.49 | 1.66±0.60 | 1.80±0.54 | 1.69±0.45 | 1.59±0.58 | 1.73±0.64 | 26.01±7.68 | 50.43±6.18 | 23.55±3.49 | 25.42±7.52 | 48.11±6.76 | 26.48±4.37 |
| | 70〜 | 3.40±0.93 | 2.49±0.87 | 2.24±0.75 | 2.51±0.97 | 2.47±0.80 | 2.12±0.74 | 2.34±0.82 | 21.01±4.79 | 56.08±5.51 | 22.92±3.77 | 19.87±3.69 | 51.74±4.19 | 28.27±2.63 |
| | 20〜49 (成人値) | 2.20±0.51 | 1.67±0.49 | 1.22±0.36 | 1.69±0.53 | 1.65±0.47 | 1.21±0.37 | 1.21±0.37 | 22.13±5.43 | 54.15±4.87 | 23.72±3.93 | 27.52±6.34 | 47.15±5.75 | 25.35±3.49 |

報告している．また，加齢による重心動揺の低下は転倒および転倒不安と関連し，Okada et al.（2001）は転倒不安のない高齢者の重心動揺を100％とすると，転倒不安のある高齢者の重心動揺は129％に増大すると報告している．

[文　献]
- Overstall WP, Exton-smith NA, Imms JF. (1977): Falls in the elderly related to postural imbalance. British Medical Journal, 29, 261-264.
- Okada S, Hirakawa K, Takada Y, Kinoshita H. (2001): Relationship between fear of falling and balance ability during abrupt deceleration in aged women having similar habitual physical activities. European Journal of Applied Physiology. 85, 10-18.

### (4) 画面指示ステップテスト

定義と目的

30cm四方のシートを9枚並べた上に立った被験者が，画面上に40bpmのテンポで指示される方向に素早く踏み出すテストである．

高齢者は下肢筋力，バランス能力の低下によって，脚をクロスする動作の困難度が高くなる．そこで30cm四方のシートを9枚並べ，できるだけ速やかにステップを実施し，動作遂行時間を計測する．この測定は若年者にとっては敏捷性のテストとしても利用可能であるが，高齢者にとっては身体重心位置の安定性を保持しつつステップすることになるため，支持基底面を移動する随意運動におけるバランス能力が深く関与すると考えられる．

測定対象

身体的エリートおよび自立高齢者（高・中・低）

測定方法

ステップ測定システム（竹井機器）を用いる．外部からランダムに指示される方向に応答して素早くステップする．ステップは，20ステップ（30秒間）で，真ん中の正方形（ホームポジション）からスタートし，周囲の8つのいずれかに片脚でステップし，ホームポジションに戻すことを繰り返す．

画面指示ステップの評価変数は，画面指示と各ステップ着床時間との誤差総和の平均値（平均誤差）に加え，各ステップ間の時間の平均値（平均所要時間）を算出する．また，ホームポジションへのステップは予測可能であることから，前者は，全ステップ（20ステップ）における画面指示とステップとの平均誤差，およびホームポジションからのステップ（10ステップ）における画面指示とステップとの平均誤差を算出する．後者は，ホームポジションからのステップ（10ステップ）への平均所要時間，およびホームポジションへ戻るステップ（10ステップ）の平均所要時間を算出する．

評価方法

指示からの誤差で評価する．

研究事例

出村ら（2009）は，画面指示ステップテストの評価変数は足趾把握力を除くすべての下肢筋力と有意な関係が認められ，特に足関節底屈力，股関節屈曲力との関係は高かったと報告している．さらに，画面指示ステップテストの評価変数は開眼片脚立ち，

図Ⅱ-23　画面指示ステップテストの様子

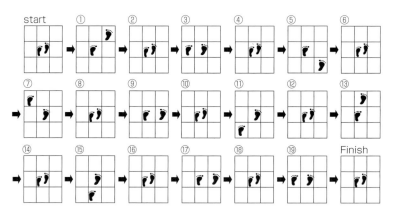

図Ⅱ-24　ステッププロトコル

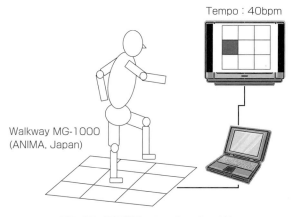

図Ⅱ-25　画面指示ステップテストの方法

ファンクショナルリーチ，および10m歩行とも中程度の関係が認められたことから，ステップ変数はこれらの下肢筋機能を包括的に反映することを示唆している．転倒リスク得点とステップ変数との間に有意な関係が認められたことから，画面指示ステップテストは転倒予防の観点からも有効と報告されている．

[出村　友寛]

[文　献]
- Demura S, Yamada T, Shin S (2008): Age and sex differences in various stepping movements of the elderly. Geriatr Gerontol Int. 8 (3): 180-7.
- 出村慎一，佐藤進，山次俊介ほか (2009): テンポに合わせたステップによる高齢者の転倒予防エクササイズの開発. 2008年度財団法人ミズノスポーツ振興会助成金　報告書.

## 2. 敏捷性の測定と評価

### (1) 敏捷性測定の意義と種類

#### 1) 敏捷性測定の意義

身体活動時において，「身体の一部あるいは全部をすばやく動かす能力」を，一般に敏捷性として定義している．単にスポーツ活動に必要な能力としてではなく，力強く，活発的で健康な日常生活を営む上で重要な能力である．敏捷性は神経インパルスの伝達速度や正確性，筋収縮の速度によって決定されるため，これらの要因に生じる加齢に伴う機能低下に大きく影響を受ける．不意に遭遇した危険な場面で，それを回避するには「動作開始の素早さ」が重要である．よって，敏捷性の測定は，転倒などの危険回避能力という面からも重要である．

#### 2) 敏捷性測定の種類

敏捷性の測定は，神経系要素の強いものと，筋力や動的柔軟性なども含めた総合的なものとに分けられる．前者は実験室的な測定，後者はフィールドテストとして行われることが多い．神経系の要素の強い測定項目としては，反応時間テストが代表的な測定項目として挙げられる．反応時間 (reaction time) とは，生体に刺激が与えられてからその刺激に対する外的に観察可能な反応が生じるまでの時間である．ある運動動作の発現に関わる中枢神経機能と末梢機能を反映した変数であり，これまで多くの研究で利用されてきた．

神経系の要素の強い測定項目としては全身反応時間，単純および選択反応時間や身体の移動を伴わない筋の切り返し動作の素早さを計測するステッピングテストが挙げられる．1つの刺激に対してのみに反応する場合は単純反応時間，複数の刺激に対して選択的に反応する場合は選択反応時間と呼ぶ．総合的な測定としては，反復横跳びやバーピー・テストなどが挙げられるが，高齢者の場合，身体的負担が大きくなるため，通常利用されていない．

## (2) 敏捷性測定評価の実際

### 1) 全身反応時間（跳躍反応時間）

**定義と目的**

全身反応時間は，反応開始の合図から足が跳躍台（マット）を離れるまでに要した時間をさす．体重を負荷とした全身の動作を伴う反応速度をみるテストであり，スポーツをはじめ日常行動の敏捷性と高い相関が認められている．

**測定対象**

身体的エリート，自立高齢者（高）

**測定方法**

図Ⅱ-26は，反応の速さを見る敏捷性測定器でフラッシュ（光刺激）が点灯してから，両足がマットから離れるまでの時間を測定する．測定範囲は0.001～3.000秒．最小単位は0.001秒．

スタートは手動と自動を選択でき，測定者がいない場合には自動に変更できる．

床反力が計測可能な跳躍台（マットスイッチ）を使用し，跳躍台にかかる圧変化が記録できるようにしておく．

①被測定者はマットに立ち，「用意」の合図で膝関節を120～160°位に軽く曲げる．
②光刺激を合図に，できるだけ早く，マットから垂直に跳び上がる．跳び上がる高さは10cm程度でよい．
③測定は5回行い，5回の測定値の平均値を採用する．測定単位はミリ秒（msec）とする．測定者（刺激を出す者）は，被測定者に刺激を出すタイミングを予測されないように，被測定者が準備姿勢をとってからランダムな時間間隔で刺激を出すよう

図Ⅱ-26　全身反応時間測定器
（リアクション，竹井機器）

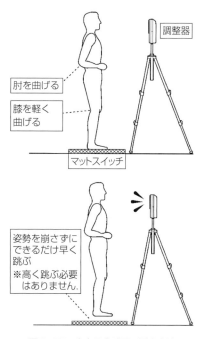

図Ⅱ-27　全身反応時間の測定方法

にする．
④測定値は，合図から足が離れるまでの時間とする．

### 評価方法
　全身反応時間の日本人平均値は40歳男性で389±56msec，50歳男性で425±66msec，60歳男性で472±76msec，70歳男性で544±88msecである．女性の平均値は40歳で445±68msec，50歳で495±83msec，60歳で553±99msec，70歳で624±112msecである．

### 研究事例
　高齢者の転倒予防では下肢筋力やバランス能力だけでなく敏捷性と全身反応時間の改善が求められている．65歳以上の高齢者15名を対象に15分間の筋力トレーニングを週3回実施するよう指導した．運動前後に効果判定として敏捷性，全身反応時間を測定した．敏捷性は立位にて10秒間で出来る限り素早く足踏みをしてもらいステッピング（以下，下肢ステップ数）を計測したもので評価した．全身反応時間は光刺激によるジャンプで足尖がマットから離れるまでの時間を測定した．その結果，運動前後で下肢ステップ数（9.3％），全身反応時間（29.3％）が有意に向上した（$p<0.05$）．

[文　献]
・東京都立大学体力標準値研究会（2000）：新・日本人の体力標準値，不昧堂出版．

## 2）単純および選択反応時間（光・音）

### 定義と目的
　単純反応時間は，1つの刺激に対し，予め定められた単純動作（キー押し動作など）で反応する方法により，刺激に対する反応速度をみるテストである．また，選択反応時間では，各試行において複数の刺激から1つが選ばれて提示され，刺激提示から反応までの時間が測られる．
　刺激→受容器（目または耳）→中枢神経（脳・脊髄）→運動神経→筋肉（指，足等）という情報処理過程における処理速度をみるものである．判断から動作に移る能力は，年齢，性別，基礎的訓練によって相違し，これを調べることによってスポーツ，各種作業に必要な敏捷性，老化のバロメーターである認知から動作に至る反応時間を測定することができる．

### 測定対象
　身体的エリート，自立高齢者（高・中・低），要支援．

### 測定方法
　1000分の1秒まで計れるタイマー・カウンター，刺激発生装置（光，音など）および反応キーを用いる．図II-28の選択反応時間測定器は衝立部，調整器，反応キーで構成されている．
　赤・黄・青の3種の光刺激とブザー音刺激を発生させ，その複雑選択反応を検査する装置である．
①被測定者には，刺激が与えられたらできるだけ早く反応キーを押すように指示する．
②「用意」の合図をしてから3～5秒後に刺激を与える．

図Ⅱ-28　選択反応時間測定器（竹井機器）

表Ⅱ-10　年齢と誤反応数との関係

| 年齢層 | 0回 | 1回 | 2回以上 | データ数 |
|---|---|---|---|---|
| 29歳以下 | 32.2 | 25.2 | 42.6 | 115（100） |
| 30歳代 | 29.1 | 36.7 | 34.2 | 79（100） |
| 40歳代 | 33.0 | 37.5 | 29.5 | 88（100） |
| 50歳代 | 28.9 | 31.6 | 39.5 | 76（100） |
| 60歳以上 | 30.0 | 33.3 | 36.7 | 60（100） |

（単位：%）

③刺激発生時点から反応動作開始時点までの時間を測定する．
④5～10回測定し，最高値と最低値を捨て，残りの記録の平均値を採用する．計測単位はミリ秒とする．

評価方法

　選択反応時間の平均値は29歳以下で522±64msec，30～39歳で558±69msec，40～49歳で602±78msec，50～59歳で657±89msec，60歳以上で714±123msecであり，加齢に伴い選択反応時間が遅延することが明らかとなっている．また，選択反応時間は，刺激に対して正しい反応を求められる．そのため誤反応の有無が正確な判断の目安となる．表Ⅱ-10は，30試行中の誤反応数について，誤反応なし，1回および2回以上の該当者の割合を示している．誤反応を示さない人の割合は，どの年代でもおおよそ同じである．

研究事例

　科学警察研究所の交通科学第二研究室では運転シミュレータを使い，予期できる状況での刺激に対する反応検査（選択反応検査）と，予期できない状況での刺激に対する反応検査（緊急反応検査）を高齢者と非高齢者を対象に行っている．高齢者は非高齢者に比べて，緊急反応時間が長く，とっさの判断に時間がかかる．
　また，高齢者には，選択反応時間は短いが緊急反応時間が長い者も多く，通常の反応検査結果が，とっさ時の能力を必ずしも反映していない．

[文　献]
・自動車安全運転センター（2000）：運転者の身体能力の変化と事故，違反の関連，及び運転者教育の効果の持続性に関する調査研究報告書，閲覧先：自動車安全運転センター　閲覧日：2013年4月30日．http://www.jsdc.or.jp/library/index.html
・科学警察研究所交通科学第二研究室　高齢運転者の特性に関する研究，閲覧先：科学警察研究所，閲覧日2013年4月30日．http://www.npa.go.jp/nrips/jp/traffic/section2.html

### 3）ステッピング

#### 定義と目的

　ステッピングは，足をどれだけ早く繰り返し動かせるかをみるものであり，下肢筋の収縮・弛緩の切り換えの速さをみるテストである．この動作は，大脳のほか，主に脳幹・小脳系の機能に依存するといわれ，この反射機能と，筋が短時間に発揮し得る機能特性に大きく依存すると考えられている．

#### 測定対象

　身体的エリート，自立高齢者（高・中・低），要支援

#### 測定方法

　図II-29は片足でのステッピング測定器で，10秒間，片足ステッピングの回数を測定するものである．椅子に座りフットスイッチに利き足を乗せて，踵を軸に足先をステッピングする．

　また，図II-30は両足で行うステッピング測定器で，座位式および立位式の両測定が可能である．座位式は高齢者や中高年者をはじめとする敏捷性テストとして，立位式はスポーツ選手のコンディショニングの目安として利用できる．
①被験者は椅子に座り，足に負荷がかからない状態で，測定台上に両足を置く．
②「始め」の合図で，約12秒間，できるだけ早く，左右交互に足踏みをする．
③「始め」から10秒間の足踏みの回数を，力曲線やカウンターの数値から読み取る．

#### 評価方法

　地域高齢者を対象に毎年多くの測定が薦められているが，標準値などは現段階では発表されていない（表II-11）．
　本書では一部を参考までに示す．

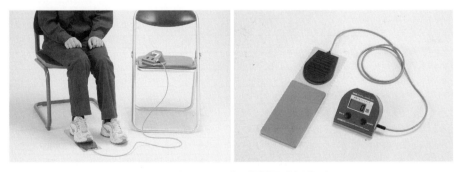

図II-29　片足ステッピング測定器（竹井機器）

図Ⅱ-30 両足ステッピング測定器（竹井機器）

### 研究事例

斉藤ら（2006）は健常若年者8名と健常中高年者8名を対象に，ステッピング，10m最大歩行（歩幅，歩隔，歩行速度，歩行率）等を測定し，敏捷性と歩行能力の関係および年齢の影響について検討している．若年者では歩行因子の歩幅，歩隔，歩行速度，歩行率と敏捷性の指標であるステッピングとは有意な相関が見られなかったが，中高年者ではステッピングと最大歩行速度（r = − 0.71，p < 0.05）に有意な相関が見られた（r = 0.75，p < 0.05）．

[高橋　憲司]

[文　献]
・斉藤琴子，丸山仁司（2006）：敏捷性と歩行能力の関係—若年者と中高年者を比較して—，理学療法科学，21（1），7-11．

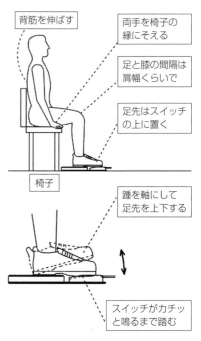

図Ⅱ-31 片足ステッピングの測定方法

表Ⅱ-11 片足ステッピング評価表　　　　回/10秒

| | 年齢（歳） | 20～29 | 30～39 | 40～49 | 50～59 | 60～69 | 70～79 | 80～ |
|---|---|---|---|---|---|---|---|---|
| 男性 | 劣っている | ～35 | ～32 | ～29 | ～26 | ～23 | ～20 | ～19 |
| | やや劣っている | 36～41 | 33～38 | 30～35 | 27～32 | 24～29 | 21～26 | 20～25 |
| | 普通 | 42～47 | 39～44 | 36～41 | 33～38 | 30～35 | 27～32 | 26～31 |
| | やや優れている | 48～53 | 45～50 | 42～47 | 39～44 | 36～41 | 33～38 | 32～37 |
| | 優れている | 54～ | 51～ | 48～ | 45～ | 42～ | 39～ | 38～ |
| 女性 | 劣っている | ～32 | ～28 | ～25 | ～22 | ～18 | ～15 | ～13 |
| | やや劣っている | 33～38 | 29～34 | 26～31 | 23～28 | 19～24 | 16～21 | 14～19 |
| | 普通 | 39～44 | 35～40 | 32～37 | 29～34 | 25～30 | 22～27 | 20～25 |
| | やや優れている | 45～50 | 41～46 | 38～43 | 35～40 | 31～36 | 28～33 | 26～31 |
| | 優れている | 51～ | 47～ | 44～ | 41～ | 37～ | 34～ | 32～ |

## 3. 巧緻性の測定と評価

### (1) 巧緻性測定の意義と種類
#### 1) 巧緻性測定の意義

　要求された課題や状況に合わせて，巧みに動作を行う能力を巧緻性という．細かな動作の場合には，神経支配比が小さいことが，いかに巧みに動作を行えるかの主要な要素となる．また，全身運動では神経系の作用に応じて働き得る筋力や筋持久力などのエネルギー面の体力因子が関与してくる．これまで，高齢者においては手指運動機能の評価に握力測定が用いられることが多かった．しかし実際は，手指や手関節の変形や拘縮により最大限に力発揮が出来ないため，握力測定が困難な場合もある．しかし，そのような対象者であっても，日常生活の中で手指動作を行っている例は少なくない．その逆に握力測定が可能であっても細かな手指動作が困難なこともある．つまり，握力測定だけでは評価が困難な例が多い．よって，各動作に適した手指の力や巧緻性を必要とする手指運動機能が重要である．

#### 2) 巧緻性測定の種類

　目的を達成するための動作方向の正確性，把持のタイミング，力などの協調動作を標準化された機器・検査方法を用いて，客観的な標準値と比較する方法がある．特に高齢者における上肢の神経機能の測定では，若年者に求められるような極端に素早い動作（俊敏性）や緻密な作業を要する巧緻性よりもむしろ，日常生活動作を遂行するために必要な機能を評価できるテストの方が，汎用性・実用性が高く，また，評価テスト自体を機能訓練などに利用しやすいため有効である．この様なテストの代表例として動作方向の正確性を評価するペグ移動テストがある．

　一方，実験室的な測定としては追跡運動（トラッキング）を利用し，把持のタイミングおよび力の協調動作を評価する筋力発揮調整能テストがある．特別な装置を利用するが，リハビリテーション分野あるいは最大値測定では危険を伴う中高年者の測定テストとして十分活用できる．

### (2) 巧緻性測定評価の実際
#### 1) ペグ移動テスト

**定義と目的**

　厚生労働省の一般職業適性検査の1つ．リハビリテーションでは作業療法に利用され，上肢の麻痺や障害の回復訓練，あるいは認知症改善の訓練に利用されている．高齢者を対象とした場合は穴にペグをはめる，ペグを穴から抜き取るなど，指先や手腕の動作の器用さが評価できる．

**測定対象**

　重篤な麻痺や手指の障害（バネ指，リウマチ性変形など）が無く，立位姿勢が保持できる高齢者であれば測定可能である．ただし，認知症を有している場合，動作が正確に行えるかどうか（理解できるかどうか）によって，用いられる検査の内容や手順を簡単なものに変更する工夫を行うことを検討する必要がある．

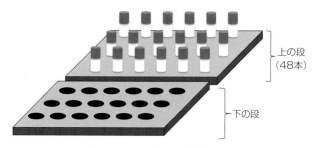

図Ⅱ-32　両手差し込み検査の配置

#### 測定方法
　厚生労働省の一般職業適性検査では図Ⅱ-32に示すペグボード（手腕作業検査盤）が利用されている．この他にも測定器具は様々な形，様式のものが販売されており，目的や対象者の特性によって掴みやすい素材や大きなかたちのものなど，適切な器具を選択し利用するとよい．

＜ペグ両手差し込み検査の手順＞

①図Ⅱ-32のように上と下の盤を用意し，ペグは全て上の盤の方に差し込んでおく（48本）
②立位で，ペグボードに正対した位置でテストを行う
③上の盤の一番下段，右端のペグを右手の親指と人差し指で摘む
④次にその隣のペグを左手で同じように摘む（用意の姿勢）
⑤スタートの合図と同時にできるだけ速く下の盤の同じ位置に，両手同時に差し込む
⑥差し込んだペグが一番上の段までいったら，次の列の一番下に戻る
⑦上の盤から下の盤に48本のペグを全て差し移すまでの時間を計測する

#### 評価方法
　1枚目の検査盤から2枚目の検査盤に移動するまでの時間を計測する．移動に要した時間が短いほど神経機能が優れると判断する．表Ⅱ-12には性別，年代別の評価値を示した．また，単純に時間だけで判断するのではなく，検査中の動作の様子なども確認し，気になる点があればメモを取ると良い．

＜検査中に確認するべき状況＞
　両手を同時に操作することが難しい，位置や場所を的確に捉えることが難しい，
　位置や方向の理解が難しい，動作の理解が難しい．

#### 研究事例
　今回紹介したペグ移動テストの方法では，左右両方の手で同時に実施する形式であるが，若年者を対象とした先行研究では，左右の手を別々に実施したペグ移動テストにおいて，30秒間に移動できるペグの数には，利手と非利手間に差があることや，試行回数を重ねるごとに記録が向上するといった結果が報告されている．よって，高齢者の場合でも，これらの利手，非利手間差があることや，練習効果で記録が向上することを踏まえ，練習時には特に非利手を意識し，また，測定時には十分にテスト方法になれた状態になったことを見極めたうえで測定を開始することが望ましい．

［野口　雄慶］

表Ⅱ-12　ペグボードの評価基準　　　　　　　　　　単位（秒）

| 年齢（歳） | | 5（良） | 4 | 3（平均） | 2 | 1（悪） |
|---|---|---|---|---|---|---|
| 男性 | 60-64 | ~31.0 | 31.1~33.3 | 33.4~35.0 | 35.1~37.8 | 37.9~ |
| | 65-69 | ~33.1 | 33.2~35.7 | 35.8~38.0 | 38.1~41.1 | 41.2~ |
| | 70-74 | ~34.2 | 34.3~37.0 | 37.1~39.4 | 39.5~42.3 | 42.4~ |
| | 75-79 | ~35.0 | 35.1~38.9 | 39.0~41.6 | 41.7~45.4 | 45.5~ |
| | 80-84 | ~36.1 | 36.2~39.4 | 39.5~43.3 | 43.4~49.1 | 49.2~ |
| | 85以上 | ~39.4 | 39.5~43.5 | 43.6~48.1 | 48.2~51.0 | 51.1~ |
| 女性 | 60-64 | ~31.0 | 31.1~32.6 | 32.7~34.2 | 34.3~37.0 | 37.1~ |
| | 65-69 | ~32.0 | 32.1~34.7 | 34.8~37.0 | 37.1~39.4 | 39.5~ |
| | 70-74 | ~33.5 | 33.6~36.5 | 36.6~38.7 | 38.8~41.6 | 41.7~ |
| | 75-79 | ~35.5 | 35.6~38.1 | 38.2~41.2 | 41.3~44.2 | 44.3~ |
| | 80-84 | ~38.2 | 38.3~40.8 | 40.9~43.8 | 43.9~48.1 | 48.2~ |
| | 85以上 | ~39.4 | 39.5~42.5 | 42.6~46.0 | 46.1~51.0 | 51.1~ |

（明治生命厚生事業団（2001）高齢者の健康づくり支援ハンドブック　生活体力の維持・増進をめざした健康づくり　より引用改変）

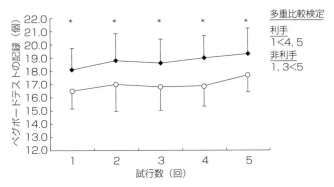

図Ⅱ-33　ペグ移動テストの利手，非利手間及び試行差（利手◆，非利手○）

[文　献]
・出村慎一（監修）（2005）：健康・スポーツ科学講義．杏林書院，46-49．
・大串陽子，坪井章雄，中村洋一（2009）：ペグボードを利用した手指の巧緻動作における指標の検討，Journal of Japan Health Medicine Association 18（3），122-123．
・Noguchi T, Demura S, Nagasawa Y, Uchiyama M. (2006): An Examination of Practice and Laterality Effect on the Purdue Pegboard and Moving Beans With Tweezer. Perceptual and Motor Skills 102, 265-274.

## 2）筋力発揮調整能テスト

定義と目的

　筋を調整する神経系の能力は，筋の運動の速さ，持久性および正確性を決定する働きである．調整能を評価する有効な方法の1つとして，要求値に対して応答を表示する調節システムを用いる方法がある．筋力発揮調整能は，被験者がコンピュータのディスプレイ（以下，ディスプレイ）上に表示された要求値を追従する，つまり要求値と

の差を最小にしながら握力発揮を行う能力と定義することができる．

　筋力発揮調整能は，要求値との差を最小にしながら筋力発揮を調節する能力と仮定している．つまり，要求値に対する応答変化（筋力発揮値）が的確であれば誤差が少なく速応性に優れ，また時系列に適合できればズレが少なく安定性に優れる．このような神経−筋系の調整能力およびそれらの能力を評価するために測定する．

### 測定対象
　身体的エリートおよび自立高齢者（高・中・低），要支援高齢者．

### 測定方法
　握力解析システム（酒井医療社製，EG-290）とノートパソコンを利用する（図II-34）．スメドレー型のデジタル握力計からの信号をA/D変換後，RS-232Cデータ出力ケーブルからコンピュータに20Hzのサンプリング周波数で取り込む装置である．

　被験者の最大握力測定は実験の最初に利き手で行う．5秒の最大収縮を1分間の休憩を挟んで2回記録する．2試行のうち，大きい値をその人の握力最大値とする．被験者は手首を屈曲と伸展の間の自然な位置にして，肘を体幹の側に真っ直ぐ下ろした状態で直立する．被験者には，ディスプレイ上の要求値を最も見やすい位置へ任意に立つよう指示する．実際の発揮値の変化は，要求値と同様に視覚的・空間的に時間とともに，棒グラフ表示の場合，上下の棒グラフの変化として，波形表示の場合，左から右への波形の変化として表示される（図II-35）．

　被験者にはコンピュータ画面上に表示された要求値と握力の値の差異を最小にしながら握力発揮を行うよう指示する．相対的要求値は最大握力の5〜25％の範囲内で変動するよう設定する．測定は，練習1回後，3回実施する．疲労の影響を最小にするために，各試行後に1分間の休息をとる．

### 評価方法
　筋力発揮調整能の評価変量として，要求値と筋力発揮値との差の総和（測定値）を採用する．測定値が小さいほど筋力発揮調整能に優れると解釈する．40秒間のうち，前半の15秒間を除外して，各試行から収集されたデータを用いて評価する．3試行のうち2試行目と3試行目の平均値を評価のために利用する．

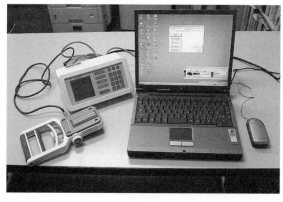

図II-34　握力解析システム

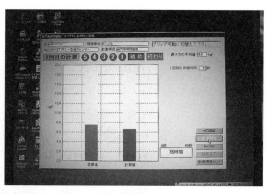

図II-35　画面表示例（棒グラフ）

表Ⅱ-13　筋力発揮調整能テストにおける年代別標準値 (%)：成人

| Age group | Rating scale value | | | | |
|---|---|---|---|---|---|
| | 5 | 4 | 3 | 2 | 1 |
| 15-19 yr | under 550.9 | 550.9 - 669.3 | 669.3 - 813.2 | 813.2 - 987.9 | over 987.9 |
| 20-24 yr | under 471.7 | 471.7 - 597.8 | 597.8 - 757.7 | 757.7 - 960.3 | over 960.3 |
| 25-29 yr | under 515.6 | 515.6 - 625.7 | 625.7 - 759.1 | 759.1 - 921.1 | over 921.1 |
| 30-39 yr | under 565.0 | 565.0 - 704.8 | 704.8 - 879.3 | 879.3 - 1096.9 | over 1096.9 |
| 40-49 yr | under 668.5 | 668.5 - 798.0 | 798.0 - 952.5 | 952.5 - 1137.0 | over 1137.0 |
| 50-59 yr | under 693.7 | 693.7 - 841.4 | 841.4 - 1020.6 | 1020.6 - 1238.0 | over 1238.0 |
| 60-69 yr | under 730.7 | 730.7 - 972.9 | 972.9 - 1295.2 | 1295.2 - 1724.3 | over 1724.3 |
| 70 yr and older | under 964.6 | 964.6 - 1342.9 | 1342.9 - 1869.7 | 1869.7 - 2603.1 | over 2603.1 |

(*Note.*-Means (M) and standard deviations (SD) of the logarithmic transformed measurements were calculated and then the rating scale values of 5 levels were devised based on means and 0.5 SD in each age group；rating scale value 1：≧M+1.5SD, 2：＜M+1.5SD and ≧M+0.5SD, 3：＜M+0.5SD and ≧M-0.5SD, 4：＜M-0.5SD amd ≧M-1.5SD, 5：＜M-1.5SD. The evaluation norm was established in each age group after exponential transformation.)

研究事例

　Nagasawaら (2003) は，棒グラフおよび波形表示の筋力発揮調整能テストの試行間および日間信頼性について検証し，試行間信頼性はそれぞれICC=0.87，0.95といずれも高い再現性を示し，日間信頼性に関してもいずれも中等度から低い信頼性（棒グラフ：0.33〜0.71，波形：0.48〜0.76）が認められたと報告している．また，棒グラフおよび波形の両表示法による筋力発揮調整能テストとペグボードテスト間の相関は低く，ペグボードで捉えられる能力とは異なる能力（筋力発揮の調整能力）を測定するテストであると報告している．

　評価基準を作成するのに回帰評価を用いる場合もあるが，Nagasawa & Demura (2008) は，5段階評価法を利用した（表Ⅱ-13）．仮に40-49歳の人のCFE測定値が1200.5%であったならば，表Ⅱ-13の年代別5段階評価法で，それは1と評価され，非常に劣ると判定される．そのような人のスコアは随意的な運動機能強化の対策が必要である．

[長澤　吉則]

[文　献]
- Nagasawa Y and Demura S. (2002): Development of an apparatus to estimate coordinated exertion of force. Perceptual and Motor Skills, 94, 899-913.
- Nagasawa Y, Demura S and Nakada M (2003): Trial-to-trial and day-to-day reliability of a computerized target-pursuit system to measure the ability to coordinate exertion of force. Perceptual and Motor Skills, 96, 1071-1085.
- Nagasawa Y and Demura S. (2008): Provisional norms by age group for Japanese females on the controlled force-exertion test using a bar-chart display. Perceptual and Motor Skills, 106, 785-794.

## II部 高齢者の身体機能の測定と評価

# 5章

# 身体組成の測定と評価
## ―体脂肪，筋量，骨量―

## 1．身体組成測定の意義と種類

### (1) 身体組成測定の意義

ヒトの体組織は脂肪組織と骨格筋や血液，骨などから構成される除脂肪組織に大別される（図II-36）．脂肪組織（体脂肪）を過剰に有した状態を肥満といい，生活習慣病との関連性が高く，脳疾患や心疾患，糖尿病，腎・肝機能障害などを引き起こす要因となる．あるいは，高齢者の肥満は膝や腰への負担が増大し，骨や関節の変形，疼痛を引き起こす．反対に，体脂肪が過度に少ない状態は，生命維持に必要なホルモン代謝の調整異常や血管の柔軟性低下を引き起こす．

筋量や骨量も，高齢者が健康的な生活を営む上で重要であり，有効な健康指標となる．両者の減少は運動器の障害を誘発するだけでなく，何らかの疾病を有する可能性があることを示唆する．特に後期高齢者の筋量減少

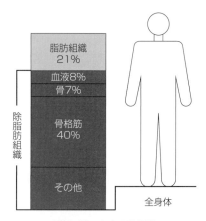

図II-36 ヒトの体組織

（Wang ZM, Pierson RN, Jr Heymsfield SB. (1992): The five-level model: a new approach to organizing body composition research. Am. J. Clin. Nutr. 56: 19-28.）

の原因となる廃用性萎縮やサルコペニア（加齢に伴って生じる骨格筋量と骨格筋力の低下）は，ロコモティブシンドロームの誘発要因の1つとなる．よって，高齢者が健康管理を行う際には，体脂肪量や体脂肪率以外にも筋量や骨量を評価することが重要である．

### (2) 身体組成測定の種類

身体組成の測定には，さまざまな方法が用いられる．MRIやCTを用いることで筋量や脂肪量といった身体組成を正確に把握することも可能である．しかし，高齢者の身体組成を手軽に把握することが重要であるため，できるかぎりコストがかからず，かつ安全で精度の高い方法を利用することが望ましい．ここでは，近年，フィットネ

スクラブなどでも多く利用されるようになった体重計と一体式のインピーダンス法を用いた測定法と，インピーダンスの測定器が無い場合，あるいは埋め込み型の医療装置が体内にある場合などに，代わりに用いられるキャリパー法を紹介する．

また，骨量は，一般的に骨密度の名称で親しまれており，医療現場ではDXA法を用いて測定するのが一般的である．近年は，超音波を利用したQUS（Quantitative Ultrasound）法が簡易測定法として普及しており（図II-37），骨の質や強度を間接的に捉える指標として利用されている．骨量の評価は骨粗鬆症や代謝性骨疾患の診断・評価*の際の参考資料や，経過観察，治療効果の確認に利用される．

図II-37　骨量の測定風景

健常高齢者を対象とした測定では，骨量の変化は年間で最大数％程度であり，短期間で大きく変化しない．よって，1年間に1〜2回，健康診断等で定期的に測定し，極端な低下がないかを確認すればよい．今回は，医師や臨床放射線技師がいなくても測定が可能なQUS法を紹介する．

※：QUSのみの結果で診断はできない．また，医師以外の者が病名を診断してはならないため，測定時は説明に注意する．

## 2. 身体組成測定評価の実際

### （1）生体電気インピーダンス（BIA）法（体脂肪量・筋量）

#### 定義と目的

脂肪細胞とそれ以外の組織細胞（水分や筋）の電気伝導性の差異を利用し，身体構成を推定する方法である．最も安価な家庭用の測定器具では全身の体脂肪率と除脂肪率のみが結果として提示されるが，多周波を利用した測定器では，部位別（四肢，体幹），組織別（体脂肪量，筋量，水分量，骨量）の体組成評価も可能である．

高齢者の身体組成の評価では体脂肪量や筋量を簡便に測定し，体組成を総合的に評価することを目的としている．生活習慣病予防が重要な前期高齢者の場合，体脂肪率をもとに肥満度を，機能低下の予防が重要な後期高齢者の場合，筋量，あるいは除脂肪組織量の変化を評価する．

#### 測定対象

【立位式】身体的エリート，自立高齢者（高，中）．
【仰臥式】全高齢者．

ただし，両測定とも，人工関節や骨折固定用のボルト，ペースメーカー等の体内埋め込み型医用機器等，電流の伝導に支障をきたすものが体内にある場合は測定できない．

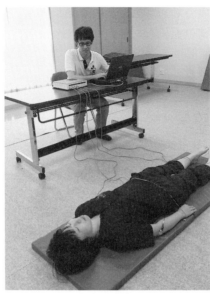
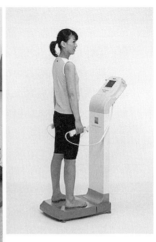

図Ⅱ-38　インピーダンス測定法の例
　　右図：マルチ周波数8電極法（立位式）（（株）TANITA　引用http://www.tanita.co.jp/）
　　左図：仰臥式インピーダンス計測器

表Ⅱ-14　測定禁止事項

- 激しい運動やサウナ，入浴などの直後（大量の汗をかくような行為）
- 長時間の立位姿勢により，下肢にむくみのある場合（夕方などに多い）
- アルコール摂取直後やその翌日　・食後および大量の水分摂取後2時間以内
- 起床後30分以内　　　　　　　・温度差10℃以上の環境から入室後30分以内
- 排便，排尿前　　　　　　　　・病気等による発熱のある場合

#### 測定方法

　価格，精度，測定方法については，各社から様々なものが発売されているため，用途や予算に応じて取捨選択する必要がある（図Ⅱ-38）．

　事前に，測定禁止項目に抵触する事項が無いか確認する（表Ⅱ-14）．測定方法は測定器ごとに指定された手順に従う．

①取扱説明書の指示に従い測定器の校正を実施する．
②被験者の体から全ての貴金属・アクセサリー類を外し，測定部位をアルコール綿で拭く．
③電極を解剖学的に正しい位置にセットする（電極の上に乗る，握るor電極を貼る）．
④仰臥式の場合は，体水分が安定するまで台上で仰臥位のまま安静を維持する．
⑤それぞれの機器の測定手順に従い，必要な情報（性別，年齢，身長など）を入力し，測定を開始する．

#### 評価方法

①肥満度の評価基準：肥満判定基準に照合して判定する（表Ⅱ-15）．

表Ⅱ-15 体脂肪率の評価基準

|  | やせ | 標準（−） | 標準（+） | 軽肥満 | 肥満 |
|---|---|---|---|---|---|
| 男性 | 13%未満 | 14%以上〜19%未満 | 20%以上〜24%未満 | 25%以上〜29%未満 | 30%以上 |
| 女性 | 22%未満 | 23%以上〜29%未満 | 30%以上〜36%未満 | 37%以上〜41%未満 | 42%以上 |

（WHOと日本肥満学会の肥満判定に基づき，DXA法によって規定された（株）TANITAの公式ホームページの資料のデータより作成（http://www.tanita.co.jp/））

<注意事項>
　インピーダンス法では，推定式や測定器の様式によって，同一被験者でも結果が異なるため，他社あるいは他機種間で単純な比較はできない．また，同一機種であっても測定値に日内変動があることが報告されている．継続して測定を行う際には，可能な限り同じ測定器を同じ条件（時間帯など）で用いることが推奨される．

②**筋肉率の評価基準**：筋肉量が測れない体組成計でも，体脂肪率の結果があれば，以下の式で筋肉率を推定できる．

○算出方法

　筋肉率 = (100 − 体脂肪率)/2

　筋肉率の評価基準には明確なものは定義されていないが，目安として，男性で60代29%，70代25%，女性で60代26%，70代23%が平均的な値とされている．

**研究事例**

　高齢者専用の部位別筋量推定式は一般的なものが普及しておらず，正確な推定が困難といわれている．しかし，渡辺ら（2006）は，高齢者の下肢筋量について，インピーダンス法の抵抗値をもとに成年用の下肢筋量推定式を用いて算出した筋量推定値と，MRIで測定した基準値の相関係数を算出した結果，男性が$r = 0.877$，女性は$r = 0.908$と非常に高いことを報告している．この研究報告からは推定式の値とMRIの測定値の一致度までは明らかではないが，両者の関係が高いことから，推定値の変化が筋量の変化を反映していることは明らかである．よって，現時点で簡便な下肢筋量の評価方法としての利用価値は高いと推測される．

　最近では要介護・寝たきりになるリスクが高い高齢者の特徴として，サルコペニアと肥満を同時に有している場合が多いことが大規模な調査研究から明らかにされ始めている．サルコペニア肥満の判定に用いられる筋肉率はインピーダンス法を利用した数値が用いられており，男性は27.3%未満，女性は22.0%未満という基準が設定されている．

[文　献]
・渡辺博史, 飯田晋, 小林貴子, 古賀良生, 田中正栄, 加藤幸弘, 岡部修一 (2006)：スポーツ傷害 (J. Sports Injury). 11：1-3.

## (2) 皮下脂肪厚法（キャリパー法）（体脂肪量）

**定義と目的**

皮下脂肪厚法とは，皮膚から筋肉までの間にある皮下脂肪層の厚さを計測し，推定式を通して体密度や体脂肪率を評価する方法である．キャリパーと呼ばれる皮下脂肪厚計を用いて皮膚をつまみあげた際の厚さを計測する方法が代表的であるが，皮膚に弛みがあるなどの理由から，本来は高齢者にはあまり適さない測定方法である．しかし，ペースメーカーや人工関節が体内にありインピーダンス法の適用が困難な場合や，測定器自体を所有していない際に代替方法として利用する機会もあるので紹介しておく．

図Ⅱ-39 栄研式キャリパー

**測定対象**

インピーダンス法で測定不可能な高齢者（ペースメーカー装着等）．

**測定方法**

測定器にはいろいろな種類のものが開発されているが，精度がそれぞれ異なるので注意が必要である．日本では栄研式キャリパー（図Ⅱ-39）が精度の高い測定器として広く普及しており，国民栄養調査でも用いられている．測定部位は上腕背部と肩甲骨下角部の2部位が一般的な測定部位である（図Ⅱ-40）．

①測定器具のキャリブレーションを行う（圧力$10g/mm^2$）．
②原則，全て右側を測定．
・上腕背部：被験者に腕を脱力，下垂させ，検者は上腕背部の肩峰と肘頭の中間点を垂直につかむ．
・肩甲骨下角部：背部の肩甲骨下角部1～2cmを斜めにつかむ（45°の角度）．
③母指とその他の指でつまんだ位置から1cm下を測定する．その際，キャリパーが皮膚に対して垂直に当たるよう注意する．
④測定中はキャリパーの位置がずれないように注意する．また，挟んだ直後は圧力が

 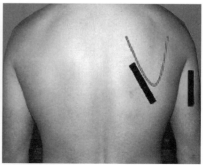

図Ⅱ-40　測定風景（左）と上腕背部，肩甲骨下各部（右）の測定位置

表Ⅱ-16　体脂肪率による肥満の判定基準

| 性別（年齢） | 標準 | 軽度の肥満 | 中程度の肥満 | 極度の肥満 |
|---|---|---|---|---|
| 男性 | 15% | 20% | 25% | 30% |
| 女性（6-14歳） | 20% | 25% | 30% | 35% |
| 　　（15歳〜成人） | 25% | 30% | 35% | 40% |

（長嶺晋吉：皮下脂肪厚からの肥満判定．日医師会誌，68：919-924, 1972 より改変）

安定しないため，1〜2秒間待ってから値を読み取る．
⑤同一部位の測定は2回実施し，その差は1〜2mm以内とする（誤差が大きい場合は再測定）．
⑥連続して同一部位を測定する際は，皮膚が通常の状態や厚さに戻ってから行う．
⑦測定値を，以下の計算式に代入し，体脂肪率を算出する．

○算出方法

まず，皮下脂肪厚の合計値を算出する．

　　皮下脂肪厚合計値（S）＝上腕背部（S1：mm）＋肩甲骨下縁部（S2：mm）

次に，皮下脂肪厚の合計値（S）の算出結果を長嶺と鈴木の式（19歳以上）に代入し，男女別に体密度を求める．

　　男性：体密度(BD) = $1.0913 - 0.00116 \times S$

　　女性：体密度(BD) = $1.0897 - 0.00133 \times S$

体密度（BD）が得られたら，日本人の61-78歳用に作成された男女別の体脂肪率推定式にあてはめて計算する．

　　男性用の式：体脂肪率(%fat) = $(487/BD - 441)$

　　女性用の式：体脂肪率(%fat) = $(495/BD - 450)$

キャリパー測定では，正確な測定値を得るため，検者は事前に十分な測定訓練が必要である．しかし，以下のような場合は十分練習していても測定値が正確に得られない，あるいは誤差が生じる可能性が高いため，注意が必要である．

＜高齢者特有の注意事項＞
・皮膚に弛み（シワ）があり，正確な部位を挟むことができない，あるいは特定しにくい．
・体脂肪率を求めるために必要な体密度の推定式自体が高齢者専用ではない．

評価方法

インピーダンス法同様，推定式や測定器の様式によって，同じ被験者でも結果が異なる．一応の基準値は長嶺が提唱しているものがあるので，今回はその表を提示する（表Ⅱ-16）．しかしながら，実際に使用する際にはインピーダンス法と同様，検者が適宜判断する必要がある．

研究事例

後期高齢者は，肥満の指標となる体脂肪率よりも，姿勢保持に関係する腹腔内圧を維持するために必要な腹筋群や，立ち上がりや歩行動作に必要な大腿筋群など，むしろ筋量の方が重要である．現在，青年を対象として，各部位の筋厚を超音波画像診断法（Bモード法）で測定し（図Ⅱ-41），運動パフォーマンスや姿勢との関係を検討す

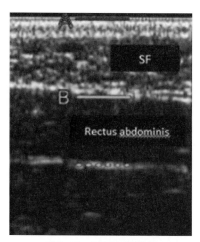

図Ⅱ-41 超音波画像診断

る研究が進められているが，将来的には高齢者の筋量を評価する重要ツールとして普及する可能性が高い．

[文　献]
・Nagamine S. and Suzuki S. (1964): Anthropometry and body composition of Japanese young men and women. Hum. Biol., 36. 8-15.
・Noguchi T, Demura S, and Takahashi K. (2013): Relationships between sit-ups and abdominal flexion strength tests and the thickness of each abdominal muscle. Advanced in Physical Education. 3 (2), 84-88.

### (3) QUS (Quantitative Ultrasound) 法（骨量）
定義と目的

　QUS法は，超音波を発信すると，骨の部分で伝達速度や強度が変化する特性を利用して，踵骨の骨量を測定する方法である．つまり，超音波が骨の中を通過する際の速度である超音波伝播速度（speed of sound：SOS）とその際に超音波が減衰する程度を示す超音波減衰率（broadband ultrasound attenuation：BUA）を測定し，この両者から総合的な踵骨の骨強度，つまりStiffness（% young adult）を算出する．

　骨強度から骨量を推定し，骨粗鬆症の一次スクリーニングを行う．メーカーによって評価基準や測定値の精度が異なるDXAなどに比べると精度が劣るなどの問題点は残るが，簡単，安全かつ短時間で測定できるため，一次スクリーニングのツールとして広く普及している．

測定対象

　【女性】65歳以上の全員（自立度の高低に係わらず）．
　【男性】糖尿病や胃腸切除など，代謝系や消化器系の疾患歴を有するものや，骨折経験のあるもの（自立度の高低に係わらず）．

測定方法

　日本では現在の6種類のメーカーの機種が代表的に利用されている（表Ⅱ-17）．
①各測定器の説明書の指示に従い，キャリブレーションを行う．
②足の大きさに合わせて足底板を設置し，踵が接触する部分に超音波測定用ジェルを塗る（機種によってはアルコールで行う）．
③踵骨が正確に接触するよう，足底板の上に足を置く．
④測定時間は測定器の種類にもよるが，おおむね数十秒～1分間程度である．その間，被験者が足を動かさないよう注意する．
注）機種によって手順が異なるので，説明書を読み指示に従う．

表II-17 各QUS機器にて測定されるパラメータ

| メーカー名 | 機種名 | 測定パラメータ |
|---|---|---|
| アロカ | AOS-100 | SOS, TIO, SI |
| 古野電気 | CM-200 | SOS |
| GE横河 | A-1000 | SOS, BUA, Stiffness |
| セティ | UBIS5000 | SOS, BUA, STI |
| 日本光電 | Benus | SOS, 骨梁面積率 |
| 日本シグマックス | ミネライザー | SOS, BUA |

(楊鴻生, 標準化の基となった各QUS機器の測定結果, Osteoporosis Japan, Vol 17, No.2, p.20, 2009 より引用)

表II-18 機種別の判定基準

| 判定 | A-1000 Stiffness | AOS OSI | Benus2 骨梁面積率 |
|---|---|---|---|
| 異常なし | >78.8 | >2.428 | >29.5 |
| 要指導 | 70.1〜78.8 | 2.158〜2.428 | 26.2〜29.5 |
| 要精検 | <70.1 | <2.158 | <26.2 |

老人保健法による骨粗鬆症検診・保健指導マニュアルでは低骨量者の判定基準がそれぞれの機器により異なり, 標準化されていない.
(山崎薫 (2009): SOS値の加齢変化の検証とSOS値による骨折閾値設定の可能性, Osteoporosis Japan, Vol 17, No.2, p.30 より引用)

表II-19 6機種間の平均値をもとにした各機種の計測値の補正式

| | |
|---|---|
| AOS100: | $y = 0.8863x + 151.77$ |
| A1000: | $y = 0.6244x + 558.92$ |
| UBIS5000: | $y = 0.8014x + 345.27$ |
| Benus: | $y = 1.0422x + 85.603$ |
| ミネライザー: | $y = 1.4774x - 709.14$ |
| CM200: | $y = 0.6603x + 531.01$ |

$y$: 目標となる6機種間の平均値
$x$: それぞれの機種での測定値を代入
(楊鴻生 (2009): 標準化の基となった各QUS機器の測定結果, Osteoporosis Japan, Vol 17, No.2, p.26 より引用)

### 評価方法

メーカーごとに独自の評価基準が提示されており, それぞれの基準値に従う (表II-18). ただし, 現在はこれらの値が統一されていないことが問題視されており, 同一基準を設定するように研究が進められている.

### 研究事例

QUSの評価基準がメーカーごとに異なるのは, 歴史も浅く, 市場規模も小規模であったために国際規格や基準が未整備なまま開発が進められたことが原因である. この問題を解消するため, 2009年以降, 各社に共通するSOS値を標準化 (s-SOS) する研究が進められている. 現在では, 各社のSOS値を補正する式が開発されるまでに至っており (表II-19), 今後は各社の機種から表示される値にs-SOSが組み込まれること, s-SOSでの評価基準値の作成などが求められる. これらが完成することで, 全社共通のより解り易い評価が可能となることが期待されている.

[野口 雄慶]

[文献]
・骨粗鬆症の予防と治療ガイドライン作成委員会編 (2006): 骨粗鬆症の予防と治療ガイドライン2006年版, ライフサイエンス出版, 東京.

## Ⅱ部 高齢者の身体機能の測定と評価

# 6章

# バッテリテスト
## ―体力,身体活動力の総合評価―

　体力テストは体力を構成する複数の要素を診断して総合的に評価されることから,バッテリテスト(組みテスト形式)で実施されることが多い.高齢者は他の年齢段階の対象と比べると,個人差が大きいなどの身体的特性を有する.また,この年齢段階においては,日常生活を不自由なくすごすため,あるいは生活の質(quality of life:QOL)を高く保つために必要な身体的作業能力が重視され,体力を生活体力と表現することがある.生活体力を構成する要素には起居能力,歩行能力,手腕作業能力,身辺作業能力などが示されている(日本体育学会,2006).

　わが国の高齢者の代表的なバッテリテストは1961年に成立した「スポーツ振興法」に基づき1964年から実施されてきた文部省スポーツテストである.スポーツテストによる体力・運動能力調査の結果は毎年「体育の日」に発表され,国民の健康・体力の推移を報告している.しかし,全国的なテストの実施から30年以上が経過し,国民の体型の変化,高齢者の急増に伴う評価法の上方修正,健康関連に重点を置いたテスト内容へのシフトなどにより見直しが行われ,文部科学省新体力テストとして現在の項目になっている.

## 1. 文部科学省「新体力テスト(65歳〜79歳対象)」

　高齢者の体力水準を総合的に評価する手段として文部科学省の「新体力テスト」が挙げられる.テスト項目は,握力,上体起こし,長座体前屈,開眼片足立ち,10m障害物歩行,6分間歩行およびADLの7項目である.測定方法はADL,6分間歩行に詳細に示されている.本章では,それ以外の5項目について解説する.

　各テストの測定結果に対する評価は,表Ⅱ-20の得点表によって1〜10点に分類され,その合計点によって総合評価(表Ⅱ-21)される.また,記録用紙は表Ⅱ-22に示した.

### (1) 握　力

　スメドレー式握力計を用いる.握力計のデジタル表示側または指針側が外側になるように持ち,図Ⅱ-42のように握る.この場合,人差し指の第2関節が,ほぼ直角になるように握りの幅を調節する.

測定方法

①直立の姿勢で両足を左右に自然に開き腕を自然に下げ,握力計を身体や衣服に触れ

**表Ⅱ-20 新体力テストにおける評価表**(文部科学省,新体力テスト実施要項(65歳〜79歳対象),1999)

テストの得点表および総合得点
(1) 項目別得点表により,記録を採点する.
(2) 各項目の得点を合計し,総合評価をする.

項目別得点表

男子

| 得点 | 握力 | 上体起こし | 長座体前屈 | 開眼片足立ち | 10m障害物歩行 | 6分間歩行 | 得点 |
|---|---|---|---|---|---|---|---|
| 10 | 49kg以上 | 21回以上 | 56cm以上 | 120秒以上 | 4.4秒以下 | 775m以上 | 10 |
| 9 | 45〜48 | 19〜20 | 51〜55 | 73〜119 | 4.5〜5.0 | 695〜754 | 9 |
| 8 | 42〜44 | 16〜18 | 46〜50 | 46〜72 | 5.1〜5.6 | 645〜694 | 8 |
| 7 | 39〜41 | 14〜15 | 41〜45 | 31〜45 | 5.7〜6.1 | 595〜644 | 7 |
| 6 | 36〜38 | 12〜13 | 36〜40 | 21〜30 | 6.2〜7.0 | 550〜594 | 6 |
| 5 | 32〜35 | 10〜11 | 31〜35 | 15〜20 | 7.1〜7.8 | 510〜549 | 5 |
| 4 | 29〜31 | 7〜9 | 26〜30 | 10〜14 | 7.9〜8.5 | 470〜509 | 4 |
| 3 | 25〜28 | 4〜6 | 21〜25 | 7〜9 | 8.6〜9.4 | 430〜469 | 3 |
| 2 | 22〜24 | 1〜3 | 14〜20 | 5〜6 | 9.5〜11.0 | 390〜429 | 2 |
| 1 | 21kg以下 | 0回 | 13cm以上 | 4秒以下 | 11.1秒以上 | 389m以下 | 1 |

女子

| 得点 | 握力 | 上体起こし | 長座体前屈 | 開眼片足立ち | 10m障害物歩行 | 6分間歩行 | 得点 |
|---|---|---|---|---|---|---|---|
| 10 | 32kg以上 | 17回以上 | 56cm以上 | 120秒以上 | 5.0秒以下 | 690m以上 | 10 |
| 9 | 29〜31 | 15〜16 | 51〜55 | 67〜119 | 5.1〜5.8 | 640〜689 | 9 |
| 8 | 27〜28 | 13〜14 | 47〜50 | 40〜66 | 5.9〜6.5 | 610〜639 | 8 |
| 7 | 25〜26 | 11〜12 | 43〜46 | 26〜39 | 6.6〜7.2 | 570〜609 | 7 |
| 6 | 22〜24 | 9〜10 | 39〜42 | 18〜25 | 7.3〜8.0 | 525〜569 | 6 |
| 5 | 20〜21 | 7〜8 | 35〜38 | 12〜17 | 8.1〜9.0 | 480〜524 | 5 |
| 4 | 17〜19 | 5〜6 | 30〜34 | 8〜11 | 9.1〜10.4 | 435〜479 | 4 |
| 3 | 14〜16 | 3〜4 | 24〜29 | 5〜7 | 10.5〜12.6 | 400〜434 | 3 |
| 2 | 12〜13 | 1〜2 | 18〜23 | 4 | 12.7〜15.0 | 340〜399 | 2 |
| 1 | 11kg以下 | 0回 | 17cm以下 | 3秒以下 | 15.1秒以上 | 339m以下 | 1 |

**表Ⅱ-21 総合評価基準表**

| 段階 | 65歳〜69歳 | 70歳〜74歳 | 75歳以上 |
|---|---|---|---|
| A | 49以上 | 46以上 | 43以上 |
| B | 41〜48 | 38〜45 | 34〜42 |
| C | 33〜40 | 30〜37 | 26〜33 |
| D | 25〜32 | 22〜29 | 18〜25 |
| E | 24以下 | 21以下 | 17以下 |

ないように,また,外になるようにして力いっぱい握りしめる.
②握る際,握力計を振り回さないようにする.また,呼吸は止めないようにする.
③記録は左右交互に2回ずつ実施し,キログラム単位とし,キログラム未満は切り捨てる.左右おのおののよい方の記録を平均し,キログラム未満は四捨五入する.

留意点

測定上の特徴として,急峻な力発揮や外力が作用しないため外傷や障害の危険性が低い.一方,呼吸を止めていきみを伴う場合には血圧の急激な上昇を招く危険性があ

表Ⅱ-22 新体力テスト（65歳～79歳）記録用紙

| No. | | 氏　名 | | | 本人の住所 | | 都道府県 |
|---|---|---|---|---|---|---|---|
| 1．平成　　年4月1日現在の年齢 | | | | 歳 | 2．性別 | 男　・　女 | |
| 3．都市階級区分 | | 1．大・中都市 | | 2．小都市 | | 3．町村 | |
| 4．健康状態について | | 1．大いに健康 | 2．まあ健康 | | 3．あまり健康でない | | |
| 5．体力について | | 1．自信がある | 2．普通である | | 3．不安がある | | |
| 6．スポーツクラブへの所属状況 | | 1．所属している | | | 2．所属していない | | |
| 7．運動・スポーツの実施状況 | | 1．ほとんど毎日（週3～4日以上） | | | 2．ときどき（週1～2日程度） | | |
| | | 3．ときたま（月1～3日程度） | | | 4．しない | | |
| 8．1日の運動・スポーツ実施時間 | | 1．30分未満 | | | 2．30以上1時間未満 | | |
| | | 3．1時間以上2時間未満 | | | 4．2時間以上 | | |
| 9．朝食の有無 | | 1．毎日食べる | 2．時々欠かす | | 3．まったく食べない | | |
| 10．1日の睡眠時間 | | 1．6時間未満 | 2．6時間以上8時間未満 | | 3．8時間以上 | | |
| 11．学校時代の運動部（クラブ）活動の経験 | | 1．中学校のみ | 2．高校のみ | 3．大学のみ | | 4．中学校・高校 | |
| | | 5．高校・大学 | 6．中学校・大学 | 7．中学校・高校・大学 | | 8．経験なし | |
| 12．体格 | 1．身　長 | | ．　　　cm | | 2．体　重 | ．　　　kg | |

| 項　　　目 | | | 記　　　録 | | 得　点 |
|---|---|---|---|---|---|
| 1．握　力 | 右 | 1回目　　　　kg | 2回目　　　　kg | | |
| | 左 | 1回目　　　　kg | 2回目　　　　kg | | |
| | 平均 | | kg | | |
| 2．上体起こし | | | | 回 | |
| 3．長座体前屈 | | 1回目　　　cm | 2回目　　　cm | | |
| 4．開眼片足立ち | | 1回目　　　秒 | 2回目　　　秒 | | |
| 5．10m障害物歩行 | | 1回目　．　　秒 | 2回目　．　　秒 | | |
| 6．6分間歩行 | | | | m | |
| 得　点　合　計 | | | | | |
| 総　合　評　価 | | A　　B　　C　　D　　E | | | |

※この記録用紙は，統計以外の目的には使用いたしません。

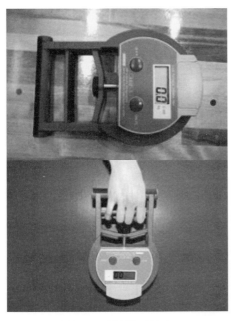

図Ⅱ-42 握力計と握り方

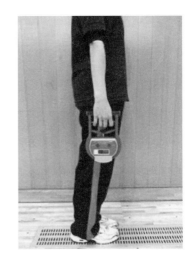

図Ⅱ-43 測定姿勢

るので注意が必要である．日頃運動不足で力発揮も日常的にしていない高齢者では，肩や首に力が入り痛めるケースもある．最大筋力発揮には，十分な準備運動と意欲や動機づけも重要となる．

### (2) 上体起こし

ストップウォッチとマットを用意する．被測定者と補助者に別れ，メガネをかけている参加者は，あらかじめ外す．

#### 測定方法

① 被測定者は，マット上で仰臥姿勢をとり，両手を軽く握り，両腕を胸の前で組む．両膝は90°に曲げる．
② 補助者は，被測定者の両膝を抱え込むようにして押さえ，固定する．補助者は被測定者と体格が同等か大きい方が望ましい．
③ 「始め」の合図で，仰臥姿勢から，両肘と両大腿部がつくまで上体を起こす．すばやく開始時の仰臥姿勢に戻す（図Ⅱ-44）．
④ 30秒間，前述の上体起こしを出来るだけ多く繰り返す．30秒間の上体起こし（両肘と両大腿部がついた）回数を被測定者の両膝をおさえ，固定した補助者が記録する．ただし，仰臥姿勢に戻したとき，背中がマットにつかない場合は，回数としない．実施は1回とする．また，被測定者と補助者の頭がぶつからないように注意する．

#### 留意点

実施上の注意としてADLの問10および12で「1.できない」と答えた被測定者や腰痛の自覚症状があったり，不安を感じる被測定者については，このテストを実施しない．姿勢の留意点は，膝関節を約90°，動作は反動をつけないことがあげられる．また，

図Ⅱ-45 負担が大きい姿勢

図Ⅱ-44 測定姿勢

図Ⅱ-45のように胸を張り背中を反らせるようにして上体を起こす場合は,腰に大きな負担がかかり,腰痛や背筋痛を引き起こす危険性があるので注意が必要である.そのような場合は,背中を丸めて,あごを引いた状態から肩甲骨を床から浮かせると良い.

### (3) 長座体前屈

長座体前屈用計測器を用いると簡便であるが,ない場合には,図Ⅱ-46に示すスライド台と測定スケールを用いる.

#### 測定方法

① 被測定者は,靴を脱ぎ壁に腰背部・殿部をぴったりとつけた状態で長座姿勢をとる.足首の角度は固定しなくてもよい.両手を肩幅に広げ,手のひらの中央付近が測定器の手前端にかかるように置く(図Ⅱ-47).
② 胸を張って背筋を伸ばし,両肘を伸ばした状態で箱を手前に引きつける.また,肩の力を抜き,肩もできるだけ壁につけるようにする.これが基本的な初期の姿勢となる(図Ⅱ-48).
③ 測定スケールを初期の姿勢時の箱の左右どちらかの隅に置き,ゼロ点を合わせる.
④ 膝を曲げないよう,また,呼吸を止めないようにしてゆっくりと腰を曲げ,箱全体をまっすぐ前方に可能な限り遠くまで滑らせる.両手は最大に前屈するまで離さない.
⑤ 初期の姿勢から最大前屈時の箱の移動距離を測定スケールから読み取り,2回測定して良いほうの値を記録する.1cm未満は切り捨てる.

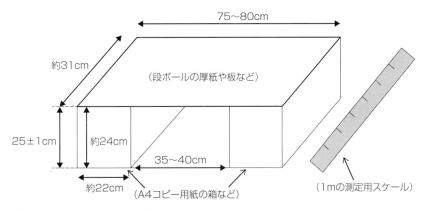

**図Ⅱ-46　長座体前屈用スライド台**
高さ約24cmの箱を左右約40cm離して平行に置く．その上に段ボール厚紙を乗せガムテープで厚紙と箱を固定する．床から段ボール厚紙の上面までに高さは，25cm±1cmとする．左右どちらかの箱の横にスケールを置く．

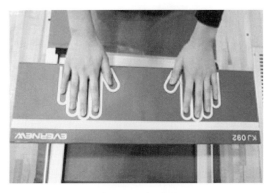

図Ⅱ-47　手の位置

図Ⅱ-48　基本の姿勢

### 留意点

　長座体前屈の測定は，初期の姿勢が最も重要となる．壁に腰背部や臀部がついていなかったり，両肩に力が入っている場合には，測定誤差の要因となる．図Ⅱ-49には，壁に腰背部が着いていない例と図Ⅱ-50には，肩に力が入っている例を示している．腰痛の自覚症状があったり，不安を感じる被測定者については，無理をさせないように注意する．さらに，呼吸を止めて無理に前屈した場合，腹部が痙攣するケースがまれにあるので注意が必要である．また，測定者は被測定者の膝が曲がらないように，膝に手を添えて行うことも有効である（図Ⅱ-51）．事前にストレッチングを行ったり，1度練習を行うことにより記録が向上するケースもある．箱を利用する場合，カーペットなど摩擦力の高い床では，箱がスムーズに滑らないため，床面の形状に注意し，箱が真直ぐ前方に移動していることの確認も必要である．

### (4) 開眼片足立ち

　ストップウォッチを用意する．

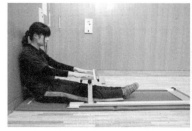 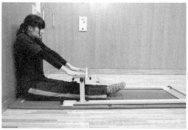 

図Ⅱ-49　壁に腰背部が着いていない　　図Ⅱ-50　肩に力が入っている　　図Ⅱ-51　測定補助の例

図Ⅱ-52　測定姿勢　　図Ⅱ-53　測定補助の例

測定方法
①滑らない平らな床上に両脚をそろえて立つ．
②どちらの足が立ちやすいか確かめるため，片足立ちを左右について行う．
③支持脚が決まったら，両手を腰に当て，片方の足を床から離した時点をスタートとし，持続時間を計測する．
④姿勢は，支持脚の膝を伸ばし，もう一方の足を前方に挙げ，挙げた足は支持脚に触れないようにする（図Ⅱ-52）．
⑤測定終了の条件は，挙げた足が支持脚や床に触れた場合，支持脚の位置がずれた場合，腰に当てた両手，もしくは片手が腰から離れた場合である．
⑥記録は秒単位とし，秒未満は切り捨てる．2回実施してよい方の記録をとる．なお，最長120秒で打ち切り1回目が120秒の場合には2回目の測定を行う必要はない．

留意点
　特に転倒には十分な注意が必要である．測定者は，被測定者がバランスを崩したとき，即座に支えられるような準備をしておく（図Ⅱ-53）．また，より長く持続しようとして体勢が崩れても片足状態を保持したり，支持脚でケンケンのように飛び跳ねたりするケースがある．このような危険を避けるために，被測定者にはあらかじめ終了

条件を十分に説明しておくと良い．

　人の動きなどが視界に入ったり，騒音が大きすぎたりすることで，測定値に影響が出ることがある．可能な限り統一された環境で測定することを留意する．ひとりの測定者にひとりの被測定者が原則であるが，複数の被測定者を計測する場合，間隔や障害物に十分配慮する．

　文部科学省では，素足での測定を推奨しているが，履きなれたシューズであったり，床面の状態によってシューズを履いた状態で行うことも問題はない．

### (5) 10m障害物歩行
　床にビニールテープで10mの直線を引く．スタートからゴール地点まで2m間隔に，1mくらいの線を引き，図Ⅱ-55のように障害物を置く．
**測定方法**
①スターライン上の障害物の中央後方にできるだけ近づいて両足をそろえて立つ．
②スタートの合図によって歩き始め，6個の障害物をまたぎ越す．

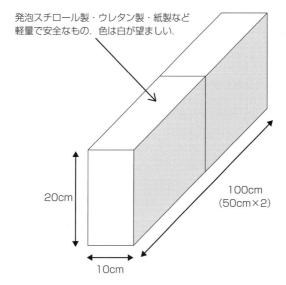

図Ⅱ-54　10m障害物歩行に用いる障害物

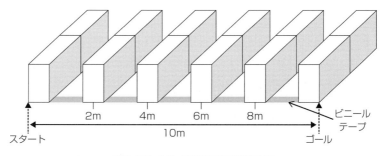

図Ⅱ-55　10m障害物歩行の設置方法

③10m(ゴール)地点の障害物をまたぎ越して,片足が接地した時点をゴールとする.走ったり,飛び越した場合は,やり直しとする.障害物を倒した場合はそのまま継続する.
④スタートの合図から最後の障害をまたいだ足が床に着地するまでの時間を計測し,2回実施してよい方の記録をとる.1/10秒単位として1/10秒未満は切り上げる.

留意点

実施上の注意として,滑らない床で実施する.また,被測定者に,障害物を歩いてまたぎ越すこと,障害物はどちらの足でまたぎ越しても良いこと,走ったり・飛び越したりしてはいけないことを指導する.1度練習を行うことが望ましい.

### (6) 6分間歩行

(測定方法については,Ⅱ部3章 Ⅱ.全身持久力測定評価の実際.2-1.6分間歩行を参照)

### (7) ADL

(測定方法についてはⅢ部2章 2.生活活動動作測定評価の実際Ⅱ-Ⅱ文部科学省ADLテストを参照)

[佐藤　敏郎]

[文　献]
・文部科学省(1999):新体力テスト実施要項(65歳〜79歳対象).
・(社)日本体育学会監修(2006):最新スポーツ科学事典.平凡社
・出村慎一,村瀬智彦(2002):健康・スポーツ科学入門.大修館書店
・日丸哲也,永田晟,植屋清見(2006):体力テストの方法と活用—体力テスト判定員用テキスト.財団法人日本体育協会.
・財団法人健康・体力づくり事業財団(2009):スマートエクササイズ.

# Ⅲ部

# 高齢者の生活活動力および転倒リスクの測定と評価

1章　活動力の測定と評価
2章　生活活動動作（ADL）の測定と評価
3章　転倒リスクの測定と評価

# Ⅲ部　高齢者の生活活動力および転倒リスクの測定と評価

# 1章 活動力の測定と評価

## 1. 活動力測定の意義と種類

### (1) 活動力測定の意義

　高齢者のサクセスフル・エイジングの実現，QOLの向上には，日常生活自立度，または生活空間（Life space）が重要となってくる．行動の目的に応じて自由に移動できることが重要であり，いい換えれば，自由な移動によってその行動範囲を広げられれば，活動の選択肢も拡大できる．したがって，移動・移乗動作能力や，活動力（量）の評価は，高齢者の生活充実度を捉える意味でも重要となる．

　一般には，移動・移乗動作能力が高ければ，活動力（量）も拡大すると考えられる．また，活動力（量）が高ければ，生活空間も広いと解釈できる．生活空間が拡大するにつれ，バス，電車などの交通機関の利用，ショッピング，地域社会との交流，地域活動（ボランティア活動）への参加など手段的ADLを含む高次の生活動作を含む動作を要するようになる．

### (2) 活動力測定の種類

　移動・移乗能力のテストとして，10m障害物歩行，歩数計による身体活動量の測定，歩行速度，およびTimed "Up & Go"テストがある．これらの測定はパフォーマンスによって成就回数や時間を計測する方法であり，安全かつ簡便であることから高齢者の測定法として多く利用されている．しかし，歩行能力，移乗能力の質的な評価が難しいことも指摘されている．たとえば，10m歩行時間は同じであっても歩容に左右差や，不安定な局面が認められることがある．若年者との比較では，図Ⅲ-1に示すような歩行動作となる．

　歩容や歩行動作には，姿勢，下肢筋力，バランス能力，または関節可動域などが複合的に関与し，また，路面，段差，傾斜などの歩行環境の違いによってこれらの関与度が変わってくる．そこで，実験室的な方法であるが，近年では加重分析による歩行解析システム等の様々な測定機器を用い歩行動作の円滑さや安定性を定量的に分析する歩容分析や三次元動作解析システムを利用した三次元歩行分析が行われている．

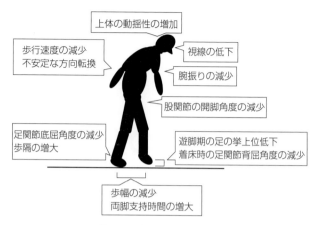

図Ⅲ-1　高齢者の歩容の特徴

## 2．活動力測定評価の実際

### (1) 10m障害物歩行

2mごとに6個の障害物（高さ20cm，幅1m，奥行き10cm）を置き，1個目の障害物から10m地点の6個目の障害物まで，正確に乗り越えながら歩く，という測定である．高齢者の歩行で生じがちな躓きなどに関する動作を見るものである．

（測定方法については文部科学省「新体力テスト（65歳〜79歳対象）」参照）

### (2) 歩数計による身体活動量の測定

定義と目的

加速度センサー（1軸や3軸）を内蔵した，いわゆる"歩数計"を用い，人の歩・走行動作をはじめとする各種日常生活活動（ADL）における身体活動量評価を，歩数計による身体活動量の測定と定義する．近年の技術力向上に伴い，加速度センサーを内蔵した歩数計はコンパクトな設計，内蔵メモリの容量増大，多軸化等が進んだことから，詳細かつ長時間測定が可能となりつつある．

測定対象

1軸（上下方向の運動）の加速度センサーが内蔵された歩数計の場合，腰部に取り付け歩数を計測することが測定器の限界となるため，補助具使用歩行もしくは自立歩行が可能な高齢者が対象となる．一方，3軸（上下，左右，前後方向の運動）加速度センサーを内蔵するものは，歩数のみならず各種ADL活動量の計量化も可能になってきている．よって，必ずしも歩行可能な者のみを対象とする必要はなく，要介護・支援の者であっても，歩数計による身体活動量測定の対象者となり得る．

測定方法

我が国では1軸加速度センサーを内蔵したライフコーダ（スズケン社）や3軸加速度センサーを内蔵したライフコーダGS（スズケン社）が，アメリカではActiGraph

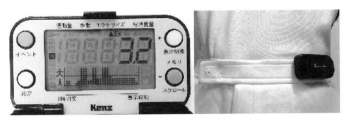

図Ⅲ-2　身体活動量測定器の例（ライフコーダGS）

（ActiGraph社）などが多く用いられている．図Ⅲ-2は，3軸加速度センサーを内蔵したライフコーダGSを示している．この測定器は腰（ズボンの縁やベルト等）に装着した被験者が日常生活を送るのに支障のない程度に小型軽量である．

歩数計を用いた身体活動量評価前に被験者に対して歩数計の着脱，装着位置などの使用方法について十分な説明を行う．その際，入浴や水中運動時などの浸水時および睡眠時を除く終日装着するよう指示する．青年よりも認知機能の低下した高齢者を対象とすることも踏まえマニュアルを作成した方が良い．分かり易い言葉を用いて，以下のような要点を各検者が各被験者に同様に伝える；①日常の身体活動量を調査するために装着する，②家の中のうろうろも含めあらゆる活動量を調べるため，起床から就寝までずっと腰につけておく，③日常とは異なる特別な状況（病気で寝込む，悪天候で活動しなかった，怪我をしたため活動しなかった等）を記録する．重ねて，④歩数計の装着期間中には，歩数計を終日装着することが出来たか否か，日常の運動量に影響するような特別な状況（上記）がなかったか否か，この2点について日記形式に記録するように指示する．

また，この歩数計の装着が被験者のモチベーションとなり普段以上に活動量が増加する可能性があることを理解しておく必要がある．このセルフモニタリングによる動機付けを防ぐため，被験者に測定器のモニタを見ないように念押しするか，モニタを非表示にする等の工夫が必要である．装着期間は先行研究により幅があるが2週間から4週間のスパンで計測が行われている．測定値は加速度計により異なるが，おおむね「歩数」，「運動量」，「運動強度」等が測定器内蔵メモリに記録され（ライフコーダでは最長200日，Active Style Proでは150日分），更に測定器をパソコン接続してデータをパソコン上で処理（グラフ化等）することも可能である．

<u>評価方法</u>

高齢者のための身体活動に関するどのガイドラインを参照しても，健康のためには30分以上の身体活動を日常的に行うことが推奨されている．10～15分の身体活動を2～3回に積み重ねて1日に30分でも実践することが有効であると報告されている．これまで肥満者や糖尿病患者を対象とする研究が殆どであったため高齢者に関する具体的な身体活動量（1日の歩数）のクライテリアは非常に限られる．Tudor-Locke & Bassett(2004)は健常成人を対象とした1日の歩数を示し，5000歩/日未満を「sedentary lifestyle」，5000～7499歩/日を「low active」，7500～9999歩/日を「somewhat active」，10000歩/日以上を「active」とした．また我が国の健康施策「健康日本21」では，70歳以上の高齢者の目標値が示されており，男性6700歩～/日，女性5900

歩～/日が提唱されている．近年では，富岡ら（2009）が女性高齢者の身体機能やQOLを維持するための適正歩数として5500歩/日を示している．

### 研究事例

Sasaiら（2011）が振動計を用いた主要な身体活動量計の妥当性を検証し，ライフコーダの信頼性（変動係数＝値のばらつきの指標）は0～10%，Active Style Proは1%未満であったと述べている．またライフコーダの妥当性は，振動機の振動数により変化するが，Active Style Proはいずれの振動数であっても良好であったと報告している．一般的には，腰部装着の機器は静的な動作や上肢の動きの検出が困難であり，また同じ活動であっても坂道や階段，荷重負荷がある場合，過小評価するといった測定方法上の限界がある．

[文　献]
- Tudor-Locke C. Bassett, DR Jr.（2004）: How many steps/day are enough? Preliminary pedometer indices for public health. Sports Med, 34, 1-8.
- Sasai et al.（2011）: The Obesity Society.
- 冨岡公子，羽崎完，岩本淳子（2009）：高齢者の1日歩数と身体機能および健康関連QOLに関する横断的研究—適正歩数の設定の試み—，第24回健康医科学研究助成論文集，平成19年度，1-11.

## （3）歩行速度

### 定義と目的

歩行機能の評価として，規定距離を普通に歩く時の時間と，最大限の努力で速歩きした時の時間の測定と定義する．先行研究では，2～20mと様々な距離での最大歩行速度の計測が行われているが，日本の施設基準で10m歩行路が規定された経緯があり，10mの歩行距離が採用されることが多い．

幅広い体力水準の高齢者を対象に，簡便に，歩行能力を定量化することを目的とする．歩行速度は測定が簡便なだけではなく，様々な健康関連要因と関連を持つ（転倒リスク，認知症等との関係）ので非常に有用なテスト項目である．

### 測定対象

種々の疾患（中枢神経系の疾患，骨関節疾患等）を持つ者から，小児～高齢者までと，幅広い体力水準を持つ被験者が対象となる．

### 測定方法

ストップウォッチおよび10mの歩行路（平坦，直線）を準備する必要がある．歩行路は，平坦で滑りにくい床面が望ましい．10m歩行をさせる場合，スタートとゴールの先に3mずつの予備路を加えた計16m程度のスペースが必要であろう．スタートとゴールには視認性の高い色のラインテープを張る．また歩行の方向（直進）を規定するために，ラインテープを縦に（スタートからゴールまでを結んで）貼るなどの工夫も有効である．

多数の高齢者を対象に，体力測定の1項目として測定する場合，無駄な待ち時間等を省く，被験者の無駄な体力消耗を防ぐために，往復路を両方利用して測定すると良い．高齢者に説明しやすいように，スタートとゴールに貼るラインテープは，それぞ

**図Ⅲ-3 男性の年代別の最大歩行速度**
(衣笠隆, 長崎浩, 伊東元, 橋詰譲, 古名丈人, 丸山仁司 (1994):
(18-83歳) を対象とした運動能力の加齢変化の研究. 体力科学,
43, 343-351. から改変)

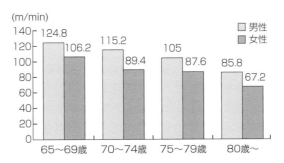

**図Ⅲ-4 高齢者の性別の最大歩行速度**
(古名丈人, 長崎浩, 伊東元, 橋詰譲, 衣笠隆, 丸山仁司 (1995):
都市および農村地域における高齢者の運動能力. 体力科学,
44, 347-356. から改変)

れ色を変える等の工夫は有効である．最大努力で歩行するよう（腰や膝関節等の痛みを持つ高齢者を除く），十分に説明した後スタートの合図を出し，被験者がスタートのラインを踏むか，越えた時に記録を開始する．被験者がゴールラインを踏むか，越えた時に記録を終了する．

　測定時の注意事項として；①心疾患を持つ者に対しては心拍数のチェックなどが必要．②疲労を考慮し，高齢者に合った十分な休息時間を取る．③測定中の転倒を予防するための工夫（検者が虚弱な被験者のそばで共に歩行し，不意の転倒に備える等）．④検者は被験者をリードしたり，声掛けすることは避ける．⑤測定値に日内変動があるケースや服薬の影響を受ける被験者を考慮し，測定時間帯をうまくコントロールする，があげられる．

### 評価方法

　衣笠ら（1994）によると男性の最大歩行速度は，20歳代で282.6（m/min），30歳代217.3，40歳代211.8，50歳代195.6，60歳代164.4，70歳代152.4である（図Ⅲ-3）．古名ら（1995）によると高齢者の歩行速度は65〜69歳男性124.8（m/min），女性106.2；70〜74歳男性115.2，女性89.4；75〜79歳男性105，女性87.6；80歳男性85.8,

表Ⅲ-1　年齢別，性別の歩行速度標準値（米国国立老化研究所，東京都老人総合研究所，2001を改変）

| 年齢（歳） | 最大歩行（m/min） | | 自由歩行（m/min） | |
|---|---|---|---|---|
| | 男性 | 女性 | 男性 | 女性 |
| 65-69 | 200.0〜96.8 | 166.7〜81.1 | 93.8〜60.0 | 85.7〜54.5 |
| 70-74 | 166.7〜83.3 | 136.4〜68.2 | 85.7〜53.6 | 75.0〜44.1 |
| 75-79 | 142.9〜73.2 | 115.4〜58.8 | 78.9〜48.4 | 66.7〜37.0 |
| 80-84 | 125.0〜65.2 | 100.0〜51.7 | 73.2〜44.1 | 60.0〜31.9 |
| 85-89 | 111.1〜58.8 | 88.2〜46.2 | 68.2〜40.5 | 54.5〜28.0 |

女性67.2である（図Ⅲ-4）．

### 研究事例

　Bohannon（1997）は健常者（20〜79歳）230名の通常歩行および最大努力歩行速度を調べ，通常歩行では信頼性係数が0.903，最大努力では0.91と高かったと述べている．Nessら（2003）は2m歩行（日常での速度）の0.8m/秒を転倒リスクのカットオフ値としている．

　木村ら（1998）は，60〜90歳の女性高齢者140名を対象に歩行速度と各種体力項目との関係を検討した．その結果，自由歩行（気持ちよい速度），最大速度での歩行（出来るだけ速く）とも，歩行速度は静的バランス，柔軟性，敏捷性，下肢パワーとの有意な関係を示し，中でも下肢パワーとの相関が最も高いと述べている．

[文　献]
- 衣笠隆，長崎浩，伊東元，橋詰謙，古名丈人，丸山仁司（1994）：（18-83歳）を対象とした運動能力の加齢変化の研究．体力科学，43，343-351．
- 古名丈人，長崎浩，伊東元，橋詰謙，衣笠隆，丸山仁司（1995）：都市および農村地域における高齢者の運動能力．体力科学，44，347-356．
- 木村みさか，岡山寧子，小松光代，奥野直，永井由香，佐藤勇輝（1998）：平衡性指標と歩行能の関連からみた高齢者の立位姿勢保持能．体育科学，27，83-93．
- Bohannon RW (1997): Comfortable and maximum walking speed of adults aged 20-79 years: reference values and determinants. Age Ageing., 26 (1), 15-19.
- Ness KK, Gurney JG, Ice GH (2003): Screening, education, and associated behavioral responses to reduce risk for falls among people over age 65 years attending a community health fair. Phys Ther, 83, 631-637.

## (4) Timed Up & Go (TUG) テスト

### 定義と目的

　椅子座位から立ち上がり3m先のポールをまわり，再び椅子に着座するまでの所要時間を測定することと定義する．実用歩行の能力を測る指標としても高い妥当性を有している．

　椅子からの起立や着座，歩行と歩行中の方向転換など，日常生活で頻繁に用いられる種々の基本的移動動作の成就能力，つまりfunctional mobility（機能的移動能力）を評価することを目的とする．

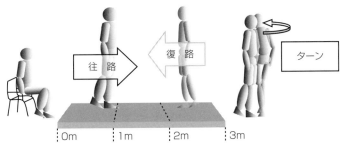

図Ⅲ-5　TUGの測定風景

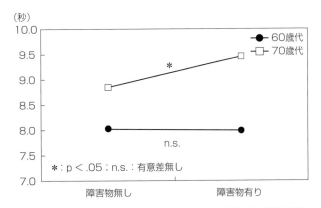

図Ⅲ-6　障害物設置によるTUGの成績の変化（60歳代と70歳代の比較）
（内山応信，出村慎一（2009）：高齢者の易転倒性を評価するための障害物Timed "Up & Go" テストの提案．体育測定評価研究，8, 27-32.）

<u>測定対象</u>

　TUGテストは地域在住の虚弱高齢者を対象とした移動能力評価テストとして提案された．ただしTUGテストは補助者無しで椅子から立ち上がり歩行する必要があるため，自立歩行可能な身体機能水準を持たない場合，実施は困難である．

<u>測定方法</u>

　ストップウォッチと椅子が1つずつあれば良い．椅子のシート高は44〜47cmの範囲が望ましいと指摘されている．

　被験者は，検者によるスタートの合図で椅子上の座位姿勢から起立し，3m（10フィート）の距離を楽なかつ安全な速度で歩行し，180度方向転換し再び椅子まで戻り着座する（図Ⅲ-5）．検者は，スタートから着座までの総所要時間を計測する．被験者は，本番に先立ち2回の練習を行った後，2試行の測定に参加する．

<u>評価方法</u>

　2試行の平均値を代表値として評価する．TUGによる判定基準は次のとおりである；10秒以内：健常高齢者；20秒以内：屋外外出が可能；30秒以上の者：要介助（起居動作やADL）（図Ⅲ-6）．

#### 研究事例

　Shumway-Cookら（2000）はTUGの信頼性を検討し，高い信頼性（ICC=0.92～0.99）を報告している．また，自立生活高齢者を対象にTUG（できるだけ速くかつ安全に動作させる方法）の転倒予測の感度と特異度を検討し，それらはいずれも87％と高く転倒リスク者を予測するカットオフ値を13.5秒としている．

　内山と出村（2009）は，地域在住の自立生活可能な健常高齢者71名を対象に実験を行い，60歳代に比べ70歳代のTUGの成就時間は有意に長く，また70歳代のみTUGの歩行路面上に障害物（W 100×D 10×H 5cm）が設置された場合，成就時間が有意に遅延した（図Ⅲ-6）．TUGの歩行路上に1つの障害物を設置することは，加齢に伴う健常高齢者の移動能力レベルの低下をより明確化できる，つまり個人差を増大させる上で役立つと述べている．

[文　献]
- Podsiadlo D, Richardson S. (1991): The Timed Up and Go: A test of Basic Functional Mobility for Frail Elderly Persons. Journal of the American Geriatrics Society, 39, 142-148.
- 内山応信，出村慎一（2009）：高齢者の易転倒性を評価するための障害物Timed "Up & Go" テストの提案．体育測定評価研究, 8, 27-32.
- Shumway-Cook A, Brauer S, Woollacott M. (2000): Predicting the probability for falls in community-dwelling older adults using the Timed Up & Go Test. Physical therapy, 80 (9), 89.

### (5) 歩容分析

#### 定義と目的

　本来，歩容は「歩く様子」と定義され，高齢者の歩容分析では歩行動作の円滑さ，安定性を評価する．歩容の定量化の試みとして，検者の観察によって評価する方法もある．しかし，歩容分析としては粗い得点配分となり，自立歩行可能な高齢者の多くは満点となる．そこで，歩行動作時の足部着床位置情報と接地時間を計測することによって，これらの歩容を捉える．

#### 測定対象

　自立歩行または歩行補助具を使用して歩行可能な高齢者．

#### 測定方法

　足跡接地位置および接地時間情報を計測する機器を使用する．代表的な機器としてウォークway MW-1000（アニマ株式会社製）がある．この測定器は，床にプレートセンサーを設置し，センサー面が踏まれると，その接点情報（足の形状，時間および距離情報）が，接地／非接地情報としてコンピュータ内に保存されるシステムである（図Ⅲ-7）．

　1枚60cmのプレートが4枚連結されており，プレート間に段差がある場合にも対応が可能である．また，歩行補助具を使用している場合でも，補助具と足部の設置を区別して解析できる．後述する三次元動作解析に比べ，測定および解析が容易であることに加え，2.4mの範囲の歩容を時系列的に解析できる点に優れる．しかし，足蹠接

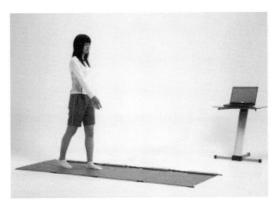

図Ⅲ-7　ウォークway MW-1000（アニマ株式会社）

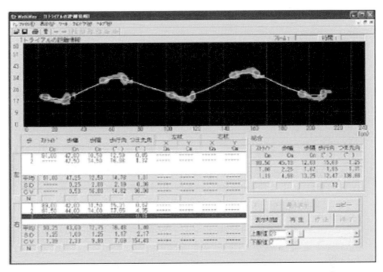

図Ⅲ-8　足跡接地位置情報に関する評価変数
（ウォークway MW-1000：アニマ株式会社）

地位置の二次元計測であるため，遊脚局面の挙上位や軌道などは計測できない．被験者は歩行路上に設置されたプレートの上を歩行する．

[評価方法]

　ウォークway MG-1000では各歩の足跡接地位置情報，接地時間情報に加え，接地足部の圧力分布および歩行時の足圧中心分布が計測される．それらの情報をもとに評価変数が自動的に算出される（図Ⅲ-8）．

　歩容評価変数は図Ⅲ-9に示すとおりである．高齢者の歩行動作は，加齢にともなう姿勢（体アラインメント），体幹・下肢筋力，バランス能力，視聴力，および関節可動域の低下と，下肢運動器障害を罹患するものが多いことから，若年者とは異なる特徴を呈する．つまり，歩行能力が低下するため，動作の効率（速さ）よりも移動に伴う身体重心の安定性を確保することを優先した歩行動作となる．ウォークway

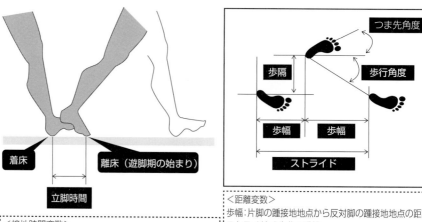

図Ⅲ-9　歩容変数

MW-1000では足跡接地位置および時間情報のみ分析できるので，体幹，上肢の動作，各関節角度，および遊脚期の挙上位は測定できない．

歩容分析の評価は，若年者や健常者など対照群との比較が主となる．健常な若年者において，歩隔の標準値は5〜13cm，つま先角度は約7°と報告されている（Whittle, 2001）．

#### 研究事例

転倒の発生は移乗時や方向転換時など動作の切り替え場面で発生することが多い．そこで，椅子からの立ち上がり後の歩容と転倒リスクの関係を検討した（出村ら，2007）．在宅女性高齢者13名が，通常歩行と下腿長の80％の高さに設定された椅子から立ち上がり，普段の歩行速度にて5mの直線歩行を行った．両歩行条件とも立脚時間，両脚支持時間，歩幅，歩隔変数において，1歩目のみが2歩目以降と差が認められ，1歩目以降に，歩幅の増大，立脚や両脚支持時間の短縮，歩隔の短縮が認められた．しかし，歩行条件間で差は認められなかった．健常者の歩行は，随意性の高い1歩目から慣性を利用した反射的な運動となる2〜3歩目以降で歩幅や歩隔，歩行周期が安定すると報告されており（伊藤，1991），歩容の違いは随意性の高い動作から反射的な動作へ移行したことによると推測される．

[辛　紹熙・杉浦　宏季]

[文　献]
- 出村慎一，山次俊介，山田孝禎，北林保（2007）：立ち上がり直後の歩行特性からみた高齢者の歩行動作評価システムの開発．上原記念財団報告書，21: 61-71．
- 伊藤宏司（1991）：歩行運動　生体とロボットにおける運動制御．コロナ社，東京．
- Whittle MW. (2001): Gait analysis — an introduction. 3rd ed. Butterworth/Heinemann, Oxford.

Ⅲ部　高齢者の生活活動力および転倒リスクの測定と評価

# 生活活動動作（ADL）の測定と評価

## 1. 生活活動動作の測定の意義と種類

### (1) ADLの測定の意義

ADLとは日常生活動作（Activities of daily living）を意味する．ADLを利用した身体機能評価の特徴は，①健康を基盤とし日常生活に即したかたちで身体機能を評価する点，②他の体力テストのように最大能力が発揮されたパフォーマンスをCGS単位で測定するのではなく，日常生活でなされる各種動作の成就の可否や状態を質問紙などによって評価される点があげられる．高齢者の健康は生活機能の自立であるとのWHOの考え方にもあるように，高齢になるに伴い，身体機能水準それ自体が健康度の一側面を示す傾向がより強くなる．ADL評価では，「自立した日常生活を営むのに必要な身体機能」をどの程度有しているかについて評価される．それぞれの日常生活動作の成就には何らかの身体機能が関与しているため，その作業結果から身体機能の評価が可能である．ADLによる身体機能評価は，評価対象とする動作の選択の仕方によって様々な機能水準の高齢者集団に適用可能である．特に，機能水準が低く，パフォーマンステストの実施が困難な高齢者の身体機能評価に有効である．

### (2) ADL測定の種類

ADL評価は，もともとリハビリテーション分野において，生活自立水準以下の高齢者の残存能力を評価する手段として用いられてきた．その後，より機能水準の高い高齢者へ適用範囲を拡大するために，全高齢者を対象として活動能力を体系化したうえで，各能力段階へのADL評価の適用が検討された（図Ⅲ-10，Lawton, 1972）．リハビリテーション分野では，主に，身体的自立に焦点を当てた基本的ADL，手段的自立に焦点を当てた手段的ADL，状況対応および社会的役割も含めた機能的ADLに関する各種評価指標が作成され，入院・入所高齢者に対して適用されてきた．「自立に必要な身体能力を日常生活に即した形で評価する」という考えは，健康スポーツ科学における高齢者の身体機能評価にも影響を与えた．すなわち，体力テストで測定されるような身体機能（筋力，バランス能力，歩行能力など）がその成就に反映するような日常生活動作を用いたADL評価票やパフォーマンステストが作成されている．

本節では，生活自立水準以上の高齢者に対する代表的なADL指標である都老研式

図Ⅲ-10 Lawtonの能力体系図

活動能力指標,および健康・スポーツ科学的立場から作成された文部科学省ADLテストを取り上げる.

## 2. 生活活動動作測定評価の実際

### (1) 老研式活動能力指標

定義と目的

東京都老人総合研究所(現 東京都健康長寿医療センター研究所)により開発され汎用されている.老研式活動能力指標は,手段的自立よりも高次の活動能力を捉えることを意図し,手段的自立,知的能動性(または状況対応),社会的役割を構成要因とするADL指標である.日本人高齢者の生活実態を考慮したうえで,地域社会での自立生活に必要なADLよりも高度な高齢者の活動能力を評価する指標として開発された.

測定対象

自立した日常生活を営む(生活自立水準)高齢者を主な対象とする.認知機能が著しく低下した高齢者への適用は困難である.

調査方法

評価用紙と筆記用具を準備する.調査票(シート)に関する著作権の問題はない.

**表Ⅲ-2 老研式活動能力指標**

毎日の生活についてうかがいます．以下の質問のそれぞれについて，「はい」「いいえ」のいずれかに○をつけて，お答え下さい．
質問が多くなっていますが，ごめんどうでも全部の質問にお答え下さい．

| | | |
|---|---|---|
| 1 バスや電車を使って1人で外出できますか | 1. はい 2. いいえ | |
| 2 日用品の買い物ができますか | 1. はい 2. いいえ | |
| 3 自分で食事の用意ができますか | 1. はい 2. いいえ | 手段的ADL |
| 4 請求書の支払いができますか | 1. はい 2. いいえ | |
| 5 銀行預金・郵便貯金の出し入れが自分でできますか | 1. はい 2. いいえ | |
| 6 年金などの書類が書けますか | 1. はい 2. いいえ | |
| 7 新聞を読んでいますか | 1. はい 2. いいえ | 知的ADL |
| 8 本や雑誌を読んでいますか | 1. はい 2. いいえ | |
| 9 健康についての記事や番組に関心がありますか | 1. はい 2. いいえ | |
| 10 友だちの家を訪ねることがありますか | 1. はい 2. いいえ | |
| 11 家族や友だちの相談にのることがありますか | 1. はい 2. いいえ | 社会的ADL |
| 12 病人を見舞うことができますか | 1. はい 2. いいえ | |
| 13 若い人に自分から話しかけることがありますか | 1. はい 2. いいえ | |

（古谷野亘，柴田博，他（1987）：地域老人における活動能力の測定―老研式活動能力指標の開発―，日本衛生学雑誌，34-3, 109-114.）

　本指標は，本人の自記もしくは面接での聴取による回答を主としている．また家族などからの代理回答も可能とされている．ただし，本人回答と観察者の評価には誤差が生じる可能性がある（表Ⅲ-2）．
　13項目に対し，「はい」，「いいえ」の2件法で回答する．「はい」の回答に1点を「いいえ」の回答に0点を付与し，合計得点を評価値とする．実際に行っていなくても，やろうとすればできる場合には「はい」そうでないものには「いいえ」と回答させる．合計得点の基準値はないが，性別・年齢別の平均値は報告されている．また，内的整合性による高い信頼性（$\alpha$ =.913）が報告されている．

### 評価方法
　手段的ADL（手段的自立，5点満点），知的ADL（知的能動性，4点満点），社会的ADL（社会的役割，4点満点）でそれぞれADL能力を評価する．合計得点を高次ADL能力得点とする．各要因および総合得点にカットオフ値は設定されていない．

### 研究事例
　前述したように，ADLテストの特徴の1つとして，広範な身体機能水準（特に低水準）の高齢者に対する身体機能評価が可能な点があげられる．地域高齢者に対するADL評価に関する先行研究では，身体機能水準の低い高齢者を対象とした研究や標本特性を確認する意味で利用されている例が多い．
　衣笠ら（2005）は，地域在住高齢者の中から低体力高齢者を選別し，これらの対象者への運動介入を実施することによる体力，生活機能，健康状態へおよぼす影響を検討している．彼らは低体力者の選別に老研式活動能力指標の利用可能性を検討している．429名を対象に老研式活動能力指標調査および体力テスト（握力，膝伸展力，ファンクショナルリーチ，歩行テスト）を実施した．その結果，老研式活動能力指標の未

満点者は58.5％であり，彼らは満点者と比較して，膝伸展力，ファンクショナルリーチ，歩行速度（通常歩行速度および最大歩行速度）が有意に低い値を示したことを報告している．

[文 献]
- 小澤利男，江藤文夫，高橋龍太郎（1999）：高齢者の生活機能評価ガイド，医歯薬出版，51-58.
- 内山靖，小林武，潮見泰蔵（2008）：臨床評価指標入門　適用と解釈のポイント，協同医書出版社，279-284.
- 古谷野亘，柴田博，他（1987）：地域老人における活動能力の測定―老研式活動能力指標の開発―，日本衛生学雑誌，34-3, 109-114.
- 衣笠隆，芳賀脩光，江崎和希，古名丈人，杉浦美穂，勝村俊仁，大野秀樹（2005）：低体力高齢者の体力，生活機能，健康度に及ぼす運動介入の影響（無作為化比較試験による場合），日本運動生理学雑誌，12, 63-73.
- Lawton MP. (1972): Assessing the competence of older people. In Kent DP, Kastenbaum R and Sherwood S. (eds). Research Planning and Action for the Elderly. Power and Potential of Social Science. Behavioral Publication.

## (2) 文部科学省ADLテスト
### 定義と目的
　高齢者用文部科学省体力テストを安全に実施するために，体力テスト実施に関するスクリーニングテストとして開発された．リハビリテーション分野におけるADL評価の考え方を利用し，体力テストにより評価される身体機能を反映しうる日常生活動作の成就の可否から，体力テスト実施に必要な体力の有無の簡易的な評価を試みている．移動能力，筋力，バランス能力などの評価を意図し，歩行動作，移動動作，階段昇降動作，バランス動作，起居動作，運搬動作，手指動作などが項目として含まれる．

### 測定対象
　健常な高齢者，体力テストを実施する高齢者．

### 調査方法
　評価用紙および筆記用具を準備する．調査用紙に関して著作権の問題はない．対象者本人が回答する．各設問につき，選択肢の中から当てはまるもの1つを選び，選択肢番号に○をつけ，選択肢の番号を右の□の中に記入する．集合調査が可能な場合，測定者が設問文を読み上げ，回答させることも可能．老眼鏡を持参させるとよい．
　各設問とも，1に回答の場合は1点，2は2点，3は3点を付与し，総合得点を算出する．総合得点とともに，体力テスト実施のスクリーニング判定結果も記入する．

### 評価方法
＜総合得点による体力テスト実施のスクリーニング（無回答なしの場合に利用）＞
12点以下（全ての項目において1に回答）：判定×
→6分間歩行，上体起こし，開眼片足立ちおよび10m障害物歩行テストは実施不可．
24点未満（項目によって回答2あるいは回答3も含まれる）：判定△
→6分間歩行，上体起こしおよび10m障害物歩行テストの実施について慎重な検討を要する．特に問1，5および6の回答に注意する．被測定者の状態により，それ以外

のテスト項目の実施についても慎重な検討を要する．

24点以上（ほぼ全ての項目において回答2以上）

→特別な障害がない限り全てのテスト項目について実施可能．ただし，問1, 3, 4, 5, 6において回答1が含まれる場合，実施可能テスト項目について慎重な検討を要する．

＜スクリーニング項目＞

問1, 5, 6に回答1があった場合

→6分間歩行，10m障害物歩行および開眼片足立ちテストは実施不可能．その他のテスト項目の実施についても慎重な検討を要する．

問1, 5および6において1以外に回答し，問3, 4のいずれかに回答1がある場合

→6分間歩行および10m障害物歩行テストの実施について慎重な検討を要する．特に，6分間歩行テストの実施には注意する．

問10および12において回答1がある場合

→上体起こしテストは実施不可能．

問2および11において回答3がある場合

→特別な障害がない限り全てのテスト項目について実施可能．

研究事例

前述したように本指標は，体力テスト実施に関するスクリーニングテストとして利用される．評価値（総合得点）に関する性別・年代別評価基準は示されていない．ス

表Ⅲ-3　文部省新体力テストADL調査項目

| | 質問内容 | カテゴリ内容 | | |
|---|---|---|---|---|
| 1 | 休まないでどれくらい歩けますか？ | ①5～10分程度 | ②20～40分程度 | ③1時間程度 |
| 2 | 休まないでどれくらい走れますか？ | ①走れない | ②3～5分程度 | ③10分以上 |
| 3 | どれくらいの溝の幅だったら跳び越えられますか？ | ①できない | ②30cm程度 | ③50cm程度 |
| 4 | 階段をどのようにして昇りますか？ | ①手すりや壁につかまらないと昇れない<br>②ゆっくりなら，手すりや壁につかまらずに昇れる<br>③サッサと楽に，手すりや壁につかまらずに昇れる | | |
| 5 | 正座の姿勢からどのようにして立ち上がれますか？ | ①できない<br>②手を床についてなら立ち上がれる<br>③手を使わずに立ち上がれる | | |
| 6 | 目を開けて片足で何秒くらい立っていられますか？ | ①できない | ②10～20秒程度 | ③30秒以上 |
| 7 | バスや電車に乗ったとき，立っていられますか？ | ①立っていられない<br>②吊革や手すりにつかまれば立っていられる<br>③発車や停車の時以外は何にもつかまらずに立っていられる | | |
| 8 | 立ったままでズボンやスカートがはけますか？ | ①座らないとできない<br>②何かにつかまれば立ったままでできる<br>③何にもつかまらないで立ったままでできる | | |
| 9 | シャツの前ボタンを掛けたり外したりできますか？ | ①両手でゆっくりとならできる<br>②両手で素早くできる<br>③片手でもできる | | |
| 10 | 布団の上げ下ろしができますか？ | ①できない<br>②毛布や軽い布団ならできる<br>③重い布団でも楽にできる | | |
| 11 | どれくらいの重さの荷物なら10m運べますか？ | ①できない | ②5kg程度 | ③10kg程度 |
| 12 | 仰向けに寝た姿勢から，手を使わないでそのまま上体だけを起こせますか？ | ①できない | ②1～2回程度 | ③3～4回程度 |

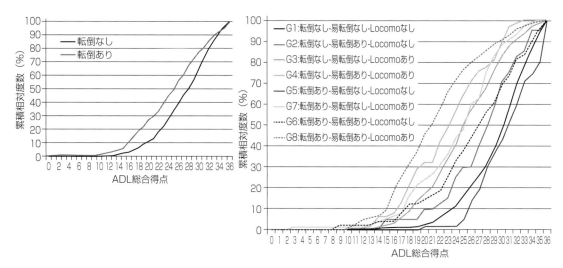

図Ⅲ-11　高齢者の転倒リスク得点分布の特徴

クリーニングテストとしての利用が想定されているため，地域高齢者に対して実施した場合，多くの者がほとんど満点に近い得点を示すことも多い．しかし，本指標は，ADL評価の立場から，簡易的に身体機能を評価するシートとしても利用可能であり，高齢者の特徴を踏まえて工夫して利用することで，身体機能の個人差を評価できる．

　自立した日常生活を送る地域高齢者1057名に対し，運動器障害および転倒経験の有無の調査，転倒リスク調査（出村の転倒リスクアセスメント票，本書129頁参照），本ADLテストを実施した．転倒経験の有無，易転倒性の有無，運動器障害の有無の特徴を利用し，8つの群（転倒経験なし・易転倒性なし・運動器障害なし群から転倒経験あり・易転倒性あり・運動器障害あり群）に分類し，ADL得点（総合得点）の得点分布（累積相対度数分布）を確認した．曲線は右側に位置するほど，高得点域に得点が分布していることを意味し，曲線の位置が異なるほど，群間の能力差が大きい（得点分布の傾向が異なる）ことを示す．図Ⅲ-11は転倒の有無のみで群分けした際の，また右図は前述の8群に分類した際の各群の累積相対度数分布曲線を示している．生活自立水準にある地域高齢者の場合，転倒経験のみではADL能力の違いは現れにくい．しかし，転倒経験に加え，易転倒性，運動器障害といった要因と合わせて集団を分類することにより，分布曲線の群間差が明確になり，各群の身体機能（ADL能力）特性の違いを明らかにすることができた．また，最も高得点域に分布していたのは，転倒経験，易転倒性，運動器障害がいずれもない群であったが，次いで高得点域に得点が分布していたのは，易転倒性および運動器障害はないが転倒経験を有する群であり，また，転倒経験はないが，易転倒性および運動器障害を有する群の方が低得点域に分布していた．転倒経験は転倒リスク評価に利用されることが多いが，全ての転倒経験者の身体機能が低く，転倒未経験者の身体機能が高いわけではないことを示唆している．このように，ADLテストも高齢者の有効な身体機能評価法の1つとして利用できる．

[佐藤　進・横谷　智久]

表Ⅲ-4　手段的ADL指標

| 質問項目 | 配点 男 | 配点 女 |
|---|---|---|
| A. 電話 | | |
| 　1. 自分で番号を調べ，ダイヤルする | 1 | 1 |
| 　2. よく知っている番号ならダイヤルできる | 1 | 1 |
| 　3. 会話はできるが，ダイヤルはできない | 1 | 1 |
| 　4. 全くできない | 0 | 0 |
| B. 買い物 | | |
| 　1. 全ての買い物を自分でできる | 1 | 1 |
| 　2. 小さな買い物なら一人でできる | 0 | 0 |
| 　3. どんな買い物でも付添いが必要 | 0 | 0 |
| 　4. 全くできない | 0 | 0 |
| C. 食事の支度 | | |
| 　1. 自分で献立を考え，材料を揃え，調理できる | | 1 |
| 　2. 材料さえ揃っていれば調理できる | | 0 |
| 　3. できあがった料理を温め，出すことはできる．あるいは，一応料理はできるが，適切な食事の水準を維持できない | | 0 |
| 　4. 食事の支度は他人にしてもらうしかない | | 0 |
| D. 家事 | | |
| 　1. 一人で全てできる．または時々手伝ってもらえばできる | | 1 |
| 　2. 皿洗い等の軽い作業ならできる | | 1 |
| 　3. 軽い作業ならできるが，清潔さの水準を維持できない | | 1 |
| 　4. 全ての家事を手伝って貰う必要がある | | 1 |
| 　5. どんな家事も分担できない | | 0 |
| E. 洗濯 | | |
| 　1. 完全にできる | | 1 |
| 　2. 小さな物ならできる | | 1 |
| 　3. 全くできない | | 0 |
| F. 外出時の交通手段 | | |
| 　1. 公共交通機関を一人で利用する．もしくは自分で自動車を運転する | 1 | 1 |
| 　2. タクシーでなら外出できるが，公共交通機関を利用することはできない | 1 | 1 |
| 　3. 付添いがあれば公共交通機関を利用できる | 0 | 1 |
| 　4. タクシーや自動車の利用にも付添いが必要 | 0 | 0 |
| 　5. 全く外出できない | 0 | 0 |
| G. 医薬品の服用 | | |
| 　1. 指定された時に指定された量を正しく服用できる | 1 | 1 |
| 　2. 薬が順序よく準備されていれば正しく飲める | 0 | 0 |
| 　3. 自分で自分の服用を管理できない | 0 | 0 |
| H. 金銭の出納 | | |
| 　1. 自分の金銭の管理ができる | 1 | 1 |
| 　2. 日常の金銭の管理はできるが，預金や多額の出納には手伝いが必要 | 1 | 1 |
| 　3. 金銭の出し入れはできない | 0 | 0 |

（柴田博，古谷野亘，芳賀博；ADL研究の最近の動向―地域老人を中心として．社会老年学 21：71-83, 1984.より引用）

[文　献]

・出村慎一，佐藤　進，南　雅樹，小林秀紹，野田洋平，松沢甚三郎，小林寛道，青木純一郎（2000）：在宅高齢者のための日常生活動作能力調査票の作成．体力科学　49（3）：375-384.
・佐藤進，出村慎一，高橋憲司，坪内伸司：質問紙を用いた転倒リスクのスクリーニングとターゲット集団の特定．日本体育学会第64回大会．

## Ⅲ部　高齢者の生活活動力および転倒リスクの測定と評価

# 3章 転倒リスクの測定と評価

## 1. 転倒リスク測定の意義と種類

### (1) 転倒リスク測定の意義

　高齢者の転倒は，単純なアクシデントではなく，図Ⅲ-12のように様々な要因が複合的に作用して発生する．転倒リスクとは転倒の発生に関与する要因の保有状況と定義され，加齢に伴い，諸機能の低下から多様なリスクを保有することになる．また，転倒による骨折，特に下肢や体幹部の骨折は，要介護・寝たきりの直接的な原因となる．特に，大腿部頸部骨折受傷者の90％以上は転倒による骨折といわれており，治療により自立歩行回復までに長い努力と期間を要するため，寝たきりになる確率が高い．また骨折に至らない場合でも，転倒恐怖感から活動への意欲低下や自信の喪失から日常生活活動量が低下し，閉じこもりがちな生活に移行してしまう可能性が高い．これを転倒後症候群（post-fall syndrome）といい，不活動な生活によりさらに身体機能や認知機能の低下を引き起こし，要介護・寝たきり状態に至る危険がある．

　したがって，高齢者の転倒は転倒リスク因子が複合的に作用した結果でもあり，寝たきり・要介護の原因ともいえる．そのため，転倒に関する測定・評価は，①転倒発生の原因である転倒リスク因子の測定と②転倒発生による転倒恐怖感，または活動量の測定に分類できる．いずれにしても自身の転倒リスクを把握して転倒予防に努めること，転倒後症候群を軽減することがQOLを低下させないためにも重要といえる．

### (2) 転倒リスク測定の種類

　転倒リスクの評価は，対象の身体機能水準や評価の目的によって異なる．例えば，施設入所，入院の高齢者の施設・院内での転倒を防ぐための転倒リスク評価は，生活動作の介助の必要性，転倒予防する設備の設置などを明確にするために実施する．一方，健康・スポーツ科学領域における，転倒リスク評価は，日常生活において注意すべき点，改善すべき点を明確にする．さらに，個人で改善できる点（可変因子）は，積極的にそれに取り組むことを促すようにする．つまり，転倒一次予防のきっかけづくり（スクリーニング）として利用する．

　転倒リスク調査票は，転倒を予測する（転びやすさ：易転倒性）目的と，どのようなリスクを保有しているか（プロファイル）を明確にする目的がある．しかし，前者

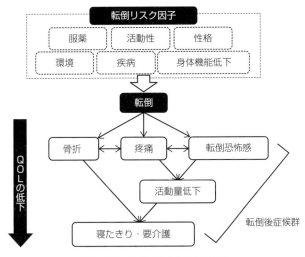

図Ⅲ-12 転倒リスクと転倒の発生

についての予測力はそれほど高くない．なぜなら，転倒は，身体機能が低下した者だけではなく，元気な高齢者であっても転ぶ可能性がある．後者の場合，その活動範囲の大きさから転倒危険場面にも遭遇するからである．そのため，転倒リスク調査票のみで転倒を予測するには限界がある．

本節では転倒リスク調査票の代表的なものとして，東京都健康長寿医療センター研究所「転倒リスクアセスメント表」，転倒スコア，出村の転倒リスクアセスメント，および閉じこもりアセスメント表をとりあげる．

## 2. 転倒リスク測定評価の実際

### (1) 東京都健康長寿医療センター研究所（旧東京都老人総合研究所）「転倒リスクアセスメント表」

#### 定義と目的

高齢者の転倒リスク状況をスクリーニングし，転倒予防のための介入の手掛かりとする．転倒発生に関わる因子（転倒リスク因子）を多数有している場合，転倒リスクが高いと判定する．また，転倒予防の観点から，総合得点のみならず転倒リスクを質的に評価し，該当する転倒リスク因子への介入の手掛かりとする．

#### 測定対象

全ての高齢者を対象とするが，項目内容から在宅高齢者がふさわしいと考えられる．

#### 調査方法

表Ⅲ-5は転倒アセスメント表を示している．質問項目は15項目で，「はい」，「いいえ」の2件法で回答する．高齢者本人を対象に面接法にて回答を得ることを原則としているが，自己記入が容易と考えられる場合は，郵送や直接配布による自記式調査法でもよい．

表Ⅲ-5　東京都健康長寿医療センター研究所「転倒リスクアセスメント表」

| （記入例）1　この1年間に転倒しましたか | はい ○ | いいえ | 転倒の危険性が高い回答 | リスク |
|---|---|---|---|---|
| 1　この1年間に転倒しましたか | | | はい | ① |
| 2　横断歩道を青信号の間に渡りきることができますか | | | いいえ | ① |
| 3　1kmぐらいを続けて歩くことができますか | | | いいえ | ① |
| 4　片足で立ったまま靴下をはくことができますか | | | いいえ | ② |
| 5　水で濡れたタオルや雑巾をきつく絞ることができますか | | | いいえ | ③ |
| 6　この1年間に入院したことがありますか | | | はい | ④ |
| 7　立ちくらみをすることがありますか | | | はい | ④ |
| 8　今までに脳卒中を起こしたことがありますか | | | はい | ④ |
| 9　今までに糖尿病といわれたことがありますか | | | はい | ④ |
| 10　睡眠薬・降圧剤・精神安定剤を服用していますか | | | はい | ⑤ |
| 11　日常サンダルやスリッパをよく使いますか | | | はい | ⑥ |
| 12　目は普通に（新聞や人の顔など）よく見えますか | | | いいえ | ⑦ |
| 13　耳は普通に（会話など）よく聞こえますか | | | いいえ | ⑦ |
| 14　家の中でよくつまづいたり，滑ったりしますか | | | はい | ⑥ |
| 15　転倒に対する不安が大きいですか．あるいは転倒が怖くて外出を控えることがありますか | | | はい | ⑧ |

転倒の危険性が高い回答の合計　0

主催者使用欄

リスク表

| | | 点 | | | 点 |
|---|---|---|---|---|---|
| ① | 歩行能力の低下 | 0 | ⑤ | 服薬による転倒リスク | 0 |
| ② | バランス能力の低下 | 0 | ⑥ | 転倒の外的要因 | 0 |
| ③ | 筋力の低下 | 0 | ⑦ | 視聴力の低下 | 0 |
| ④ | 疾病による転倒リスク | 0 | ⑧ | 転倒に対する不安とそれによるADLの制限 | 0 |

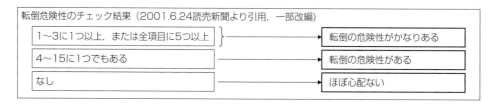

転倒危険性のチェック結果（2001.6.24読売新聞より引用，一部改編）
- 1～3に1つ以上，または全項目に5つ以上　→　転倒の危険性がかなりある
- 4～15に1つでもある　→　転倒の危険性がある
- なし　→　ほぼ心配ない

### 評価方法

表Ⅲ-5に示す転倒リスク項目において，転倒の危険性が高い方に回答した場合，1点を付与し，合計得点を算出する．合計15点のうち5点以上もしくは，項目1～3で転倒の危険性が高い方に回答している場合を転倒ハイリスク者と判定する．

### 研究事例

在宅高齢者1,017名（70.1±7.1歳，男性366名，女性651名）において，転倒リスク得点別に過去1年間の転倒発生率を算出したところ，総合得点5点の者の40％が転倒経験者であった．また，8点以上の者は80％以上が転倒経験者であった（出村ら，2008）．

[文　献]
・出村慎一，山次俊介，山田孝禎（2008）：高齢者の各個人に必要とされる運動・教育プログラムを判別するための転倒リスク，身体機能水準スクリーニング調査票の作成．ダイワヘルス財団報告書．
・鈴木隆雄（2001）：骨粗鬆症における転倒予防の意義，Osteoporosis Japan, 9（2）．

## （2）転倒スコア

### 定義と目的
一般健康診断に適応できる転倒リスク評価として，転倒発生に関わる因子を抽出し，その総合得点から判定する．在宅高齢者の転倒ハイリスク者の早期発見を目的とする．

### 測定対象
全ての高齢者を対象とするが，項目内容から在宅高齢者がふさわしいと考えられる．

### 調査方法
表Ⅲ-6は転倒スコアを示している．質問項目は22項目で，「はい」，「いいえ」の2件法で回答する．自記記入法を基本とするが，自記不可能な場合は面接法にて回答を得る．

### 評価方法
表Ⅲ-7に示す転倒リスク項目において，転倒の危険性が高い方に回答した場合，1

表Ⅲ-6　転倒ハイリスク者の発見のための「転倒スコア」

| | | | |
|---|---|---|---|
| 1) | 過去1年に転んだことがありますか | はい | いいえ |
| | 「はい」の場合，転倒した回数　　（　　　回/年） | | |
| 2) | つまづくことがありますか | はい | いいえ |
| 3) | 手すりにつかまらず，階段の昇り降りを出来ますか | はい | いいえ |
| 4) | 歩く速度が遅くなってきましたか | はい | いいえ |
| 5) | 横断歩道を青のうちにわたりきれますか | はい | いいえ |
| 6) | 1キロメートルぐらい続けて歩けますか | はい | いいえ |
| 7) | 片足で5秒くらい立っていられますか | はい | いいえ |
| 8) | 杖を使っていますか | はい | いいえ |
| 9) | タオルを固く絞れますか | はい | いいえ |
| 10) | めまい，ふらつきがありますか | はい | いいえ |
| 11) | 背中が丸くなってきましたか | はい | いいえ |
| 12) | 膝が痛みますか | はい | いいえ |
| 13) | 目がみにくいですか | はい | いいえ |
| 14) | 耳が聞こえにくいですか | はい | いいえ |
| 15) | 物忘れが気になりますか | はい | いいえ |
| 16) | 転ばないかと不安になりますか | はい | いいえ |
| 17) | 毎日お薬を5種類以上飲んでいますか | はい | いいえ |
| 18) | 家の中で歩くとき暗く感じますか | はい | いいえ |
| 19) | 廊下，居間，玄関によけてとおるものがおいてありますか | はい | いいえ |
| 20) | 家の中に段差がありますか | はい | いいえ |
| 21) | 階段を使わなくてはなりませんか | はい | いいえ |
| 22) | 生活上家の近くの急な坂道を歩きますか | はい | いいえ |

（鳥羽研二他（2005）：転倒リスク予測のための「転倒スコア」の開発と妥当性の検証，日老医誌，42：346-352.）

表Ⅲ-7 転倒スコア短縮版

| | | |
|---|---|---|
| 1) つまづくことがありますか | はい | いいえ |
| 2) 横断歩道を青のうちにわたりきれますか | はい | いいえ |
| 3) タオルを固く絞れますか | はい | いいえ |
| 4) めまい，ふらつきがありますか | はい | いいえ |
| 5) 杖を使っていますか | はい | いいえ |
| 6) 膝が痛みますか | はい | いいえ |
| 7) 廊下，居間，玄関によけてとおるものがおいてありますか | はい | いいえ |

(鳥羽研二他（2005）：転倒リスク予測のための「転倒スコア」の開発と妥当性の検証，日老医誌，42：346-352.)

点を付与し，合計得点を算出する．

ただし，カットオフ値が示されているのは，7項目に絞った短縮版のみである．過去の転倒歴を従属変数として，ロジスティック回帰分析を行った結果，表Ⅲ-7の7項目のみ有意な危険率（オッズ比）を示した．7項目のうち3項目に該当している場合，2/3程度の転倒の予測が可能としている（感度65.1％，特異度72.4％）．

### 研究事例

65歳以上の高齢者1,261名（平均75.4歳）において，易転倒高齢者399名と非転倒高齢者862名の転倒リスクスコアには有意差が認められた．前年度の転倒リスクスコアが10点未満であることが，「転倒しない」ことに寄与するオッズ比は8.7であった．したがって，転倒リスクスコアのカットオフ値は9～10点程度であると示唆された（鳥羽ら，2005）．

### [文　献]

- 鳥羽研二他（2005）：転倒リスク予測のための「転倒スコア」の開発と妥当性の検証，日老医誌，42: 346-352.
- 松林公蔵：地域在住高齢者の転倒予防に対するCGAの活用．老年医学update 2008-09，日本老年医学会雑誌編集委員会．

## (3) 出村の転倒リスクアセスメント（Demura's fall risk assessment chart：DFRA）

### 定義と目的

高齢者の転倒関連因子を挙げて，それに該当するか否かによって転倒リスクを評価する点では，他の転倒リスク評価票と同じであるが，さらに転倒リスクプロフィールの作成と，転倒リスク水準の評価を区別してとらえている．すなわち，対象者がどのくらい転びやすいか（危険性が高いか）という評価を「易転倒性」因子として独立して評価する．また，対象者が転倒に関連したリスクをどの程度保有しているかについて，「身体機能」，「疾病・身体症状」，「環境」，および「行動・性格」の各因子から評価し，転倒リスクプロフィールをフィードバックする．

### 測定対象

高齢者全体を対象とする．

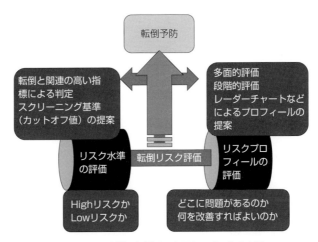

図Ⅲ-13　出村の転倒リスクアセスメントの立場

### 調査方法

表Ⅲ-9は出村の転倒リスクアセスメント票を示している．転倒リスク水準を捉えるために易転倒性因子の3項目，転倒リスクプロフィールを評価するために身体機能，疾病・身体症状，環境，および性格・行動の各転倒関連因子から47項目である．これに，転倒経験「この1年間で，転倒経験はありますか」を加え全51項目からなる．各質問項目に対して「はい」，「いいえ」の2件法で回答し，転倒リスクの高い方向の回答には1点を付与する．

表Ⅲ-8　易転倒性と転倒発生率

| 要因得点 | 転倒発生率 |
| --- | --- |
| 0点 | 4% |
| 1点 | 28% |
| 2点 | 32% |
| 3点 | 82% |

(Demura et al., 2010b)

自記記入法を基本とするが，自記不可能な場合は面接法にて回答を得る．

### 評価方法

#### ①転倒リスク水準の評価

得点の分布は0～3点となる．「過去1年の転倒経験」を妥当基準とした場合の各得点と転倒発生率が表Ⅲ-8のように示されている．

#### ②転倒プロフィールの作成

図Ⅲ-14は転倒関連因子の各項目合計得点と転倒発生率を示したグラフである．各項目得点に相当する転倒発生率を基準に図Ⅲ-15に示すようにレーダーチャートに示し，転倒リスクプロフィールとする．

### 研究事例

過去1年の転倒発生を予測する各転倒関連因子得点のカットオフ値をROC分析により検討したところ，表Ⅲ-10のような結果が得られた．易転倒性得点のAUCは良好であったが，その他の転倒関連因子によるカットオフ値のAUCは高くなかった．

さらに，易転倒性得点1点をカットオフ値とした場合，高齢者の28%に転倒が発生していたので，その他の転倒関連因子の項目得点において転倒発生率28%となる得点を算出し，その得点以上であった者をそのリスク因子陽性と判断した．そして，陽性因子の保有数と転倒発生率を検討したところ，リスク因子陽性なしであった者は，

表Ⅲ-9　出村の転倒リスクアセスメント票（Demura et al., 2011a, 2011b）

| 項目 | 要素 | 下位要因 | 転倒リスク要因 |
|---|---|---|---|
| この1年間で，転倒経験はありますか | | | |
| 1）最近，1年間に転びそうになりましたか | | | 易転倒性 |
| 2）つまづくことが多いですか | | | |
| 3）他の人に転びそうだと言われたことがありますか | | | |
| 4）タオルを固くしぼれますか | 筋力 | 基礎的機能 | 身体機能 |
| 5）荷物運搬（5kg程度） | | | |
| 6）30cm程度の溝を飛び越えられる | 下肢筋力 | | |
| 7）立ったまま靴下をはけますか | バランス能力 | | |
| 8）片脚で5秒くらい立てますか | | | |
| 9）1kmくらいなら休まずに歩けますか | 歩行能力 | | |
| 10）普段，杖や歩行器などの補助具を使っていますか | | | |
| 11）階段歩行（ゆっくりなら手すり・壁なし） | 昇降能力 | | |
| 12）正座→立位（床に手をつく） | 起居動作能力 | | |
| 13）シャツ前ボタン（両手で素早く） | 上肢機能 | | |
| 14）上体起こし（1～2回） | 筋力 | 高次機能 | |
| 15）布団上げ下ろし（重い布団） | | | |
| 16）50cm程度の溝 | 下肢筋力 | | |
| 17）バスや電車での立位保持（つかまりなし） | バランス能力 | | |
| 18）開眼片足立ち（30秒以上） | | | |
| 19）3～5分走る | 歩行能力 | | |
| 20）1時間歩く | | | |
| 21）階段歩行（手すり・壁なし） | 昇降能力 | | |
| 22）正座→立位（手を使わず） | 起居動作能力 | | |
| 23）シャツ前ボタン（片手でも） | 上肢機能 | | |
| 24）歩幅が小さくなってきたと感じますか | | 歩容 | 疾病・身体症状 |
| 25）歩く速さが遅くなってきたと感じますか | | | |
| 26）立ちくらみをすることがありますか | | めまい・失神 | |
| 27）めまいがありますか | | | |
| 28）毎日，お薬を飲んでいますか | | 服薬・循環器系疾患 | |
| 29）循環系（心臓・血管など）の疾患・障害がありますか（高血圧・狭心症・動脈硬化など） | | | |
| 30）物忘れが多いと思いますか | 認知障害 | | |
| 31）人の声やテレビの音が聞こえにくいですか | 聴力 | 視聴力 | |
| 32）文字や人の顔が見にくいですか | 視力 | | |
| 33）意識がもうろうとすることがありますか | | 脳血管疾患 | |
| 34）脳卒中を起こしたことがありますか | | | |
| 35）関節（足首，膝，股関節など）の疾患・障害がありますか（変形性関節症など） | | 関節・骨疾患 | |
| 36）骨粗しょう症ですか | | | |
| 37）合併症を患っていますか | | 代謝系疾患 | |
| 38）糖尿病を患っていますか | | | |
| 39）家の中に滑りやすい場所がありますか | | 周辺環境 | 環境 |
| 40）家の中につまづきやすい物がありますか | | | |
| 41）サンダルやスリッパをよく使いますか | | 着衣 | |
| 42）靴は自分の足にあっていますか | | | |
| 43）家の中でじっとしていることが多いですか | | 不活動性 | 行動・性格 |
| 44）外出することはめったにないですか | | | |
| 45）夜にトイレに行くことが多いですか | | トイレ行動 | |
| 46）注意深く行動しますか | | | |
| 47）転ばない自信がありますか | | 転倒不安 | |
| 48）転ばないか不安になりますか | | | |
| 49）普段，急な坂道を歩くことが多いですか | | 危険行動 | |
| 50）あわただしく動くことが多いですか | | | |

注）各項目に対して，「はい」，「いいえ」で回答する

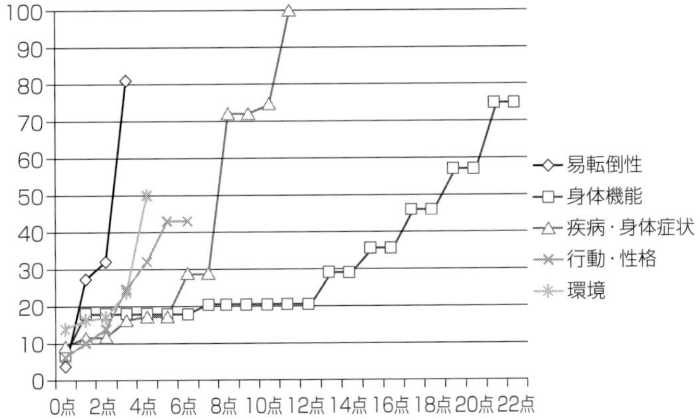

図Ⅲ-14 各転倒関連因子の項目得点と転倒発生率の関係

表Ⅲ-10 過去1年間の転倒発生を予測する各転倒関連因子得点のカットオフ値

| 要因 | AUC | p | AUC（95%CI） | 感度 | 特異度 | Cut-off値 |
|---|---|---|---|---|---|---|
| 易転倒性 | 0.797 | 0.000 | .759〜.834 | 0.869 | 0.657 | 1 |
| 身体機能 | 0.629 | 0.000 | .578〜.681 | 0.400 | 0.807 | 10 |
| 疾病・身体症状 | 0.625 | 0.000 | .576〜.674 | 0.300 | 0.872 | 5 |
| 環境 | 0.539 | 0.119 | .490〜.588 | 0.781 | 0.268 | 1 |
| 行動・性格 | 0.672 | 0.000 | .626〜.719 | 0.525 | 0.748 | 3 |

★要因別リスク得点（リスクプロフィール）

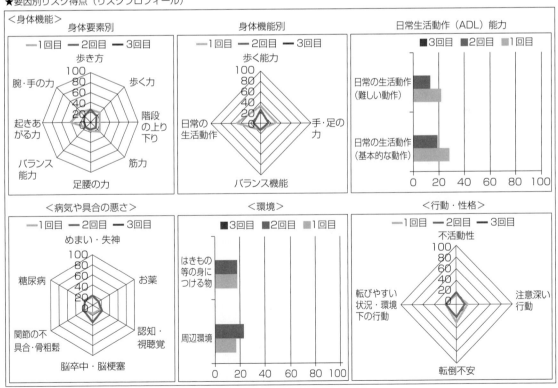

図Ⅲ-15 転倒プロフィール例

高齢者の35.2％であり，それらの者の転倒率は7.9％であった．リスク因子陽性の保有数が重積すると転倒発生率が高くなり，全てのリスク因子陽性である者は，高齢者の0.9％であったものの，それらの者の転倒率は47.6％と非常に高かった．

[文 献]
- Demura S, Sato S. Yamaji S, Kasuga K, Nagasawa Y. (2011a): Examination of validity of fall risk assessment items for screening high fall risk elderly among the healthy community-dwelling Japanese population, Archives of Gerontology and Geriatrics, 53: e41-45.
- Demura S, Sato S, Shin S. Uchiyama M. (2011b): Setting the criterion for fall risk screening for healthy community-dwelling elderly. Archives of Gerontology and Geriatrics, 54-2, 370-372.
- Demura S, Sato S, Shin S, Sugiura H, Uchiyama M. (2013): Fall risk types and the fall prevarence rates of Japanese community-dwelling elderly. GMI, 172 (7-8), 587-594.
- Sato S, Demura S, Sato T, Takahashi K. (2013): Age-related fall risk characteristics in Japanese community-dwelling elderly. Open Journal of Epidemiology, 3-2, 33-39.

### (4) 閉じこもりアセスメント表
#### 定義と目的
　閉じこもりは，「1日のほとんどを家の中あるいはその周辺（庭先程度）で過ごし，日常生活可動範囲が極めて縮小した状態」と捉えられ，厚生労働省の介護予防事業では「週1回も外出しない状態」と定義されている．一方で，「家から出ない状態」に加え，「人間関係が少ない」，「生活活動性が低い」といった基準を加えて定義する場合もある．この定義に基づく閉じこもりの判定は，移動能力と行動範囲，活動性の3因子をもとに判定したり，「空間面の閉じこもり」，「対人面の閉じこもり」，「心理面の閉じこもり」の3つから総合的に判定し捉えたりする．
　東京都老人総合研究所の閉じこもりアセスメント表では，外出頻度を指標とし，さらに閉じこもりの高齢者を「身体に障害があって外出が困難，あるいはできない」タイプと「身体に障害はないか，あっても軽度なものであるにも関わらず，外出しようとしない」タイプに分類する．前者は身体的要因が，後者には心理的要因，社会的要因が強く関連することから，アセスメント表にはこれらの項目も含まれている．

#### 測定対象
　上記の目的から，孤立している可能性のある高齢者を把握したり，積極的な支援策を講じることを目的としたスクリーニング調査なので，主に，在宅高齢者を対象とする．

#### 調査方法
　表III-11に閉じこもりアセスメント表を示す．調査に要する時間的制約などから30項目の調査が困難である場合，20項目に絞った簡略版も提案されている．30項目から削除された項目は，項目2, 6, 13, 14, 19, 21, 26, 28, 29, 30である．
　高齢者本人を対象に面接法にて回答を得ることを原則としているが，自己記入が容易と考えられる場合は，郵送や直接配布による自記式調査法でもよい．また，対象者本人の回答を原則とするが，それが無理の場合は，本人の日常生活をよく知っている

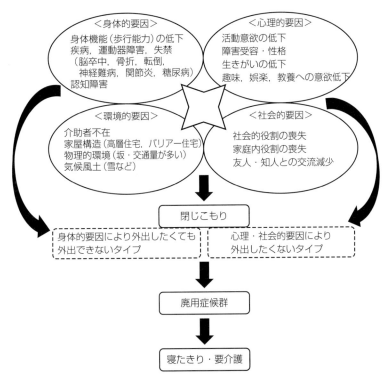

図Ⅲ-16 閉じこもりの関連要因とタイプ

家族に回答を求めてもよい．ただし，その場合，心理的要因となる項目12～14，情緒的サポートの項目18は代理回答できない．また，利用したいサービスなどの項目29，30は家族の参考意見として扱う．

評価方法
① 「閉じこもり」の判定
　閉じこもりと判定する外出頻度のカットオフ値を週1回程度とし，それ未満のものは「閉じこもり」と判定する．したがって，項目2の回答が「はい」でかつ「項目3」の回答がカテゴリー3「週に1回程度」，または4「ほとんど外出しない」であれば，「閉じこもり」状態と判定する．また，項目5が「はい」であれば，心身の障害のため外出時に他人の介助を要するとみなし，「タイプ1の閉じこもり」とし，「いいえ」であれば，心身に障害がないにも関わらず「閉じこもり」状態を示しているとして，「タイプ2の閉じこもり」と判定する．また，「閉じこもり」状態になくても，項目4の頻度が少ない者は，社会的交流の頻度が少なく，「閉じこもり」に近い状態と考える．

② 閉じこもりの原因
　閉じこもりの原因は，身体的・精神的要因，心理・社会的要因，および環境的要因について推定する．対象者への介入すべき要因を特定するために各項目回答を質的に捉えることを原則とするが，「閉じこもる」方向に作用する回答を1点，そうでない回答に0点を付与し，総合得点を算出することもできる．その場合，身体的・精神的要因は0～5点，心理・社会的要因と環境的要因は0～6点の得点分布となる．

### 表Ⅲ-11 閉じこもりアセスメント表（東京都老人総合研究所，2000）

まず，あなたの性，年齢を教えてください　　1. 男　　2. 女　　年齢　　　歳
次の各質問に対して，当てはまるものに○をつけてください

1. あなたの世帯の家族構成をお教え下さい
   1. 一人暮らし　2. 配偶者と二人暮らし　3. 配偶者以外と二人暮らし　4. その他（　　）
2. 1日中家の外には出ず，家の中で過ごすことが多いですか　　　　　　　　　1. はい　2. いいえ
3. 普段買い物，散歩，通院などで外出する頻度はどれくらいですか
   1. 毎日1回以上　2. 2～3日に1回程度　3. 1週間に1回程度　4. ほとんど外出しない
4. 友だち・近所の人あるいは別居家族や親戚と会っておしゃべりする頻度はどれくらいですか
   1. 2～3日に1回程度　2. 1週間に1回程度　3. 1か月に1回程度　4. ほとんどない
5. 外出するにあたっては，どなたかの介助が必要ですか　　　　　　　　　　　1. はい　2. いいえ
6. 項目5で「はい」と答えた方へ（「いいえ」の方は，回答しない）
   外出する際に，介助してくれる家族はいますか　　　　　　　　　　　　　1. はい　2. いいえ
7. 脳卒中（中風）のために，歩行や外出に不自由を感じますか　　　　　　　　1. はい　2. いいえ
8. 心臓病や糖尿病のために，歩行や外出に不自由を感じますか　　　　　　　　1. はい　2. いいえ
9. 膝，腰，足（下肢）などの痛みのために，歩行や外出に不自由を感じますか　1. はい　2. いいえ
10. 尿をもらしやすい（尿失禁）のために，外出を控えていますか　　　　　　　1. はい　2. いいえ
11. 目や耳が悪いために，歩行や外出に不自由を感じますか　　　　　　　　　　1. はい　2. いいえ
12. 身体が不自由なため，外出して人に見られるのが恥ずかしいという気持ちはありますか
    　　　　　　　　　　　　　　　　　　　　　　　　　　　　　　　　　　1. はい　2. いいえ
13. 外で転ぶのが怖くて，外出を控えることがありますか　　　　　　　　　　　1. はい　2. いいえ
14. 目や耳が悪いために，人と話すのが億劫ですか　　　　　　　　　　　　　　1. はい　2. いいえ
15. 家の中で，趣味・楽しみ・好きでやっていることがありますか　　　　　　　1. はい　2. いいえ
16. 家の外で，趣味・楽しみ・好きでやっていることがありますか　　　　　　　1. はい　2. いいえ
17. 親しくおしゃべりしたり，行き来するような友だちは近くにいますか　　　　1. はい　2. いいえ
18. あなたに気を配ったり，思いやったりしてくれる（同居あるいは近くに住んでいる）家族はいますか
    　　　　　　　　　　　　　　　　　　　　　　　　　　　　　　　　　　1. はい　2. いいえ
19. 食事は一人で摂ることが多いですか（一人暮らしの方は，「はい」に○）　　1. はい　2. いいえ
20. お住まい（主に生活する部屋）は3階以上にありますか　　　　　　　　　　1. はい　2. いいえ
21. 家屋は，手すりをつけたり敷居を低くするなど，お年寄りが移動しやすいようにつくられていますか
    　　　　　　　　　　　　　　　　　　　　　　　　　　　　　　　　　　1. はい　2. いいえ
22. 家の周辺は，坂があったり車の交通量が多かったりなどで，外出に不安を感じることがありますか
    　　　　　　　　　　　　　　　　　　　　　　　　　　　　　　　　　　1. はい　2. いいえ
23. 自分で日用品の買い物ができますか　　　　　　　　　　　　　　　　　　　1. はい　2. いいえ
24. 自分で食事の用意ができますか　　　　　　　　　　　　　　　　　　　　　1. はい　2. いいえ
25. 自分で掃除や洗濯ができますか　　　　　　　　　　　　　　　　　　　　　1. はい　2. いいえ
26. 自分でお金の管理（預貯金の出し入れ）ができますか　　　　　　　　　　　1. はい　2. いいえ
27. 一人で電話をかけられますか　　　　　　　　　　　　　　　　　　　　　　1. はい　2. いいえ
28. 一人で通院できますか　　　　　　　　　　　　　　　　　　　　　　　　　1. はい　2. いいえ
29. 次の保健福祉サービスのうち，あなたが利用してみたいと思うものはどれですか（複数回答可）
    1. 訪問保健指導　2. 機能訓練事業　3. 家事援助サービス　4. 食事の宅配サービス
    5. 外出介助サービス　6. 住宅改修費助成　7. 福祉機器の紹介　8. その他（　　）
30. 次の事業のうち，あなたが参加してみたいと思うものはどれですか（複数回答可）
    1. 高齢者交流事業（趣味・生きがい・食事）　2. 生涯学習講座　3. 機能訓練自主グループ
    4. 炊事・洗濯などの家事訓練　5. その他（やってみたいことなど　　　　　　　）

### ③日常生活の困難性

6項目のIADL（手段的ADL）には，それぞれ「はい」に0点，「いいえ」に1点を付与し，合計得点の高い者ほど，IADL障害が重度と捉え，自立度が低いと判定する．

### ④対象者が利用したいサービスや参加したい事業

本人や家族の希望を参考にしながら，対象者がどのタイプの「閉じこもり」であるのか，さらにはその「閉じこもり」の主な原因は何か，家族状況はどうなのかなどを踏まえたうえで，必要なサービスを考える．なお，調査票の最後に，総合評価として30項目の回答状況から，閉じこもりの有無，そのタイプ（タイプ1，タイプ2，混合型），その原因，日常生活上問題と思われる事項，および想定されるサービスについてまとめる．

### 研究事例

転倒恐怖感の有無による，閉じこもりアセスメントの下位要因（身体的要因，心理・社会的要因，環境的要因）得点の差を比較したところ，身体的要因および心理・社会的要因には転倒恐怖感有り群の得点が高かったが，環境的要因の得点には有意差は認められなかった．

[横谷　智久・杉浦　宏季]

[文　献]

- 新開省二（2002）：「閉じこもり」アセスメント表の作成とその活用法．ヘルスアセスメントマニュアル—生活習慣病・要介護状態予防のために—，ヘルスアセスメント研究委員会監修．厚生科学研究所，東京，113-114．

# IV部

# 高齢者の精神的健康度の測定と評価

1章　生活の質（QOL）の測定と評価

2章　抑うつ度の測定と評価

3章　認知機能の測定と評価

4章　ストレスの測定と評価

# Ⅳ部　高齢者の精神的健康度の測定と評価

　高齢者の精神的健康度は，サクセスフル・エイジングにとって重要な要素といわれており，高齢者のQOLの充足につながると考えられる．高齢者が精神的に健康であるという状態は情緒的に安定していて，自主的に行動を行っており自分自身について満足感をもっているといった状態をさすと考えられる．このような状態を測定するためにこれまで気分状態，活動意欲，社会活動，協調性，満足感などの程度を定量化する試みがなされている．

# 1章 生活の質（QOL）の測定と評価

## 1．QOL測定の意義と種類

### (1) QOL測定の意義

　日本における高齢化社会の進行は周知の事実であり，高齢者が心身の健康を維持しながら，自立し，活動的で生産的な老後を過ごすことが社会的に求められている．平均寿命が80歳を超え，コンピューターを中心とする技術の進歩とともに社会状況が急激に変化する現代では，高齢者は自身の心身の変化や病気，退職，経済的問題，近親者や配偶者との死別などに加え，社会構造からの様々なストレスにさらされて生きていく必要があり，精神面の健康という点でも高齢者のQOL評価の重要性が認識されている．

### (2) QOL測定の種類

　QOL研究はこれまで，医学の分野と，老年学および社会心理学の分野で主に進められてきた．医学の分野では，医療（治療や医療保険福祉面のケア・サービス等）の効果を測定する目的で，健康を客観的または主観的尺度により測定することを目的とした健康関連QOL尺度が検討されてきた．一方，老年学や社会心理学では，生活満足度やモラール，主観的幸福感，生きがいといった概念を用いて，日常生活や人生に対する主観的な満足度や充実度を測定する試みがなされてきた．これらは個人を取り巻く身体的，心理的，社会的，環境的状況に対する個人の評価結果として捉えられ，主観的QOLとも呼ばれる．

本節では，代表的な健康関連QOL尺度（WHO/QOL-26，SF-36，EuroQol等）および主観的QOL尺度（生活満足度尺度，モラールスケール）について扱う．

## 2．QOL測定評価の実際

### （1）WHO/QOL-26（WHO/QOL短縮版）
「定義と目的」

　WHO/QOLでは，QOLを「一個人が生活する文化や価値観のなかで，目標や期待，基準，関心に関連した自分自身の人生の状況に対する認識」と定義している．すなわち，各個人の身体的，心理的，自立のレベル，社会関係，信念，生活環境といった重要な側面の関わり合いという複雑なあり方を前提とした広範囲な概念である．

　WHOでは，当初，100項目からなるWHO/QOL基本調査票（WHO/QOL-100）を作成したが，臨床場面での適用における簡便性を考慮し，その短縮版としてWHO/QOL-26が作成された．

　幸福感や満足度などの主観的な要素を重視して，生活の質を多面的に評価することを目的に作成された質問紙テストである．

「測定対象」

　青年期以降の者（高齢者を含む）．健常者だけでなく，がん患者，皮膚疾患患者，精神疾患患者，エイズ患者などにも適用されている．識字能力があり質問内容の理解が可能な者（視力に問題があっても面接式での回答が可能であれば実施可能）．

「調査方法」

　評価用紙および筆記用具を準備する．日本語版の版権は金子書房が保有している．評価用紙および手引きはホームページより入手できる．

　（http://www.kanekoshobo.co.jp/np/shinri_test.html）

　本来自己評価用に作成されたものであるが，状況によっては面接で使用することも可能である．高齢者や視力障害者などでは，面接者が項目を読み上げて評価する．

　4領域（身体的領域，心理的領域，社会的関係，環境）を代表する24項目に，全般的な生活の質および健康状態を問う質問を加えた26項目に対し，「過去2週間にどのように感じたか・過去2週間にどのくらい満足したか」について，5段階（全くない，少しだけ，多少は，かなり，非常に）で回答する．各質問への回答に対し1点から5点を与え得点化する（表IV-1）．ただし，問3，4，26は反転項目として処理する．領域ごと平均値を算出し，領域スコアとして評価する．得点が高いほどQOLが良好であることを意味する．各領域スコアを4倍するとWHO/QOL基本調査票（WHO/QOL-100）との得点比較が可能となる．

　各領域スコアに対する評価基準についてはまだ示されていない．

「研究事例」

　田崎ら（2001）によると，WHO/QOL-100との相関係数，WHO/QOL-26に関する信頼性（内的整合性）は表IV-2のように報告されており，信頼性および妥当性が良好なテストとされている．

表Ⅳ-1 WHO/QOL-26の質問項目

| | まったく悪い | 悪い | ふつう | 良い | 非常によい |
|---|---|---|---|---|---|
| Q1. 自分の生活の質をどのように評価しますか | 1 | 2 | 3 | 4 | 5 |

| | まったく不満 | 不満 | どちらでもない | 満足 | 非常に満足 |
|---|---|---|---|---|---|
| Q2. 自分の健康状態に満足していますか | 1 | 2 | 3 | 4 | 5 |

次の質問は，過去2週間にあなたが，どのくらい経験したか，あるいはできたかについてお聞きするものです．

| | まったくない | 少しだけ | 多少は | かなり | 非常に |
|---|---|---|---|---|---|
| Q3. 体の痛みや不快感のせいで，しなければならないことがどのくらい制限されていますか | 1 | 2 | 3 | 4 | 5 |
| Q4. 毎日の生活の中で治療（医療）がどのくらい必要ですか | 1 | 2 | 3 | 4 | 5 |
| Q5. 毎日の生活をどのくらい楽しく過ごしていますか | 1 | 2 | 3 | 4 | 5 |
| Q6. 自分の生活をどのくらい意味のあるものと感じていますか | 1 | 2 | 3 | 4 | 5 |
| Q7. 物事にどのくらい集中することができますか | 1 | 2 | 3 | 4 | 5 |
| Q8. 毎日の生活はどのくらい安全ですか | 1 | 2 | 3 | 4 | 5 |
| Q9. あなたの生活環境はどのくらい健康的ですか | 1 | 2 | 3 | 4 | 5 |
| Q10. 毎日の生活を送るための活力はありますか | 1 | 2 | 3 | 4 | 5 |
| Q11. 自分の容姿（外見）を受け入れることができますか | 1 | 2 | 3 | 4 | 5 |
| Q12. 必要なものが買えるだけのお金を持っていますか | 1 | 2 | 3 | 4 | 5 |
| Q13. 毎日の生活に必要な情報をどのくらい得ることができますか | 1 | 2 | 3 | 4 | 5 |
| Q14. 余暇を楽しむ機会はどのくらいありますか | 1 | 2 | 3 | 4 | 5 |
| Q15. 家の周囲を出まわることがよくありますか | 1 | 2 | 3 | 4 | 5 |

| | まったく不満 | 不満 | どちらでもない | 満足 | 非常に満足 |
|---|---|---|---|---|---|
| Q16. 睡眠は満足のいくものですか | 1 | 2 | 3 | 4 | 5 |
| Q17. 毎日の活動をやり遂げる能力に満足していますか | 1 | 2 | 3 | 4 | 5 |
| Q18. 自分の仕事をする能力に満足していますか | 1 | 2 | 3 | 4 | 5 |
| Q19. 自分自身に満足していますか | 1 | 2 | 3 | 4 | 5 |
| Q20. 人間関係に満足していますか | 1 | 2 | 3 | 4 | 5 |
| Q21. 性生活に満足していますか | 1 | 2 | 3 | 4 | 5 |
| Q22. 友人たちの支えに満足していますか | 1 | 2 | 3 | 4 | 5 |
| Q23. 家と家のまわりの環境に満足していますか | 1 | 2 | 3 | 4 | 5 |
| Q24. 医療施設や福祉サービスの利用しやすさに満足していますか | 1 | 2 | 3 | 4 | 5 |
| Q25. 周辺の交通の便に満足していますか | 1 | 2 | 3 | 4 | 5 |
| Q26. 気分がすぐれなかったり，絶望，不安，落ち込みといったいやな気分をどのくらいひんぱんに感じますか | 1 | 2 | 3 | 4 | 5 |

表Ⅳ-2 WHO/QOL-26の信頼性と妥当性

| 領域 | WHO/QOL-100との相関 | 内的整合性 |
|---|---|---|
| 身体的領域 | 0.95 | 0.80 |
| 心理的領域 | 0.93 | 0.76 |
| 社会関係 | 0.89 | 0.66 |
| 環境 | 0.95 | 0.80 |

[文　献]
・小澤利男・江藤文夫・高橋龍太郎（1999）：高齢者の生活機能評価ガイド，医歯薬出版，51-58.
・出村慎一・佐藤進（2006）：日本人高齢者のQOL評価―研究の流れと健康関連QOLおよび主観的QOL．体育学研究，51-2, 103-115.
・田崎美弥子・中根允文（2001）：WHO/QOL-26手引，金子書房．

## (2) SF-36 (MOS Short-Form 36 Item Health Survey)

### 定義と目的
Wareら（1993）によって開発され，包括的な健康関連QOL尺度に位置づけられる．身体機能，日常役割機能（身体），日常役割機能（精神），全体的健康観，社会生活機能，身体の痛み，活力，心の健康の8つの下位尺度によりQOLを包括的に定義している．

SF-36は，包括的な健康度を測定する尺度である．包括的尺度であることから，様々な疾患の患者や疾患を持たない人を対象にすることができ，疾病の異なる集団間での比較や，患者と一般人との比較が可能とされている．

### 測定対象
16歳以上の者（高齢者を含む）．識字能力があり質問内容の理解が可能な者（視力に問題があっても面接式での回答が可能であれば実施可能）．

### 調査方法
評価用紙および筆記用具を準備する．SF-36の版権はQuality Metric Inc.にあり，使用申請を出すことによって誰でも使用することができる．日本語版使用の申請はNPO健康医療評価研究機構が担当しており（専用e-mail address: sf-36@i-hope.jp），SF-36専用ホームページ（http://www.i-hope.jp）上で申請することができる．マニュアルおよびスコアリングプログラム（Excel版）も入手することができる．

本来自己評価用に作成されたものであるが，状況によっては電話聞き取り式，面接式のいずれかの方法で使用することも可能である．視力障害や知的機能障害，失語症などが疑われる高齢者の場合，面接者が項目を読み上げて評価する．

### 評価方法
36項目により構成されている．下位尺度は，一部重み付けがなされ，0点から100点満点で評価する．得点が高いほど健康度が良好であることを意味する．各下位尺度項目の半数以上に回答がある場合には，欠損値をその下位尺度の平均値で置き換える（下位得点の算出方法の詳細は日本語版マニュアル参照）．

SF-36は，下位尺度ごとの国民標準値が性別・年代別に算出されており，その標準値と比較して測定結果を解釈する（性別・年代別標準値の詳細は，日本語版マニュアルに掲載されている）．

### 研究事例
SF-36日本語版の信頼性に関しては，内的整合性と再検査法により検討されており，下位尺度の内的一貫性（$\alpha$係数）は0.71～0.91，2回測定の相関は0.78～0.86であったことが報告されている（内山ほか，2008）．また，臨床的有用性として，平均回答所要時間は10分程度で，短時間で実施可能であり，高齢者や慢性疾患患者を対象と

した場合でも回答率が高いことが報告されている．

[文　献]
- Ware JE, Snow K, Kosinski M, Gandek B (1993): SF-36 health survey manual & interpretation guide, The Health Institute, New England Medical Center.
- 内山靖，小林武，潮見泰蔵（2008）：臨床評価指標入門　適用と解釈のポイント，協同医書出版社，pp.305-312.
- 小澤利男，江藤文夫，高橋龍太郎（1999）：高齢者の生活機能評価ガイド，医歯薬出版，51-58.

### (3) EuroQol（ユーロコール：EQ-5D）

#### 定義と目的

　QOL尺度のうち，各健康状態に対する効用値を算出することができるものを「選好に基づく尺度（preference-based measure）」と呼ぶ．すなわち，各設問に対する回答の組合せによって表される健康状態が，完全な健康状態と比較してどの程度の価値があるかを測定する尺度である（後述）．EuroQolは代表的な選好に基づくQOL尺度とされている．

　健康状態を主観的に評価することを目的に開発された尺度である．健康水準の変化を基数的（cardinal）に評価するための包括的なシステムの1つとされている．

#### 測定対象

　一般成人を主とする（高齢者を含む）．臨床研究において，糖尿病，脳卒中，リウマチ疾患，AIDS，肝移植など様々な疾病患者も対象とされている．識字能力があり質問内容の理解が可能な者（視力に問題があっても面接式での回答が可能であれば実施可能）．

#### 調査方法

　評価用紙および筆記用具を準備する．研究者による利用は無償であるが，日本語版EuroQol開発委員会への登録が必要である*．

　本来自己評価用に作成されたものであるが，状況によっては面接で使用することも可能である．視力障害や知的機能障害，失語症などが疑われる高齢者の場合，面接者が項目を読み上げて評価する．

　EuroQolでは，表IV-3のように，5つの質問に対し，それぞれ3つ選択肢が用意されている．被検者は調査時の健康状態に最も適したものを回答する．EuroQolでは，各項目得点の合計値を評価値とするのではなく，5つの回答（各3レベル．レベル1の方が良好な健康状態を意味する）から得られた数値の組合せから健康状態を特定し，その組合せに与えられた効用値の大きさから健康状態を評価する．5項目法では，全部で3の5乗（243）通りの健康状態に，「意識不明」と「死」を加えた245通りの健康状態を評価できる．これらの組合せを「死」を0，完全な健康を1とした間隔尺度上で表された効用値に換算し，健康状態を評価する．例えば，全ての項目に対しレベル2で回答した被験者の健康状態は（22222）という基数で表され，換算表から効用値（0.533）と評価され，全ての項目に対してレベル1（問題なし）と回答した被験者の健康状態（11111，効用値＝1.0）よりも健康状態が悪いと解釈される．

表Ⅳ-3　日本語版EuroQol（EQ-5D)における5項目法の設問

移動の程度
　　レベル1　私は歩き回るのに問題はない
　　レベル2　私は歩き回るのにいくらか問題がある
　　レベル3　私はベッド（床）に寝たきりである

身の回りの管理
　　レベル1　私は身の回りの管理に問題はない
　　レベル2　私は洗面や着替えを自分でするのにいくらか問題がある
　　レベル3　私は洗面や着替えを自分でできない

ふだんの活動（例：仕事，勉強，家事，家族・余暇活動）
　　レベル1　私はふだんの活動を行うのに問題はない
　　レベル2　私はふだんの活動を行うのにいくらか問題がある
　　レベル3　私はふだんの活動を行うことができない

痛み/不快感
　　レベル1　私は痛みや不快感はない
　　レベル2　私は中程度の痛みや不快感がある
　　レベル3　私はひどい痛みや不快感がある

不安/ふさぎ込み
　　レベル1　私は不安でもふさぎ込んでもいない
　　レベル2　私は中程度に不安あるいはふさぎ込んでいる
　　レベル3　私はひどく不安あるいはふさぎ込んでいる

(日本語版EuroQol開発委員会：日本語版EuroQolの開発．医療と社会　8：109-123, 1998.)

あなた自身の今日の健康状態

想像できる最もよい健康状態　100　90　80　70　60　50　40　30　20　10　0　想像できる最もわるい健康状態

健康状態が，どれぐらいよいかわるいかを人々が述べるのを手助けするために，（温度計にいくぶん似た）目盛を描きました．あなたが想像できる最もよい状態に100，また，あなたが想像できる最もわるい状態には0がつけられます

あなた自身の今日の健康状態が，どれぐらいよいかわるいか，あなたの考えでこの目盛に示してください．このことは，中央の四角から，あなたの現在の健康状態がどの程度よいかわるいかを示す目盛の点まで，1本の線を引くことで行ってください

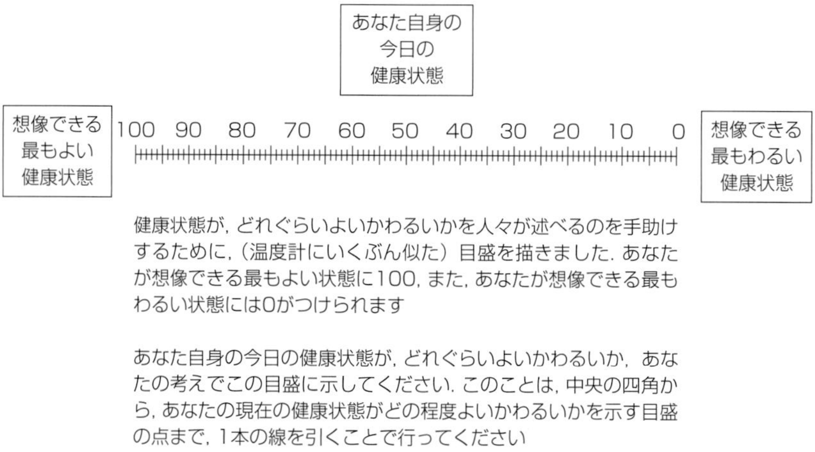

図Ⅳ-1　主観的健康度のVAS

(西村周三, 土屋有紀, 久繁哲徳, 池上直己, 池田俊也．日本語版EuroQolの開発．医療と社会, 8-1, 109-123, 1998)

　また，EuroQolでは，上記5項目法による健康状態の評価に加え，視覚評価法（Visual analog scale：VAS）を用いた評価も行う．「想像できる最もよい健康状態」から「想像できる最もわるい健康状態」の中で，自分の健康状態をスケールの目盛りの中に自己記入させる（図Ⅳ-1）．

研究事例

EuroQolの信頼性に関しては，脳卒中患者を対象とした再検査法による報告があり，5項目のκ係数は0.63～0.80で良好とされている．

妥当性に関しては，脳卒中患者に対する併存的妥当性と判別的妥当性が検証され，各領域点数は，同じ領域の機能を測定する他の尺度の得点と高い相関が認められたことが報告されている（Dorman, et al., 1997）.

＊（〒160-8582　東京都新宿区信濃町35　慶應義塾大学医学部医療政策・管理学教室　池上直巳，池田俊也）

[文　献]
- 岩谷力，飛松好子（2005）：障害と活動の測定・評価ハンドブック―機能からQOLまで，南江堂，pp.135-136.
- 日本語版EuroQol開発委員会（1998）：日本語版EuroQolの開発．医療と社会　8：109-123.
- Dorman PJ, Waddell F, Slattery J et al., (1997): Is the EuroQol a valid measure of health-related quality of life after stroke? Stroke 28: 1876-1882.

## (4) 生活満足度尺度（Life Satisfaction Index：LSI）

定義と目的

原板はLife satisfaction Index A（LSIA）であり，Neugarten et al.（1961）により開発された．その後，他の研究者による改訂版も作成された（表IV-4）．日本語版は古谷野（1983）によって開発されている（LSIK）．LSIKは人生全体に対する満足感，楽天的・肯定的な気分，老いについての評価の3領域から主観的幸福感を定義し，3領域9項目から構成されている（表IV-5）．

高齢者の主観的幸福感（subjective well-being）を測定し，幸福な老い（successful aging）の程度を定量化するために開発された．

測定対象

高齢者．識字能力があり質問内容の理解が可能な者（視力に問題があっても面接式での回答が可能であれば実施可能）．

調査方法

評価用紙および筆記用具を準備する．評価用紙に関する版権等の規制は特にない．

本来自己評価用に作成されたものであるが，状況によっては面接で使用することも可能である．視力障害や知的機能障害，失語症などが疑われる高齢者の場合，面接者が項目を読み上げて評価する．

評価方法

各項目の選択肢の中からあらかじめ指定された選択肢に回答した場合に1点が付与される．9項目の合計点を算出し評価値とする．

LSIA原版では20点満点，LSIKは9点満点となり，得点が高いほど生活満足度が高いことを示す．標準値は設定されていないが，日本人高齢者を対象とした性別・年代別平均値はKoyano & Shibata（1994）により報告されている（表IV-6）．

表Ⅳ-4　生活満足度尺度Aと改訂版（内山靖，小林武，潮見泰蔵（2008）：臨床評価指標入門　適用と解釈のポイント，協同医書出版社，pp.315）

あなたの現在のお気持ちについてうかがいます．当てはまる答えの番号に○をつけてください．

1. 年をとるということは，若いときに考えていたよりも，良いことだと思いますかa），b）
    <u>1. そう思う</u>　2. そうは思わない　3. どちらともいえない
2. あなたの人生は，他の人にくらべて恵まれていたと思いますかa），b）
    <u>1. そう思う</u>　2. そうは思わない　3. どちらともいえない
3. これまでの人生で，今が一番いやなときだと思いますかa），b）
    1. そう思う　<u>2. そうは思わない</u>　3. どちらともいえない
4. あなたは，若いときと同じように幸福だと思いますかa），b），c）
    <u>1. そう思う</u>　2. そうは思わない　3. どちらともいえない
5. あなたの人生を，今よりもっと幸せにする方法があったと思いますかa），c）
    1. そう思う　<u>2. そうは思わない</u>　3. どちらともいえない
6. これまでの人生で，今が一番幸せなときだと思いますかa），b），c）
    <u>1. そう思う</u>　2. そうは思わない　3. どちらともいえない
7. 自分のしていることのほとんどが，退屈なことだと思いますかa），b），c）
    1. そう思う　<u>2. そうは思わない</u>　3. どちらともいえない
8. これからさき何かよいこと，楽しいことがあると思いますかa），c）
    <u>1. そう思う</u>　2. そうは思わない　3. どちらともいえない
9. あなたが今していることは，昔と同じようにおもしろいことだと思いますかa），b），c）
    <u>1. そう思う</u>　2. そうは思わない　3. どちらともいえない
10. 年をとって，少し疲れたように感じますかa），c）
    1. はい　<u>2. いいえ</u>　3. どちらともいえない
11. 年をとったことが気になりますか
    1. はい　<u>2. いいえ</u>　3. どちらともいえない
12. あなたの人生をふり返ってみて，満足できますかa），b），c）
    <u>1. はい</u>　2. いいえ　3. どちらともいえない
13. もし過去をかえられるとしたら，あなたは自分の人生をやり直したいと思いますかa），c）
    1. そう思う　<u>2. そうは思わない</u>　3. どちらともいえない
14. 同じくらいの年の人とくらべて，ばかなことをたくさんしてきたと思いますかc）
    1. そう思う　<u>2. そうは思わない</u>　3. どちらともいえない
15. 同じくらいの年の人とくらべて，あなたの姿・形はよいほうだと思いますかa）
    <u>1. そう思う</u>　2. そうは思わない　3. どちらともいえない
16. 1ヶ月先，1年先の計画がありますかa），b）
    <u>1. はい</u>　2. いいえ　3. どちらともいえない
17. 人生をふり返ってみて，あなたは，求めていた大事なことのほとんどを実現しそこなったと思いますかa），b）
    1. そう思う　<u>2. そうは思わない</u>　3. どちらともいえない
18. 他の人とくらべて，ゆううつになることが多いと思いますかa），b）
    1. そう思う　<u>2. そうは思わない</u>　3. どちらともいえない
19. これまでの人生で，あなたは，求めていたことのほとんどを実現できたと思いますかa），b），c）
    <u>1. そう思う</u>　2. そうは思わない　3. どちらともいえない
20. たいていの人の生活は悪くなってきていると思いますかa），b）
    1. そう思う　<u>2. そうは思わない</u>　3. どちらともいえない

＊下線は肯定的な選択肢
a）Adamsの改訂版（18項目）
b）Woodらの改訂版（13項目：LSIZ）
c）Liangの改訂版（11項目）

表Ⅳ-5　生活満足度尺度K（LSIK）

（内山靖,小林武,潮見泰蔵（2008）:臨床評価指標入門　適用と解釈のポイント,協同医書出版社, p.316）

あなたの現在のお気持ちについてうかがいます．あてはまる答えの番号に○をつけて下さい．

1. あなたは昨年と同じように元気だと思いますか
　　　(1) はい　(2) いいえ
2. 全体として，あなたの今の生活に，不幸せなことがどのくらいあると思いますか
　　　(1) ほとんどない　(2) いくらかある　(3) たくさんある
3. 最近になって小さなことを気にするようになったと思いますか
　　　(1) はい　(2) いいえ
4. あなたの人生は，他の人にくらべて恵まれていたと思いますか
　　　(1) はい　(2) いいえ
5. あなたは，年をとって前よりも役に立たなくなったと思いますか
　　　(1) そう思う　(2) そうは思わない
6. あなたの人生をふりかえってみて，満足できますか
　　　(1) 満足できる　(2) だいたい満足できる　(3) 満足できない
7. 生きることは大変きびしいと思いますか
　　　(1) はい　(2) いいえ
8. 物事をいつでも深刻に考えるほうですか
　　　(1) はい　(2) いいえ
9. これまでの人生で，あなたは，求めていたことのほとんどを実現できたと思いますか
　　　(1) はい　(2) いいえ

＊下線の選択肢を選ぶと1点が与えられる

表Ⅳ-6　日本人高齢者におけるLSIKの得点

(Koyano W, Shibata H (1994): Development of a measure of subjective well-being in Japan. Facts and Research in Gerontolgy, 8-1, 181-187.)

（内山靖，小林武，潮見泰蔵（2008）:臨床評価指標入門　適用と解釈のポイント，協同医書出版社，p. 316）

（平均値±標準偏差）

|  | 男性 (n) | 女性 (n) | 計 (n) |
|---|---|---|---|
| 65～69歳 | 4.8±2.3 (290) | 4.7±2.2 (342) | 4.8±2.2 ( 632) |
| 70～74歳 | 4.6±2.1 (218) | 4.5±2.3 (283) | 4.6±2.2 ( 501) |
| 75～79歳 | 4.4±2.2 (118) | 4.4±2.2 (190) | 4.4±2.2 ( 308) |
| 80歳～ | 4.7±2.4 ( 80) | 4.5±2.2 (130) | 4.6±2.3 ( 210) |
| 計 | 4.7±2.2 (706) | 4.6±2.2 (945) | 4.6±2.2 (1651) |

### 研究事例

　LSIKの再検査法による信頼性に関しては，0.79の相関係数が報告されている（外里ほか，2001）．

　LSIKの構成概念妥当性を検討した結果，3つの第一次因子（人生全体についての満足感，心理的安定，老いについての評価）および主観的幸福感を第二次因子とする二次因子モデルが確認されている（古谷野ほか，1990）．また，基準関連妥当性に関して，PGCモラールスケールを外的基準とした場合，0.79の相関が得られたことが報告されている（古谷野，1983）．

[文　献]
・Neugarten BL, Havighurst RJ, Tobin SS. (1961): The measurement of life satisfaction. J Gerontol, 16, 134-143.
・古谷野亘（1983）：モラールスケール，生活満足度および幸福度尺度の共通次元と尺度間の関連性（その2），老年社会科学，5, 129-142.
・古谷野亘，柴田博，芳賀博ほか（1990）：生活満足度尺度の構造—因子構造の不変性．老年社会科学，12, 102-116.
・Koyano W, Shibata H (1994): Development of a measure of subjective well-being in Japan. Facts and Research in Gerontology, 8-1, 181-187.
・外里冨佐江，岩谷力，ほか（2001）：脳卒中患者における生活満足度尺度K（LSIK）の再テスト法による再現性の検討．Quality of Life Journal 2（1）：19-24.

## (5) PGCモラールスケール（Philadelphia Geriatric Center Morale Scale）

### 定義と目的

　モラールとは集団行動の成員の態度を示す概念の1つであり，軍隊における兵士や職場における従業員の「士気」を意味する（内山ほか，2008）．Lawton（1972）は，「自分自身について満足感をもっている」「環境の中に自分の安定した居場所がある」「老いていく自分を受容している」といった要因がモラールの高さに影響していると考え，22項目からなるPGCモラールスケールを開発した．その後，17項目からなる改訂版が作成され，現在，汎用されている．

　前述のモラールの概念を社会老年学の領域で老化に適用し，高齢者の主観的幸福感について多次元的に定量化することを目的とした．

### 測定対象

　高齢者．識字能力があり質問内容の理解が可能な者（視力に問題があっても面接式での回答が可能であれば実施可能）．

### 調査方法

　評価用紙および筆記用具を準備する．評価用紙の版権に関する規制等はない．

　本来自己評価用に作成されたものであるが，状況によっては面接で使用することも可能である．視力障害や知的機能障害，失語症などが疑われる高齢者の場合，面接者が項目を読み上げて評価する．いくつかの項目は対象者にとって厳しく感じられる場合もあり，本スケールを用いた調査を行う前の説明と配慮が必要である．

### 評価方法

　各項目に対し，「はい」「いいえ」で回答し，モラールの高い選択肢に回答した場合に1点を付与する．17項目の合計点を算出し，17点満点で評価する．得点が高いほどモラールが高いことを意味する（表IV-7）．明確な評価基準値は設定されていないが，地域在住の健常高齢者の平均として，11〜12点程度の値が報告されている．

　総合得点による比較のほか，3つの下位尺度別の得点比較も可能である．総合得点および下位尺度得点に関して，異なる特性を有する集団の平均値等は報告されているが，標準値などは提示されていない．

### 研究事例

　PGCモラールスケール日本語版の因子構造を検討した結果，3因子（心理的動揺，孤独感・不満足感，老いに対する態度）構造を示し，日本語版においてもLawtonの

**表Ⅳ-7　PGCモラールスケールの質問項目と下位因子　日本人高齢者におけるLSIKの得点**

（内山ほか，2008：臨床評価指標入門　適用と解釈のポイント，協同医書出版社，pp. 322）（古谷野亘，柴田博，他（1989）：PGCモラール・スケールの構造―最近の改訂作業がもたらしたもの―，社会老年学，29，64-74.）

心理的動揺（Agitation）
　小さなことを気にするようになった．
　気になって眠れないことがある．
　心配なことがたくさんある．
　前よりも腹をたてる回数が多くなった
　物事をいつも深刻に考える．
　心配事があるとすぐおろおろする．

孤独感・不満足感（Lonely dissatisfaction）
　さびしいと感じることがある．
　家族，親戚及び友人とのいききに満足している．
　生きていても仕方がないと思うことがある．
　悲しいことがたくさんある．
　生きることは大変厳しい．
　今の生活に満足している．

老いに対する態度（Attitudes toward own aging）
　人生は年をとるに従って，だんだん悪くなる．
　去年と同じように元気だ．
　年をとって前よりも役にたたなくなった．
　年をとるということは若い時に考えていたより良い．
　若い時と同じように幸福だ．

報告と同様の因子構造が得られることが確認されている．
　また，寝たきり高齢者や高齢慢性透析患者に対する臨床的な有効性も報告されている（内山ほか，2008）．

[佐藤　進]

[文　献]
- 内山靖，小林武，潮見泰蔵（2008）：臨床評価指標入門　適用と解釈のポイント，協同医書出版社，pp.321-326.
- Lawton MP. (1972): The dimensions of morale. In: kent DP, Kastenbaum R and Sherwood S (Eds), Research planning and action for the elderly: the power and potential of social science, Behavioral Publications, New York, pp.144-165.

## Ⅳ部　高齢者の精神的健康度の測定と評価

# 抑うつ度の測定と評価

## 1. 抑うつ度測定の意義と種類

### (1) 抑うつ度測定の意義

うつ病とは，こころの変化，感情や気分の変化が高じて生活を維持するのに支障をきたし，自殺や心身機能低下を引き起こす疾患をいう．わが国では高齢者の自殺率が高く，高齢者のうつ病も，高齢化社会が抱える重要な問題の1つである．うつ病などの精神障害の発症は若年期と比較して高齢期に多い．また，高齢期のうつ病は，明らかなきっかけをもとに発症することが多いといわれる．高齢期うつ病の主要な原因としては，病気や生活機能低下による苦痛，退職などによる経済力の低下，薬剤（鎮静剤，鎮痛剤，H2ブロッカー，抗がん剤，精神病薬，など），配偶者の死，転居などによる喪失感などが指摘されている．

高齢期のうつ病は，抑うつや活動性の低下よりも身体症状（身体的愁訴）が全面に出ることが多いことや，うつ病と痴呆の臨床像が類似していること，うつ病と痴呆は合併するケースも多いことなどからその診断が難しいといわれる．うつ患者を診断する確実な検査法は確立されていないが，質問紙を用いた心理テストによるうつ病患者のスクリーニングの有用性が高いことが多くの報告において指摘されている．

### (2) 抑うつ度測定の種類

抑うつ，うつ病の診断には，生活歴の聴取に加えてうつ評価スケールを用いたアセスメントが大変有用であり，状態の変化の把握にも役立つ．様々なうつ評価スケールのなかで代表的なものは，イエサベージ（Yesavage, 1983）の開発したGDS，多人数からなる集団の疫学的研究を目的に開発されたCES-D，ツング（Zung, 1965）のうつ状態自己評価スケール（SDS）などがある．

## 2. 抑うつ度測定評価の実際

### (1) GDS-15（Geriatric Depression Scale）

定義と目的

一般に，うつ症状の評価指標には，食欲不振，睡眠障害，気力の減退など，他の疾

### 表Ⅳ-8 イエサベージのGDS-15の質問項目
(小澤利男・江藤文夫・高橋龍太郎(1999):高齢者の生活機能評価ガイド,医歯薬出版,p.48)

1)「はい/いいえ」のどちらかに○印をつけてください
2)○をつけた得点を合計してください
3)このスコアの評価は患者にみせてはいけません
4)なお,合計得点が5点以上は「うつ傾向」,10点以上は「うつ状態」です

| | 質問項目 | はい | いいえ |
|---|---|---|---|
| 1 | 今の生活に満足しているといえますか? | 0 | 1 |
| 2 | 毎日の活動力や世間に対する関心がなくなってきたように思いますか? | 1 | 0 |
| 3 | 生きているのが虚しいように感じますか? | 1 | 0 |
| 4 | 退屈に思うことがよくありますか? | 1 | 0 |
| 5 | 普段は気分がよいですか? | 0 | 1 |
| 6 | 何か悪いことが起こりそうな気がしますか? | 1 | 0 |
| 7 | 自分は幸せなほうだと思いますか? | 0 | 1 |
| 8 | どうしようもないと思うことがよくありますか? | 1 | 0 |
| 9 | 外に出かけるよりも家にいるほうが好きですか? | 1 | 0 |
| 10 | ほかの人より物忘れが多いと思いますか? | 1 | 0 |
| 11 | こうして生きていることは素晴らしいと思いますか? | 0 | 1 |
| 12 | これでは生きていても仕方ないと思いますか? | 1 | 0 |
| 13 | 自分が活力に満ちていると感じますか? | 0 | 1 |
| 14 | こんな暮らしでは希望がないと思いますか? | 1 | 0 |
| 15 | ほかの人は,自分より裕福だと思いますか? | 1 | 0 |

合計得点 □□/15点

患に伴う身体症状に関する項目が含まれており,うつ症状の評価における影響が問題とされている.すなわち,老年期において増大する身体的疾患の身体症状への影響が正確なうつ病診断のバイアスになることが指摘されている.これらの問題を踏まえ,GDSスケールでは,身体的症状関連の項目が除外されている(表Ⅳ-8)[3].

本指標は自己評価により抑うつ状態(症状)の有無を測定することを目的に開発された指標である.高齢者のうつ病に対する評価スケールとして最も有用な指標の1つとされ,標準的うつ評価スケールとして国際的に位置づけられている.臨床場面において,一般人のうつ症状の早期発見・早期治療を意図している.

#### 測定対象
高齢者.識字能力があり質問内容の理解が可能な者(視力に問題があっても面接式での回答が可能であれば実施可能).

#### 調査方法
評価用紙および筆記用具を準備する.評価用紙の版権に関する規制等はない.
本来自己評価用に作成されたものであるが,状況によっては面接で使用することも可能である.視力障害や知的機能障害,失語症などが疑われる高齢者の場合,面接者が項目を読み上げて評価する.

#### 評価方法
全ての項目は「はい」「いいえ」の2件法で回答し,うつ傾向が強いと考えられる選択肢に回答した場合に1点が付与される(表Ⅳ-8).項目得点の合計が算出され,

評価値として用いられる（15点満点）．総合得点が5〜9点の場合うつ傾向，10点以上でうつ状態にあると判定される．

### 研究事例

矢冨（1994）の報告によると，GDS-15日本語版における内的一貫性（$\alpha$係数）は0.769であった．また，GDS-15の因子構造について，単一因子モデルと多因子モデルに関する適合度を検証した結果，いずれのモデルの適合度も基準値以上であるが，多因子モデル（うつ気分，ポジティブ感情の低下，エネルギー減退）の方がより高い適合度を示した．さらに項目特性を分析し，項目1, 2, 5, 6, 11, 12の5項目は比較的強いうつ状態を測る項目として，また項目3, 7, 11, 12, 14はうつ状態の程度を識別する能力の高い項目であることも報告している．

[文献]
1) 矢冨直美（1994）：日本老人における老人用うつスケール（GDS）短縮板の因子構造と項目特性の検討，老年社会科学，16-1, 29-36.
2) 小澤利男，江藤文夫，高橋龍太郎（1999）：高齢者の生活機能評価ガイド，医歯薬出版，43-50.
3) Yesavage JA, et al. (1983): Development and validation of a geriatric depression screening scale: A preliminary report. J Psychiat Res, 17, 37.
4) Zung WWK. (1965): A self-rating depression scale. Arch Gen Psychiat, 12.

## (2) CES-D (The Center of Epidemiologic Studies Depression Scale)

### 定義と目的

CES-Dはアメリカ国立精神保健研究所（National Institute of Mental Health：NIMH）により開発された，うつ病（抑うつ状態）自己評価尺度である．20項目から構成され，信頼性および妥当性の検証もなされている．抑うつ気分，不眠，食欲低下など，うつ病の主要症状が含まれている．臨床場面において，一般人のうつ症状の早期発見・早期治療を意図している．

### 測定対象

15歳以上の一般成人（高齢者を含む）．識字能力があり質問内容の理解が可能な者（視力に問題があっても面接式での回答が可能であれば実施可能）．

### 調査方法

評価用紙および筆記用具を準備する．CES-D日本語版の版権は千葉テストセンターが有している．評価用紙およびマニュアルは，ホームページより入手することができる．（http://www.chibatc.co.jp/catalogue/04/1/69.html）

本来自己評価用に作成されたものであるが，状況によっては面接で使用することも可能である．高齢者や視力障害者などでは，面接者が項目を読み上げて評価する．

被検者は，各項目について，調査施行前1週間における症状の頻度を4段階で評価する．通常の項目では，0, 1, 2, 3の4段階で評価され，高得点ほど抑うつの程度が強い．陽性項目では，逆に，3, 2, 1, 0の4段階で評価される（表IV-9）．

### 評価方法

20項目の総得点を算出して抑うつ状態を評価する（最高は60点，最低は0点）．5

表Ⅳ-9 CES-Dの質問項目

(島　悟・鹿野達男・北村俊則・浅井昌弘 (1985)：新しい抑うつ性自己評価尺度について，精神医学，27-6, 717-723.)

この1週間のあなたのからだや心の状態についてお聞き致します．まず下の20の文章を読んで下さい．各々のことがらについて，もしこの1週間で全くないか，あったとしても1日も続かない場合はA，週のうち1～2日ならB，週のうち3～4日ならC，週のうち5日以上ならD，のところを○でかこんで下さい．

| | | | | |
|---|---|---|---|---|
| 1　普段は何でもないことが煩わしい． | A | B | C | D |
| 2　食べたくない．食欲が落ちた． | A | B | C | D |
| 3　家族や友達から励ましてもらっても，気分が晴れない． | A | B | C | D |
| 4　他の人と同じ程度には，能力があると思う． | A | B | C | D |
| 5　物事に集中できない． | A | B | C | D |
| 6　憂うつだ． | A | B | C | D |
| 7　何をするのも面倒だ． | A | B | C | D |
| 8　これから先のことについて積極的に考えることができる． | A | B | C | D |
| 9　過去のことについてくよくよ考える． | A | B | C | D |
| 10　何か恐ろしい気持がする． | A | B | C | D |
| 11　なかなか眠れない． | A | B | C | D |
| 12　生活について不満なくすごせる． | A | B | C | D |
| 13　普段より口数が少ない．口が重い． | A | B | C | D |
| 14　一人ぼっちで寂しい． | A | B | C | D |
| 15　皆がよそよそしいと思う． | A | B | C | D |
| 16　毎日が楽しい． | A | B | C | D |
| 17　急に泣きだすことがある． | A | B | C | D |
| 18　悲しいと感じる． | A | B | C | D |
| 19　皆が自分を嫌っていると感じる． | A | B | C | D |
| 20　仕事が手につかない． | A | B | C | D |

(注) 項目4，8，12，16は，A＝3点，B＝2点，C＝1点，D＝0点，その他の項目は，A＝0点，B＝1点，C＝2点，D＝3点として合計点を計算する．

項目以上に無回答の場合，評価対象としない．無回答が4項目以内であれば，回答された項目に関して総得点を算出後，回答項目数で除し，さらに20を掛ける．

　うつ病判定（スクリーニング）のカットオフ値は16点に設定されている．すなわち，16点以上の場合「うつ病」の疑いありと判定される．ただし，15点以下の場合も慎重な判定が必要である．なお，CES-Dの使用（評価）手順は図Ⅳ-2の通りである．

### 研究事例

　CES-D日本語版の再検査法による信頼性は，2回の測定値の相関が0.839の高い値が認められた．また，折半法による信頼性係数（$\alpha$係数）に関しても0.794の高値が得られている（島ほか，1985）．

　正常群および患者群を対象に，他の抑うつ尺度（SDS，CRS（Hamiltonの抑うつ尺度），HRSD）との併存妥当性も検討されており，いずれの尺度とも0.6以上の有意な相関が得られたことが報告されている（島ほか，1985）．

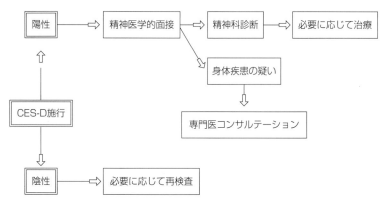

図Ⅳ-2　CES-D使用の手順
（島　悟（1998）：NIHM/CES-D Scale（うつ病/自己評価尺度）CES-D使用の手引き，千葉テストセンター．）

[文　献]
- 島　悟，鹿野達男，北村俊則，浅井昌弘（1985）：新しい抑うつ性自己評価尺度について，精神医学，27-6，717-723．
- 島　悟（1998）：NIHM/CES-D Scale（うつ病/自己評価尺度）CES-D使用の手引き，千葉テストセンター．
- Radloff LS（1977）: The CES-D Scale: A self-report depression scale for research in the general population, Applied Psychological Measurement, 1-3, 385-401.

### (3) SDS自己評価式抑うつ性尺度（Self-rating Depression Scale）

#### 定義と目的
本使用はZung（1965）[1]により開発された自己評価式の抑うつ評価尺度である．成人の抑うつ症状の評価だけでなく，高齢者に対しても用いられている．主感情，生理的随伴症状，心理的随伴症状の3因子を代表する20項目により構成されている．臨床場面において，一般人のうつ症状の早期発見・早期治療を意図している．

#### 測定対象
18歳以上の成人（高齢者を含む）．識字能力があり質問内容の理解が可能な者（視力に問題があっても面接式での回答が可能であれば実施可能）．

#### 調査方法
評価用紙および筆記用具を準備する．日本語版の著作権は株式会社三京房が保有しており，同社から購入して使用する必要がある．

被検者は各項目に示される内容について，検査時点における自身の状態にもっともよく当てはまると考えられる状態を選択肢（4段階評価：めったにない，ときどき，しばしば，いつも）の中から選択する（表Ⅳ-10）．

#### 評価方法
各項目には1～4点の範囲で得点が与えられ，総合得点が評価値となる．総合得点は最低20点，最高80点となり，得点が高いほど抑うつ傾向が強いことを意味する．

日本人成人を対象としたデータでは，総合得点の平均値が，一般健常人：35点，神経症患者：46～51点，うつ病患者：60点であることが報告されている．

表IV-10 ツングのSDSの質問項目と評価点
(小澤利男・江藤文夫・高橋龍太郎 (1999):高齢者の生活機能評価ガイド,医歯薬出版,p.46)

| | | めったにない | ときどき | しばしば | いつも |
|---|---|---|---|---|---|
| 1 | 気が沈んで憂うつだ | | | | |
| 2 | 朝方はいちばん気分がよい | | | | |
| 3 | 泣いたり泣きたくなる | | | | |
| 4 | 夜よく眠れない | | | | |
| 5 | 食欲は普通だ | | | | |
| 6 | まだ性欲がある (独身の場合) 異性に対する関心がある | | | | |
| 7 | やせてきたことに気がつく | | | | |
| 8 | 便秘している | | | | |
| 9 | 普段よりも動悸がする | | | | |
| 10 | 何となく疲れる | | | | |
| 11 | 気持ちはいつもさっぱりしている | | | | |
| 12 | いつもとかわりなく仕事をやれる | | | | |
| 13 | 落ち着かずじっとしていられない | | | | |
| 14 | 将来に希望がある | | | | |
| 15 | いつもよりいらいらする | | | | |
| 16 | たやすく決断できる | | | | |
| 17 | 役に立つ働ける人間だと思う | | | | |
| 18 | 生活はかなり充実している | | | | |
| 19 | 自分が死んだほうがほかの者は楽に暮らせると思う | | | | |
| 20 | 日ごろしてることに満足している | | | | |

| 項目番号 | 抑うつ状態像因子 | 応答欄(評価点) | | | |
|---|---|---|---|---|---|
| | | めったにない | ときどき | しばしば | いつも |
| 1 | 憂うつ,抑うつ,悲哀 | 1 | 2 | 3 | 4 |
| 2 | 日内変動 | 4 | 3 | 2 | 1 |
| 3 | 啼泣 | 1 | 2 | 3 | 4 |
| 4 | 睡眠 | 1 | 2 | 3 | 4 |
| 5 | 食欲 | 4 | 3 | 2 | 1 |
| 6 | 性欲 | 4 | 3 | 2 | 1 |
| 7 | 体重減少 | 1 | 2 | 3 | 4 |
| 8 | 便秘 | 1 | 2 | 3 | 4 |
| 9 | 心悸亢進 | 1 | 2 | 3 | 4 |
| 10 | 疲労 | 1 | 2 | 3 | 4 |
| 11 | 混乱 | 4 | 3 | 2 | 1 |
| 12 | 精神運動性減退 | 4 | 3 | 2 | 1 |
| 13 | 精神運動性興奮 | 1 | 2 | 3 | 4 |
| 14 | 希望のなさ | 4 | 3 | 2 | 1 |
| 15 | 焦燥 | 1 | 2 | 3 | 4 |
| 16 | 不決断 | 4 | 3 | 2 | 1 |
| 17 | 自己過小評価 | 4 | 3 | 2 | 1 |
| 18 | 空虚 | 4 | 3 | 2 | 1 |
| 19 | 自殺念慮 | 1 | 2 | 3 | 4 |
| 20 | 不満足 | 4 | 3 | 2 | 1 |

**研究事例**

SDSの信頼性に関しては,再検査法による相関係数が0.85,折半法による信頼性係数が0.73であり高いことが報告されている.また,妥当性に関しては,正常対照群,神経疾患患者群,うつ病患者群を対象に評価した結果,各群の平均値はそれぞれ35,49,60点であり有意な群間差が認められ,高い弁別妥当性が認められたことが報告されている(福田,1983).

[佐藤 進]

[文 献]
1) Zung WWK. (1965): A self-rating depression scale. Arch Gen Psychiat, 12, 63-70.
2) 福田一彦,小林重雄 (1983):日本版自己評価式抑うつ性尺度,三京房.

## Ⅳ部 高齢者の精神的健康度の測定と評価

# 3章 認知機能の測定と評価

## 1. 認知機能測定の意義と種類

### (1) 認知機能測定の意義

高齢者の精神機能（高次脳機能）の評価は身体機能の評価と合わせて非常に重要である．高次脳機能は，意識，注意，作業記憶，遂行機能，対象認知，言語，記憶，知能，情緒，行為・行動などの要素により構成される．

一方，高齢化社会の進行に伴い，老年期の認知症性疾患は社会的問題の1つとして認識されている．老年期の認知症性疾患対策には，早期の適切な診断が重要である．これまで，認知症性疾患のスクリーニング基準を有する知能検査指標が開発されている．一定の設問項目から構成される認知症性疾患評価スケールは，簡便に短時間で認知症性疾患のスクリーニングが可能である点で有用性が高い．

### (2) 認知機能測定の種類

知能検査をはじめとする神経心理学的検査が診断および重症度評価などに用いられる．代表的な測定法としては，現在日本で最も広く使用されている簡易スケールの改訂長谷川簡易式知能評価スケール（HDS-R），国際的には最も普及しているMini-Mental State Examination（MMSE）などがある．

MMSEはHDS-Rと比較して記憶に関する負荷が低く，教育年数による影響が知られている．さらに，認知機能の低下による影響が大きい視空間と構成能力を判断する図形の模写を求める設問がある．

## 2. 認知機能測定評価の実際

### (1) 改訂長谷川式簡易知能評価スケール（HDS-R）
定義と目的

本指標は高齢期認知症性疾患のスクリーニングを目的として開発された個別式知能テストの1つである．知能の正常な高齢者なら回答できるが，認知症高齢者には回答が困難な設問群（9項目）により構成されている．本指標は1974年に開発された長谷川式簡易知能評価スケール（HDS）の改訂版である．短時間で利用可能な高齢期認知

表Ⅳ-11 改訂版長谷川式簡易知能評価スケール（HDS-R）

（加藤伸司, 長谷川和夫ほか（1991）：改訂長谷川式簡易知能評価スケール（HDS-R）の作成, 老年精神医学雑誌, 2, 1339.）

| | 質問内容 | | 配点 |
|---|---|---|---|
| 1 | お歳はいくつですか？（2年までの誤差は正解） | | 0  1 |
| 2 | 今年は何年の何月何日ですか？ 何曜日ですか？（年月日, 曜日が正解でそれぞれ1点ずつ） | 年<br>月<br>日<br>曜日 | 0  1<br>0  1<br>0  1<br>0  1 |
| 3 | 私たちが今いるところはどこですか？（自発的に出れば2点, 5秒おいて家ですか？ 病院ですか？ 施設ですか？ のなかから正しい選択をすれば1点） | | 0  1  2 |
| 4 | これから言う3つの言葉を言ってみてください. あとでまた聞きますのでよく覚えておいてください.（以下の系列のいずれか1つで, 採用した系列に○印を付けておく）1：a) 桜　b) 猫　c) 電車　2：a) 梅　b) 犬　c) 自動車 | | 0  1<br>0  1<br>0  1 |
| 5 | 100から7を順番に引いてください.（100−7は？ それからまた7を引くと？ と質問する. 最初の答えが不正解の場合, うちきる） | （93）<br>（86） | 0  1<br>0  1 |
| 6 | 私がこれから言う数字を逆から言ってください.（6-8-2, 3-5-2-9を逆に言ってもらう. 3桁逆唱に失敗したら, うちきる） | 2-8-6<br>9-2-5-3 | 0  1<br>0  1 |
| 7 | 先ほど覚えてもらった言葉をもう一度言ってみてください.（自発的に回答があれば各2点, もし回答がない場合, 以下のヒントを与え正解であれば1点）a) 植物　b) 動物　c) 乗り物 | | a：0  1  2<br>b：0  1  2<br>c：0  1  2 |
| 8 | これから5つの品物を見せます. それを隠しますので何があったか言ってください.（時計, 鍵, タバコ, ペン, 硬貨など必ず相互に無関係なもの） | | 0  1  2<br>3  4  5 |
| 9 | 知っている野菜の名前をできるだけ多く言ってください.（答えた野菜の名前を右欄に記入する. 途中でつまり, 約10秒間待っても出ない場合にはそこでうちきる）0〜5＝0点, 6＝1点, 7＝2点, 8＝3点, 9＝4点, 10＝5点 | ------<br>------<br>------<br>------<br>------ | 0  1  2<br>3  4  5 |
| | | 合計得点 | |

満点：30
カットオフポイント：20/21（20以下は痴呆疑いあり）

症性疾患のスクリーニング指標の1つであり, わが国では汎用されている（表Ⅳ-11）.

### 測定対象

50歳以上の成人. 識字能力があり質問内容の理解が可能な者（視力に問題があっても面接式での回答が可能であれば実施可能）.

### 調査方法

評価用紙および筆記用具. 評価用紙に関する著作権は特にない. 引用元を記載すれば利用することができる. 対面聞き取り方式により実施.

### 評価方法

表Ⅳ-11の配点にしたがい各項目得点を算出し, 総合得点を計算する（30点満点）. 20点以下の場合は, 認知症性疾患の疑いがあり, さらに精密な検査を勧める. 本指標はあくまで簡易的なものであり, 本指標による判定結果のみで認知症性疾患の有無や重症度を評価すべきではないことに留意する. 1回のみの検査ではなく, 2〜4週間後に再検査が必要な場合もある.

### 研究事例

　HDS-Rの信頼性に関しては，高いα係数（0.88）が確認されている．またMMSEによる評価値との相関係数も高く（0.94），併存的妥当性も高い．さらに，Global Deterioration Scaleにより認知症の重症度を評価した際の重症度別HDS-R得点は以下の通りであった．非痴呆：24.3±3.9点，軽度：19.1±5.0点，中等度：15.4±3.7点，やや高度：10.7±5.4点，非常に高度：4.0±2.6点．この他，一般に認知機能検査の多くは教育歴との相関が高いことが報告されているが，HDS-Rの評価値は教育歴との間に有意な相関が認められていない．

[文　献]
・長谷川和夫，井上勝也，守屋國光（1974）：老人の痴呆診査スケールの一検討，精神医学，16, 965-969.

## (2) Mini-Mental State Examination（MMSE）

### 定義と目的

　認知機能を11領域（見当識，記銘，記憶および計算，再生，言語，復唱，読解，作文，複写，文章を書く，図形を複写）から捉えている．文章を書くや図形の複写など動作性検査も含まれている．本指標は，アメリカ精神医学会が利用したことをきっかけに，疫学調査や国際論文等では標準的に扱われるようになった．

　高齢期認知症性疾患のスクリーニングおよび入院患者の認知障害の程度を診断することを目的に開発された．

### 測定対象

　青年期以降の者（高齢者を含む）．識字能力があり質問内容の理解が可能な者（視力に問題があっても面接式での回答が可能であれば実施可能）．

### 測定方法

　評価用紙および筆記用具，呼称で用いる時計・鉛筆，白紙（算段開始時，書字，図形模写で使用）．評価用紙に関する著作権は特にない．引用元を記載すれば利用することができる．

　対面式（面接方式）で行う．シート（表IV-12）に従って，記銘，見当識，記憶および計算，再生，言語，復唱，読解，作文，複写，文章を書く，図形の複写を順番に質問し，得点表に従い得点化する．物品名の質問は3個言うまで繰り返すが，6回を限度とする．100から7を引く検査は，5回まで繰り返す．数字が困難な場合は，フジノヤマを逆唱させる．

　記憶や認知能力，言葉と応用，意識水準等をみていくために，出来る限り自然な形で質問していく．

### 評価方法

　各項目得点の合計値を評価値とする（30点満点）．合計得点が24点を基準とし，それ以上の場合，問題なしとするが，24点以上でも社会生活にあきらかな支障がある場合もある．その場合を前痴呆とする．合計得点が15点～23点の場合，軽度認知症と診断される．20点以下の場合，認知症だけでなく，せん妄，精神分裂病，感情障

表Ⅳ-12　Mini-Mental State Examination（MMSE）(Folstein, MF., et al. (1975) : J Psychiat, Res., 189.)

| | 質問内容 | 回答 | 得点 |
|---|---|---|---|
| 1（5点） | 今年は何年ですか． | 年 | |
| | いまの季節は何ですか． | | |
| | 今日は何曜日ですか． | 曜日 | |
| | 今日は何月何日ですか． | 月 | |
| | | 日 | |
| 2（5点） | ここは何県ですか． | 県 | |
| | ここは何市ですか． | 市 | |
| | ここは何病院ですか． | | |
| | ここは何階ですか． | 階 | |
| | ここは何地方ですか．（例：関東地方） | | |
| 3（3点） | 物品名3個（相互に無関係）<br>検者は物の名前を1秒間に1個ずつ言う．その後，被験者に繰り返させる．<br>正答1個につき1点を与える．3例すべて言うまで繰り返す（6回まで）．<br>何回繰り返したかを記せ．＿＿回 | | |
| 4（5点） | 100から順に7を引き（5回まで），あるいは「フジノヤマ」を逆唱させる． | | |
| 5（3点） | 3で提示した物品名を再度復唱させる． | | |
| 6（2点） | （時計を見せながら）これは何ですか．<br>（鉛筆を見せながら）これは何ですか． | | |
| 7（1点） | 次の文章を繰り返させる．<br>「みんなで，力をあわせて綱を引きます」 | | |
| 8（3点） | （3段階の命令）<br>「右手にこの紙をもってください」<br>「それを半分に折りたたんでください」<br>「机の上に置いてください」 | | |
| 9（1点） | （次の文章を読んで，その指示に従ってください）<br>「眼を閉じなさい」 | | |
| 10（1点） | （何か文章を書いてください） | | |
| 11（1点） | （つぎの図形を書いてください） | | |
| | | 得点合計 | |

害によって知能が低下している可能性が高い．合計点が14点以下の場合，要介護度が高くなり，セルフケアに相当な問題が生じる重症痴呆と診断される．

[研究事例]

　MMSE日本語版の信頼性に関しては，抑うつ患者を対象とした再検査法による検者内信頼性について0.887，検者間信頼性について0.827の相関係数が得られたことが報告されている．また，臨床上，病状が安定している痴呆，抑うつ，および総合失調疾患者を対象とした日間変動に関しても，0.988の高い相関が認められている．

　MMSEの妥当性に関しては，他の認知機能検査（ウェクスラー成人認知検査，ウェクスラー記憶検査）とも有意な相関が認められている．

　臨床的な研究では，地域在住の日本人高齢者2,266名を対象に，認知機能を検査した結果，21.8％が23点以下であり，認知障害の疑いを有していた．この割合は欧米と同様のものであった（Ishizaki et al, 1998）．また，教育年数ごとの標準値も報告され

ており，65歳〜69歳の場合，教育年数が10年以上の者の中央値は29点，8年以上10年未満は28点，6年以上8年未満は27点，6年未満は23点とされている（Ishizaki et al, 1998）．

[文　献]
・Ishizaki J, Meguro K, Ambo H et al. (1998): A normative, community-based study of Mini-Mental State in elderly adults: the effect of age and educational level. J Gelontol Psychol Sci 53B: 359-363.

### (3) Trail Making Test（TMT）
#### 定義と目的
　TMTとは数字を1から25まで順に結ぶ（Part A），数字とひらがなを「1→あ→2→い…」のように交互に結ぶ（Part B）という2つの課題からなるテストである．
　注意の持続と選択，視覚探索・視覚運動協調性などを調べる検査で，前頭葉損傷患者に鋭敏な検査である「Part B」では注意や概念の変換能力が必要とされるため，遂行機能検査としてよく利用される．最近では転倒との関連で転倒リスクを評価する1つの指標として使用されている．
#### 測定対象
　身体的エリート，自立高齢者（高・中・低），要支援．
#### 調査方法
　Part AとBの2つからなる．
　PartAでは被検者は，1枚の紙にばらばらに印字された①から⑮までの数字を，①から始まって順に線でつないでいかなければならない．PartBでは，①〜⑬の数字と④〜⑭のアルファベット文字がばらばらに配置されている図が与えられる．被検者は①から出発して，今度は数字とアルファベット文字を交互に順につないでいくことを求められる（①-④-②-⑧-③-……）（図IV-3）．
#### 評価方法
　表IV-13に標準値を示す．
　その後いろいろな研究者がそれぞれのバージョンを開発したが，採点法については，

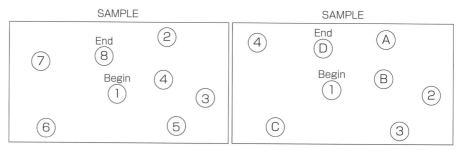

図IV-3　Trail Making Test, Part Aの練習用図版　　Trail Making Test, Part Bの練習用図版
(Reitan RM (1992): Trail Making Test：manual for administration and scoring. Reitan Neuropsychology Laboratory)

表Ⅳ-13　年代別にみたTMTの成績

(豊倉穣, 田中博, 古川俊明, 山内由佳利, 村上恵一 (1996)：情報処理速度に関する簡便な認知検査の加齢変化. 脳と精神の医学；7：401-409.)

| 年代群 | 人数 | TMT-A 平均（標準偏差） | 有意差検定 | TMT-B 平均（標準偏差） | 有意差検定 |
|---|---|---|---|---|---|
| 20歳代群 | 91 | 66.9 (15.4) | NS | 83.9 (23.7) | NS |
| 30歳代群 | 58 | 70.9 (18.5) | NS | 90.1 (25.3) | NS |
| 40歳代群 | 48 | 87.2 (27.9) | | 121.2 (48.6) | |
| 50歳代群 | 45 | 109.3 (35.6) | | 150.2 (51.3) | |
| 60歳代群 | 41 | 157.6 (65.8) | | 216.2 (84.7) | |

有意差検定の項には, 有意差を認めなかった組合せのみを示した. したがって, 他のすべての2群間の比較（隣接しない年代群との組合せも含めて）には有意差を認めた（$p<0.05$）.

表Ⅳ-14　性別のTMTと身体測定項目との相関係数

| | 男性 (n=57) | | 女性 (n=118) | |
|---|---|---|---|---|
| | Mean±SD | スピアマン順位相関係数 ($r_s$) | Mean±SD | スピアマン順位相関係数 ($r_s$) |
| 介護予防項目 | | | | |
| 　通常歩行（秒） | 3.36±0.49 | 0.215 | 3.68±0.65 | 0.341 ** |
| 　TUG（秒） | 8.12±1.18 | 0.309 * | 9.07±1.77 | 0.464 ** |
| 　開眼片足立ち（秒） | 32.00 (29.8%)[a] | −0.381 ** | 15.80 (21.2%)[a] | −0.221 * |
| 　握力（kg） | 34.71±6.90 | −0.301 * | 21.17±4.19 | −0.370 ** |
| 移動・歩行機能項目 | | | | |
| 　最大歩行（秒） | 2.69±0.32 | 0.374 ** | 3.09±0.49 | 0.364 ** |
| 　課題付加TUG（秒） | 9.78±1.50 | 0.303 * | 10.59±2.16 | 0.450 ** |
| 　階段昇降（秒） | 5.21±1.55 | 0.281 * | 6.41±2.58 | 0.397 ** |
| 　障害物歩行（秒） | 8.93±1.40 | 0.245 | 10.88±3.12 | 0.400 ** |

*$p<0.05$　**$p<0.01$
[a]：開眼片足立ち（秒）は, 中央値と60秒以上の割合を示す

Reitan（1992）のやりかたが最も普及しているといわれる. それは, もし被検者が途中で間違っても, そのつどそれを指摘して直前の位置からやり直しをさせ, 完了までに要した時間を計測するやりかたである. 教示の方法も細かく定められている.

　この検査のPartAは選択性注意と持続性注意の検査として使うことができようが, 本命はPartBにある. つまりこれによって注意の分割や転換が十分に行なわれるかをみようとしている.

### 研究事例

　TMTは欧米において遂行機能の指標として研究されてきた. しかし, 日本においてTMTに関する研究は少ない. 広田ら（2008）は, 地域在住高齢者の健康づくり支援を目指して, TMTの特徴と介護予防項目や社会参加の基礎となる移動, 歩行機能との関連を明らかにし, TMTの有用性について検討している.

　大都市近郊T市に在住している65歳以上の高齢者175人（男57人, 女118人）を対象とし, TMTと8項目の身体機能を測定している. 身体機能は介護予防項目として通常歩行, Timed Up & Go test（以下TUG）, 開眼片足立ち, 握力の4項目, 移動・

歩行機能項目として最大歩行，課題付加TUG，階段昇降，障害物歩行の4項目であった．

その結果，TMTの中央値は男性58.61秒，女性65.67秒で，男女とも年齢群間に有意な差を認め，特に80歳以上が高値であった．性差については観察されなかった．身体計測項目とTMTとの関連について，TMTの不良なものはTUGと握力の成績が有意に低かった．移動・歩行機能項目では，TMTの不良なものは，最大歩行，課題付加TUG，階段昇降，障害物歩行の成績が有意に低かった．また，最大歩行の「中間／高い」比較でも，TMTの不良なものは有意に成績が低かった．

以上より，TMTはより認知の必要な複雑な歩行機能と関連したことから，高齢期の健康づくりにおける遂行機能の評価指標としての有用性が示唆された．

[文　献]
・広田千賀，渡辺美鈴，谷本芳美，河野令，樋口由美，河野公一（2008）：地域高齢者を対象としたTrail Making Testの意義―身体機能とTrail Making Testの成績についての横断分析から―，日本老年医学会雑誌　45(6)，647-654.
・Reitan RM (1992): Trail Making Test: manual for administration and scoring. Reitan Neuropsychology Laboratory.

## (4) Montreal Cognitive Assessment日本語版（MoCA-J）

### 定義と目的

本指標は軽度認知機能低下のスクリーニングを目的に開発された．多領域の認知機能（注意機能，集中力，実行機能，記憶，言語，視空間認知，概念的思考，計算，見当識）について，約10分という短い時間で評価することができる．前述のMSSEのような簡易検査が認知機能評価検査として汎用されているが，MSSEは認知症スクリーニング検査としての有効性は示されているが，軽度認知症患者の識別に関しては感度が十分ではなく，アルツハイマー型認知症初期のごくわずかな変化を捉えることが困難であることが指摘されている．また，わが国では，MSSEと並び改訂版長谷川式簡易知能評価スケール（HDS-R）が汎用されている．HDS-Rは，軽度アルツハイマー型認知症の識別においてMSSEと比較して有効であることが指摘されているが，軽度認知障害を対象とした場合にはMSSEと同様な問題が指摘されている．本指標はこれらの問題点を補完する指標である．

### 測定対象

識字能力があり質問内容の理解が可能な者（視力に問題があっても面接式での回答が可能であれば実施可能）．

### 調査方法

評価用紙および筆記用具．評価用紙に関する著作権は特にない．引用元を記載すれば利用することができる．対面聞き取り方式により実施．日本語版MoCA（MoCA-J）教示マニュアルに従い，教示する．
教示マニュアル：
http://www.mocatest.org/pdf_files/instructions/MoCA-Instructions-Japanese_2010.pdf#search=%27MoCAJ%27

**評価方法**

　教示マニュアルの評価基準および配点にしたがい各項目得点を算出し，総合得点を計算する（30点満点）．26点以上が健常範囲と判定される．26点未満の場合は，軽度認知障害（mild cognitive impairment：MIC）の疑いがあり，さらに精密な検査を勧める．本指標はあくまで簡易的なものであり，本指標による判定結果のみで軽度認知障害の有無や重症度を評価すべきではないことに留意する．

**研究事例**

　本指標は，軽度認知障害スクリーニングにおける高い感度・特異度とともに，信頼性および妥当性についてもその有効性が報告されている（鈴木ら，2010；Fujiwara et al., 2010）．鈴木ら（2011）の報告によると，臨床的に軽度認知障害（半年以内に記憶に関する愁訴があり，論理的記憶課題に劣るが，一般的な認知機能，ADLは保たれていて記憶障害を説明する疾患がない：Clinical Dementia Rating=0.5）と診断された患者の平均得点は20.9±2.8点，また軽度アルツハイマー型認知症（臨床的に脳の器質的変化が認められている：Clinical Dementia Rating=1）と診断された患者の平均得点は18.5±2.8点であった．また，彼らの経時的な得点変化は，軽度認知障害群：20.9点→20.9点（1年後）→19.5点（2年後），軽度アルツハイマー型認知症：18.5点→17.5点（1年後）→14.7点（2年後）であった．

　　　　　　　　　　　　　　　　　　　　　　　　　　　　　　　[佐藤　進]

[文　献]

・鈴木宏幸，藤原佳典（2010）：Montreal Cognitive Assessment（MoCA）の日本語版作成とその有効性について，老年精神医学雑誌，22, 198-202.
・鈴木宏幸，安永正史，長沼亨，藤原佳典（2011）：認知機能の継時的変化を評価する際の日本語版Montreal Cognitive Assessment（MoCA-J）の有用性　―MCIと軽度アルツハイマー病患者を対象とした縦断的検討―，老年精神医学雑誌，22: 211-218.
・Fujiwara Y, Suzuki H, Yasunaga M, et al. (2010): Brief screening tool for mild cognitive impairment in older Japanese: validation of the Japanese version of the Montreal Cognitive Assessment. Geriatr Gerontol Int.10: 225-32.

## Ⅳ部　高齢者の精神的健康度の測定と評価

# 4章 ストレスの測定と評価

## 1. ストレス測定の意義と種類

### (1) ストレス測定の意義

　現代社会で生活している私たちは，科学・技術やIT機器の普及に伴い，より便利で快適な生活が実現し，様々な恩恵を受けている．反面，生活の機械化やコンピューター機器の普及に伴い，現代社会はストレス社会とまでいわれるようになった．その範囲は，子供からお年寄りまで幅広く浸透し，社会問題化している．12歳以上の者を対象に日常生活での悩みやストレスの有無に関する厚生労働省の平成22年国民生活基礎調査では，46.5％の者がストレスを有し，男女別では，男性42.4％，女性50.3％で女性が高く，年齢別では男女とも40代が最も高いことを報告している．また，ストレスから適応障害やうつ状態から自殺に至るケースも少なくなく，自殺者数は，1998年以降13年連続で3万人を超えている．それに対して，国および地方自治体はメンタルヘルスケア対策に取り組み，悩みの相談やストレスの解消法等を情報提供し，自殺防止を図っている．このような背景の中，厚生労働省をはじめとする様々な研究機関では，ストレス解消に向けた対策を講じているが，ストレス測定評価は今後益々重要になってくると考えられる．

### (2) ストレス測定の種類

　ストレスという用語は，そもそも物理学の分野で使われ，物体の外側からかけられた圧力によって歪みが生じた状態であると定義している．さらに，医学や心理学の領域では，人間の身体や精神にかかる外部からの刺激をストレッサーといっている．
　今日の現代社会で「ストレス」といっているものの多くは，「心理・社会的ストレッサー」で，職場における仕事の量や質あるいは世代年代を問わない対人関係等の様々な要因がストレッサーとなりうることが明らかにされている．
　ストレッサーによって引き起こされる主なストレス反応は，心理面，身体面，行動面の3つに分けることができる．心理面でのストレス反応には，活気の低下，イライラ，不安，抑うつ（気分の落ち込み，興味・関心の低下）等があり，身体面でのストレス反応には，体の様々な痛み，頭痛，肩こり，腰痛，目の疲れ，動悸や息切れ，胃痛，食欲低下，便秘や下痢，不眠等の様々な症状がある．また，行動面でのストレス反応

には，飲酒量や喫煙量の増加，仕事でのミスや事故等があるといわれている．
　現在行われているストレス測定には，質問紙法によるストレス調査と唾液や血液成分等を指標とした生理的ストレス測定がある．
　本節では，日本語版HSCL（Hopkins Symptom Checklist）ストレス自己診断とSACL日本語版J-SACL（Stress Arousal Check List）の情動語によるストレス診断テスト法の測定と評価について取扱い，次に，高齢者のみを対象とした佐藤ら（2003, 168頁）が行った研究を紹介し，今後の高齢者ストレスの測定と評価について参考にしてほしいと考える．厚生労働省が東日本大震災によって避難生活を強いられている方々に作成した「生活不活発病チェックリスト（図IV-5）」(p.171) も参考になればと考えている．また，生理的ストレス測定として，唾液アミラーゼモニターによるストレス測定について紹介する．

## 2．ストレス測定評価の実際

### (1) 日本語版HSCL（Hopkins Symptom Checklist）ストレス自己診断

**定義と目的**
　ストレスとなる出来事は，日常生活上の様々な環境に存在し，人間の健康に影響を及ぼしている．それらのストレッサーは，興奮から，不安，怒り，抑うつなどの情緒的反応を引き起こす．急性あるいは慢性的に解消しにくいストレッサーは，様々な精神的ストレス反応と大きく関わっている．日本語版HSCLの質問項目は，心身症状，強迫症状，対人関係過敏症状，不安症状，抑うつ症状の5つの症状項目からなり，自身の精神身体的健康度をチェックすることを目的としている．

**測定対象**
　HSCLは，1,800名の精神科患者と700名の健常者を対象に標準化されているので，HSCLの質問項目に回答できる者であれば，対象者は特に制限がない．

**測定方法**
　評価用紙および筆記用具を準備する．評価用紙および手引きは，中野敬子著，ストレス・マネジメント入門—自己診断と対処法を学ぶ—，金剛出版より入手できる（表IV-15）．HSCLの質問項目への回答は，54項目の症状にどの程度悩まされたのかについて，
4：たびたびある，3：時々ある，2：たまにある，1：ぜんぜんない，
の4段階でチェックを行う．

**評価方法**
　心身症状，強迫症状，対人関係過敏症状，不安症状，抑うつ症状の5つの症状項目別に，それぞれの合計得点を算出する．合計得点の評価は，調査資料（表IV-15）の下を参照に記してある．

**研究事例**
　Nakano & Kitamura（2001）によると，5つの症状の測定に有効で，高い信頼性と妥当性であることが示されている．

表Ⅳ-15　ストレス自己診断　日本語版HSCL調査票

以下の質問に4段階で回答して下さい．
4：たびたびある　3：時々ある　2：たまにある　1：ぜんぜんない

| 項目 | 下位症状 | | 項目 | 下位症状 | |
|---|---|---|---|---|---|
| 頭が重く，痛い | (___) | S | いろいろなことに興味がなくなった | (___) | Y |
| 気持ちが落ち着かず，不安定である | (___) | F | 恐ろしいと感じる | (___) | F |
| 不快な考えが頭から離れない | (___) | K | 些細なことでも傷ついてしまう | (___) | T |
| ふらふらし，めまいがする | (___) | S | 人に指示してもらわないと行動できない | (___) | Y |
| 異性に対して興味がなくなった | (___) | Y | 誤解され，理解してもらえないと感じる | (___) | T |
| 他人に対して批判的である | (___) | T | 人から好かれず友達ができない | (___) | T |
| 興奮すると話がうまくできない | (___) | T | 間違いがないか時間を掛けて確かめる | (___) | K |
| 物事を記憶するのに苦労している | (___) | K | 心臓の鼓動を激しく感じる | (___) | F |
| 不注意やだらしないことくよくよする | (___) | K | 劣等感に悩む | (___) | T |
| すぐにいらいらし不快に感じる | (___) | T | 筋肉が痛む | (___) | S |
| 胸や心臓に痛みを感じる | (___) | S | 寝付かれなかったり，夜中に目が覚めたりする | (___) | Y |
| 気力がなく，元気がない | (___) | S | 間違いがないか何度も確かめる | (___) | K |
| 死ぬことを考えている | (___) | Y | いろいろな可能性を考えて，なかなか決断ができない | (___) | K |
| 汗を多くかく | (___) | S | ひとりになりたいと思う | (___) | T |
| ちょっとしたことにもびくびくする | (___) | F | 息苦しくなる | (___) | S |
| すぐにまごつく | (___) | F | 発作を起こす | (___) | S |
| 食欲がない | (___) | Y | 不安を感じ，ある場所や行動を避ける | (___) | F |
| すぐに涙が出る | (___) | Y | ぼんやりしていることがある | (___) | K |
| 異性といると落ち着かず，避けてしまう | (___) | T | 体の一部がひりひりしたり，無感覚になったりする | (___) | S |
| わなにはめられたように感じる | (___) | Y | のどがつまる | (___) | S |
| 理由もなくおびえる | (___) | F | 将来に希望が持てない | (___) | Y |
| 怒りの爆発をコントロールできない | (___) | T | 物事に集中できない | (___) | K |
| よく便秘する | (___) | S | 体に具合の悪いところがある | (___) | S |
| 自分を責めることが多い | (___) | Y | 緊張し，神経過敏になる | (___) | F |
| 腰が痛い | (___) | S | 手足が重く感じる | (___) | S |
| 目的を達成することに困難を感じる | (___) | K | | | |
| 孤独を感じる | (___) | Y | | | |
| 憂うつである | (___) | Y | | | |
| 心配でくよくよする | (___) | Y | | | |

下位症状ごとの点数の合計を以下に記入する．
　　　Sの得点　____点
　　　Kの得点　____点
　　　Tの得点　____点
　　　Fの得点　____点
　　　Yの得点　____点

S＝心身症状：30以上は高得点，29〜24はやや高い得点，23以下は平均以下の得点
K＝強迫症状：28以上は高得点，27〜23はやや高い得点，22以下は平均以下の得点
T＝対人関係過敏症状：22以上は高得点，21〜18はやや高い得点，17以下は平均以下の得点
F＝不安症状：21以上は高得点，20〜17はやや高い得点，16以下は平均以下の得点
Y＝抑うつ症状：31以上は高得点，30〜25はやや高い得点，24以下は平均以下の得点

（中野敬子（2013）：ストレス・マネジメント入門—自己診断と対処法を学ぶ—．金剛出版．26-32．）

[文　献]
- Nakano, K & Kitamura, T.(2001): The relation of angersubcomponent of Type A behavior to psychological symptoms in Japanese and International students. Japanese Psychological Research. 43; 50-54.
- 中野敬子（2013）：ストレス・マネジメント入門―自己診断と対処法を学ぶ―，金剛出版，26-32.

## (2) SACL日本語版J-SACL(Stress Arousal Check List)による情動語によるストレス診断テスト

### 定義と目的

　SACLは，1981年に英国のCoxとMackeyによって作成され，八田ら（1991）によって日本語版J-SACLが作成された．CoxとMackeyの理論では，ストレスによって生じる人間の変化の中で，もっとも早い時期に生じるのが情動の変化であるとしている．日本語版J-SACLは，ストレス状況の個人的認知評価を情動面から知る手がかりを提供することを特徴としている．

### 測定対象

　日本語版J-SACLを標準化した様々な先行研究から，18歳以上が好ましいとされている．

### 測定方法

　評価用紙および筆記用具を準備する．評価用紙および手引きは，サクセス・ベル株式会社（http://www.saccess55.co.jp/kobetu/detail/j-sacl.html）より，市販されている．日本語版J-SACLの質問項目への回答は，30項目の情動語について，それぞれ「ぴったり当てはまる」，「だいたい当てはまる」，「わからない」，「当てはまらない」の欄に○をつける．

### 評価方法

　調査用紙は，カーボンになっているため記入後，その用紙をはがすと○をつけた個所に数字が書いてあり，その数字を同じ行の空白欄に記入し，項目毎の合計を算出する．算出方法は手引書に記してある．ストレス因子と覚醒因子に分かれ，重圧感STがストレス因子で，生き生き感ARが覚醒因子とし，ストレス因子は，2～8に分布し，平均は6.8．覚醒因子は，1～6に分布し，平均は3.9であるとしている．

### 研究事例

　SACLの信頼性と妥当性に関しては，国内外でいくつかの研究が行われ，いずれも検査項目に妥当性を認めている．

[文　献]
- Mackey CJ, Cox T, Burrow GC and Lazzerini AJ. (1978): An inventory for the measurement of self-reported stress and arousal. British Journal of Clinical Psychology, 17, 283-284.
- Hatta T and Nakamura M. (1991): Can antistress music tapes reduce mental stress? Stress Medicine, 7, 181-184.
- Hatta T and Nishiide S. (1991): Teachers' stress in Japanese primary school: Comparison with workers in private companies. Stress Medicine, 7, 207-211.

### (3) 独居高齢者のストレスとQOLとの関係

#### 定義と目的

独居高齢者の日常生活においてかかえるストレスに焦点を当て，独居高齢者はどのようなストレスを感じているのか，またそれらのストレスを左右する要因は何かについて検討することを目的としている．

#### 測定対象

65歳以上の高齢者．

#### 測定方法

佐藤至英ら（2003）（表Ⅳ-16参照）．面接聴取法による調査．それぞれの項目に対し，「とても心配である」から「全く心配でない」までの4件法による回答．

#### 評価方法

ストレス因子である29項目についてストレス度の高い方から，4から1点を与える．さらに，8項目を「高齢ストレス」，10項目を「自律ストレス」，8項目を「対人ストレス」，3項目を「病気ストレス」として評価する．

職業性ストレス簡易調査票については，以下のURLを参照されたし．
http://www.tmu-ph.ac/topics/stress_table.php（東京医科大学公衆衛生学講座）
http://www.mhlw.go.jp/toukei/itiran/roudou/saigai/anzen/kenkou07/r1.html（厚生労働省）

## ［参考］生活不活発病について

2011年3月に起きた東日本大震災の影響で，避難生活を強いられている方々に対して，厚生労働省が「生活不活発病チェックリスト」を作成し，避難生活者の健康を考えるうえで用いられた（図Ⅳ-5）．「生活不活発病」は，医学的にいう「廃用症候群」に相当し，生活が不活発なことが原因で全身の機能が低下し，歩行，食事，入浴，洗面，トイレなどの身の回り動作などの生活行為が不自由になり，家事や仕事，趣味やスポーツ，人との付き合い，電話するなどの日常活動も低下することをいう．

### (4) 唾液アミラーゼモニターによるストレスの評価

#### 定義と目的

唾液は，血液採取のように被験者に心理的，身体的苦痛を与えることなく，量的にも充分採取でき，特別な処置を施さないため，血液採取等に比べ唾液の採取は，安全で衛生的であり，かつ測定しやすい利点がある．

唾液アミラーゼ活性は，ストレス評価における交感神経系の活動の指標として利用されている．すなわち，ストレスを受けることによる交感神経系の直接的な作用の1つとして分泌すると考えられている．主に交感神経系のストレス反応を明らかにするために用いられる．

#### 測定対象

専用チップを口腔の舌下部に直接入れるので，小学校高学年以上の方が適切である．

表IV-16　独居高齢者のストレス調査票

| | 項　目 | 回答 |
|---|---|---|
| 高齢ストレス | 足腰の調子が悪い | |
| | 足下がおぼつかないこと | |
| | 薬に頼っている自分に対する嫌悪感 | |
| | 自分の身体が思うようにパッと動作ができない | |
| | 自分の身体がこれ以上悪くなること | |
| | 日々の生活のちょっとした相談ができない | |
| | 高齢を実感すること | |
| | これから先の身体低下のために何か予防をしなくてはと思う | |
| 自律ストレス | タバコの値上がり | |
| | ぜんそく等の発作が起きる | |
| | 給食の値上がり | |
| | 物価の値上がり | |
| | 車椅子の生活をすること | |
| | いざという時に親身になって相談する相手がいない | |
| | 思うように言葉が出ない | |
| | 経済的困難 | |
| | 身体に若干のマヒがある | |
| | 頼りにできる人がいない | |
| 対人ストレス | これから先, 誰の世話になるのかどうか | |
| | 友だちが自分のあら探しをする | |
| | 友だちが自分のうわさ話をする | |
| | ぐちる相手がいない | |
| | ふとしたときに寂しくなる | |
| | 子どもたちからの電話があまりかかってこない | |
| | 気持ちが伝わらないこと | |
| | いつも連絡を取り合っている友だちから連絡がない | |
| 病気ストレス | 睡眠薬等の薬の服用 | |
| | 夜中に眠れない | |
| | 血圧が高いこと | |

(佐藤至英, 戸澤希美 (2003)：独居高齢者のストレスとQOLとの関係, 北方圏生活福祉研究所年報, 第9巻, 39-45.)

また，認知症の高齢者やその他口腔に障害を持つ者には相応しくない．

### 測定方法

　唾液アミラーゼモニター（ニプロ株）は（図IV-6），2005年末にCOCORO METERという商品名で製品化した後，2007年10月には厚生労働省の医療認可を取得し，唾液アミラーゼモニターという名称で医療機器として販売されている．本体価格は25,000円で，検査用チップは20枚入りで4,000円であり，およそ1分以内でストレスが簡単に測定できる．

　専用の検査チップを口腔に挿入し舌下部から30秒かけて唾液を採取する．
　図IV-6の本体の横の部分に採取した検査チップを挿入（図IV-7）し，本体ディスプレーの指示に従う．およそ20秒程度で検査値がディスプレー上に表示される．

# 生活機能低下を防ごう！
## 「生活不活発病」に注意しましょう

**生活不活発病とは…**
「動かない」（生活が不活発な）状態が続くことにより、心身の機能が低下して、「動けなくなる」ことをいいます。

避難所での生活は、動きまわることが不自由になりがちなことに加え、それまで自分で行っていた掃除や炊事、買い物等などができなかったり、ボランティアの方等から「自分達でやりますよ」と言われてあまり動かなかったり、心身の疲労がたまったり…また、家庭での役割や人との付き合いの範囲も狭くなりがちで、生活が不活発になりやすい状況にあります。

生活が不活発な状態が続くと心身の機能が低下し、「生活不活発病」となります。
特に、高齢の方や持病のある方は生活不活発病を起こしやすく、悪循環注）となりやすいため、早期に対応することが大切です。

注）悪循環とは…
生活不活発病がおきると 歩くことなどが難しくなったり 疲れやすくなったりして「動きにくく」なり、「動かない」ことでますます生活不活発病はすすんでいきます。

### 予防のポイント

○ 毎日の生活の中で活発に動くようにしましょう。
　（横になっているより、なるべく座りましょう）
○ 動きやすいよう、身の回りを片付けておきましょう。
○ 歩きにくくなっても、杖などで工夫をしましょう。
　（すぐに車いすを使うのではなく）
○ 避難所でも楽しみや役割をもちましょう。
　（遠慮せずに、気分転換を兼ねて散歩や運動も）
○ 「安静第一」「無理は禁物」と思いこまないで。
　（病気の時は、どの程度動いてよいか相談を）

※ 以上のことに、周囲の方も一緒に工夫を
　（ボランティアの方等も必要以上の手助けはしないようにしましょう）
※特に、高齢の方や持病のある方は十分気をつけて下さい。

### 発見のポイント
～早く発見、早く回復を～

「**生活不活発病チェックリスト**」を利用してみましょう。

要注意（赤色の口）にあてはまる場合は、保健師、救護班、行政、医療機関などにご相談下さい。

地震前から要注意（赤色の口）にあてはまる方は注意が必要です。

地震前と現在を比較して、1段階でも低下した方は、注意が必要です。

地震後に、歩くこと等が難しくなった方も注意が必要です。

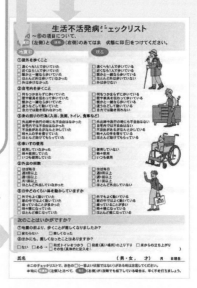

図Ⅳ-4　避難所用ポスター（厚生労働省）

# 生活不活発病チェックリスト

下の①～⑥の項目について、
**地震前**（左側）と **現在**（右側）のあてはまる状態に印☑をつけてください。

## 地震前 / 現在

### ①屋外を歩くこと

地震前:
- ☐ 遠くへも1人で歩いていた
- ☐ 近くなら1人で歩いていた
- ☐ 誰かと一緒なら歩いていた
- ☐ ほとんど外は歩いていなかった
- ☐ 外は歩けなかった

現在:
- ☐ 遠くへも1人で歩いている
- ☐ 近くなら1人で歩いている
- ☐ 誰かと一緒なら歩いている
- ☐ ほとんど外は歩いていない
- ☐ 外は歩けない

### ②自宅内を歩くこと

地震前:
- ☐ 何もつかまらずに歩いていた
- ☐ 壁や家具を伝わって歩いていた
- ☐ 誰かと一緒なら歩いていた
- ☐ 這うなどして動いていた
- ☐ 自力では動き回れなかった

現在:
- ☐ 何もつかまらずに歩いている
- ☐ 壁や家具を伝わって歩いている
- ☐ 誰かと一緒なら歩いている
- ☐ 這うなどして動いている
- ☐ 自力では動き回れない

### ③身の回りの行為（入浴、洗面、トイレ、食事など）

地震前:
- ☐ 外出時や旅行の時にも不自由はなかった
- ☐ 自宅内では不自由はなかった
- ☐ 不自由があるがなんとかしていた
- ☐ 時々人の手を借りていた
- ☐ ほとんど助けてもらっていた

現在:
- ☐ 外出時や旅行の時にも不自由はない
- ☐ 自宅内では不自由はない
- ☐ 不自由があるがなんとかしている
- ☐ 時々人の手を借りている
- ☐ ほとんど助けてもらっている

### ④車いすの使用

地震前:
- ☐ 使用していなかった
- ☐ 時々使用していた
- ☐ いつも使用していた

現在:
- ☐ 使用していない
- ☐ 時々使用
- ☐ いつも使用

### ⑤外出の回数

地震前:
- ☐ ほぼ毎日
- ☐ 週3回以上
- ☐ 週1回以上
- ☐ 月1回以上
- ☐ ほとんど外出していなかった

現在:
- ☐ ほぼ毎日
- ☐ 週3回以上
- ☐ 週1回以上
- ☐ 月1回以上
- ☐ ほとんど外出していない

### ⑥日中どのくらい体を動かしていますか

地震前:
- ☐ 外でもよく動いていた
- ☐ 家の中ではよく動いていた
- ☐ 座っていることが多かった
- ☐ 時々横になっていた
- ☐ ほとんど横になっていた

現在:
- ☐ 外でもよく動いている
- ☐ 家の中ではよく動いている
- ☐ 座っていることが多い
- ☐ 時々横になっている
- ☐ ほとんど横になっている

## 次のことはいかがですか？

⑦地震の前より、歩くことが難しくなりましたか？
- ☐ 変わらない　　☐ 難しくなった

⑧ほかにも、難しくなったことはありますか？
- ☐ ない　☐ ある → ☐ 和式トイレをつかう　☐ 段差（高い場所）の上り下り　☐ 床からの立ち上がり
  - ☐ その他（具体的に記入を：　　　　　　　　　　　　　　　　　　　　　　　　　　　　　　）

氏名　　　　　　　　　　　　　　　　　　（男・女，　　才）　　月　　日現在

＊このチェックリストで、赤色の☐（一番よい状態ではない）がある時は注意してください。
＊特に**地震前**（左側）と比べて、**現在**（右側）が1段階でも低下している場合は、早く手を打ちましょう。

図Ⅳ-5　生活不活発病チェックリスト（厚生労働省）

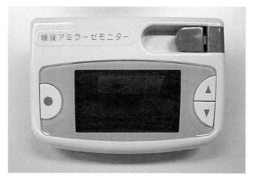

図Ⅳ-6　唾液アミラーゼモニター

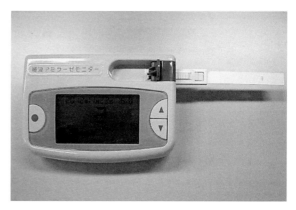

図Ⅳ-7　チップ挿入時の本体

### 評価方法

測定結果の評価は，0-30KU/Iが「ストレスなし」，31-45KU/Iは「ストレスややあり」，46-60KU/Iは「ストレスあり」，61KU/I以上は「ストレスがかなりある」が結果の目安として提供されている．

### 研究事例

厚生労働省の医療認可を取得し，特定保守管理医療機器として承認されている機器であるので，データは信頼できる．しかし，経験的に測定誤差が大きいため，1回の測定値だけで判断するよりは2，3回測定してから測定値を判断する方が良いかもしれない．また，個人差も大きいことが示されている．

花輪らの研究グループでは，唾液アミラーゼモニターを用いて，里山における唾液アミラーゼ活性の日内変動について検討している．健康な15名の成人男性（22.2±0.47）を8名と7名の2群に分け，里山と都市の2つの環境で行動させた際の唾液を1日6回（7時，8時，12時30分，15時30分，18時，22時）採取している．その結果，里山と都市の2つの環境で10時～17時30分の日内変動は大差なく環境による影響は確認されなかったと報告している．さらに，唾液アミラーゼ活性は，起床後に最低値を示し，10時から17時30分までの日中の変動は40～50％程度で，ストレス反応に比べて小さいことを明らかにし，交感神経活動の指標としての有用性を示唆している．

**［松浦　義昌］**

### ［文　献］

- 水野康文，山口昌樹，吉田博（2002）：唾液アミラーゼ活性はストレス推定の指標になり得るか，Yamaha Motor Technical Review, No.33, Yamaha Motor Co. Ltd.
- 花輪尚子，出口満生，若杉純一，東　朋幸，宮崎良文，山口昌樹（2005）：里山における唾液アミラーゼ活性の日内変動，日本生理人類学会誌，Vol.10，特別号，46-47．
- 山口昌樹（2007）：唾液マーカーでストレスを測る．日薬理誌．129. 80-84．
- 中野敦行，山口昌樹（2011）：唾液アミラーゼによるストレス評価．バイオフィードバック研究．38巻．第1号．3-9．

# V部
# 高齢者体力測定における諸注意と結果のフィードバック

1章　高齢者の測定に際して理解しておくべきこと
2章　高齢者の活動体力測定結果のフィードバック

# V部　高齢者体力測定における諸注意と結果のフィードバック

# 1章 高齢者の測定に際して理解しておくべきこと

　測定を安全かつ正確に行うために，測定時の注意点，測定評価上の留意点，測定に際しての留意点等について十分理解しておく必要がある．

## 1．測定項目の選定について

　高齢者では，「力強さ」や「素早さ」よりも日常生活を「安全に」「円滑に」営むことができるかが重要となる．したがって，「日常生活を支える体力」や「転倒を予防する能力」がどの程度あるかなど，機能的な視点に注目して測定を実施することになる．

　また，実際の測定においては，高齢者個人の目的（健康の保持・増進，介護予防，転倒予防など）を達成するために，「何を」「どのように」改善していくべきかを明らかにし，日常生活や運動内容を見直す具体的な資料として，対象者にフィードバックしなければならない．測定項目の選定についての注意事項は，以下のとおりである．

①測定の目的とデータの利用方法を明確にしておく

　測定を実施するには，測定の目的に対応したADL（Activities of Daily Living：日常生活動作）や日常生活の自立や転倒予防に必要とされる身体機能を吟味し，測定すべき項目を選定する作業から始める．なお，ADLや身体機能は，大きな概念であり，これらを1つの測定項目で評価することは不可能である．よって，一般的には複数の測定項目を選択し，それらを組み合わせて推定するバッテリーテスト（組テスト）が用いられる．

　同時に，事前に測定したデータをどの様に利用するのかについても検討しておく必要がある．例えば，運動（教室）前後における効果を把握する場合は，実施した運動（プログラム）によって向上が期待される身体機能を反映する測定項目を選択するとよい．日常生活において何らかの有益な情報を対象者に与えたい場合は，フィードバック時に説明しやすい測定項目を選択するとよい．測定時に，生活状況（外出頻度や趣味，サークル参加，運動習慣，栄養，サポート体制など）や自覚的健康感を同時に調査しておくと，高齢者の身体機能をどのように高めればよいか考えやすく，有益なフィードバック情報を提供できる．

②対象者の体力水準をあらかじめ吟味しておく

　対象とする個人やグループの体力水準に応じた測定項目を選択することが望まし

い．対象者の体力水準が幅広い場合は，測定項目の難度に幅をつけるとよい．また，日常生活の自立度を把握したい場合は，日常生活動作に近い測定項目を選定するとよい．

### ③項目選定の一般的原則

測定項目の選定についての一般的原則は以下のとおりであるが，測定対象や目的によって優先度は変化する．

・わかりやすい
・安全である
・日常生活動作に近い
・再測定が容易である
・数量的な評価ができる
・チャレンジ（ゲーム）性がある
・身体的・精神的な負担（苦痛）が少ない
・基準値がある
・テスト自体が運動（訓練）となる

## 2．測定時の一般的注意事項

①測定に際しては，対象者の健康状態をしっかりと把握し，障害や事故が発生しないように万全の準備を行い，細心の注意を払う
②医師から運動を禁止・制限されている人はもちろん，当日，発熱，倦怠感，疼痛などの身体の異常を訴える人は測定を行わない
③測定前後に，適切な準備運動および整理運動を行う
④測定場所の準備，測定機器の点検を行う
⑤測定はマニュアルに従い，正確に行う
⑥測定機器は正確なものを使用し，使用方法を誤らないようにする
⑦事故発生時・緊急時の対応マニュアル（連絡体制，搬送など）を準備しておく

## 3．測定評価上の留意点

①測定結果を解釈する際には，測定時の変動要因を十分に考慮する必要がある
　測定値の変動を最小限に抑える努力を払うことは当然であるが，一方，測定結果の解釈に影響する変動要因（測定に対する意欲，測定時の姿勢や服装，説明に対する理解，体調，室温など）を記録し，測定者で共有しておくことが望ましい（例：動画や写真などで測定時の様子を記録したり，対象者の感想などを記録しておく）．
②杖や歩行器などの福祉用具を使用して測定を行った場合は，その旨を記載しておく
　この場合の測定値は，基準値との比較は避ける．運動教室後の効果測定などは，同じ条件で測定するなど，結果の利用を工夫する．

○○大学○○健康増進センター長様

体力測定同意書

私は，体力測定についての説明を受け，測定の目的や安全性，方法，個人情報の取扱いなどについてよく理解しました．また，十分質問する機会を得ました．つきましては，この測定を受けたいと思い署名します．

同意日：　平成　　年　　月　　日

氏　名：　　　　　　　　　　印

以下は説明者が記入します．

確認日：　平成　　年　　月　　日

説明者氏名：

図V-1　体力測定同意書のサンプル

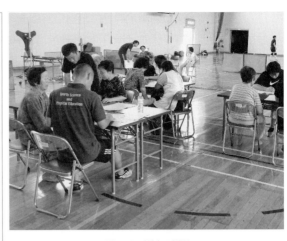

図V-2　測定の様子
（対象者の動線に配慮し，フロアの中心に説明コーナーが設けてある）

## 4．測定現場での注意事項

①測定の目的を説明し，同意書を得る

測定の目的，安全性および危険性を対象者に十分に説明し（インフォームドコンセント），測定参加への承諾・同意を得て，同意書（図V-1）に記載してもらうことが必要である．

②対象者が測定の内容を十分に理解してから測定を行う

高齢者は個人差が大きいことに留意し，具体的な測定方法を実際に示し，理解を促し，十分な練習を行うようにすることが必要である．

③測定開始の合図を声と動作で示す

④不自然な動作が確認された場合は，その時点で指示を出す

全体に説明することと個人別に説明することを分けて行うように工夫する．

⑤対象者の動線に配慮し，測定機器を配置する．

高齢者が電源コードなどの配線や運搬用ケースなどの不要な物につまずかないように，測定機器を配置する．具体的には，測定フロアの中心に休憩やフィードバックに利用できる場所を設置し，受付から巡回できる配置がのぞましい（図V-2）．

⑥危険性が想定される場所や対象者に補助者をつける

測定において想定される事故について，予め十分に吟味し，事故発生を未然に防止するための対策を立てておく必要がある．

⑦楽しい測定現場の創出に努める

常に笑顔を保つ，全員に目を配る，声のトーンを上げる，急がせない，慌てさせないなど，対象者が楽しいと思える場の雰囲気づくりを意識する．それによって対象者は安心感が得られ，測定に対するモチベーションも働く．また参加したいと思ってもらえる環境づくり（リピーターづくり）や高齢者ボランティアの養成（リーダーづくり）は測定現場でのマンパワーの確保につながる．一方，高齢者ボランティアにとっても，役割を担いながら，健康づくりや仲間づくりを進めていくことができる．

## 5．測定の実際（流れ）

### （1）事前のチェックと説明

対象者には，事前に測定の目的，意義，内容，安全性および危険性を十分に説明し，測定参加への同意を得ることが必要である．事前に，ADLテストのような質問紙への回答を完了しておくことが勧められる．また，対象者には，測定に際しての注意事項として，以下のことを事前に伝えておくとよい．

①動きやすい衣服，靴を着用し，老眼鏡，飲み物，タオルを持参する
②測定前24時間は，水分を十分に摂取する
③測定前3時間は，食べ物，喫煙，アルコール，カフェインを避ける
④測定当日は，運動や激しい身体活動を避ける
⑤測定前夜は十分な睡眠をとる（6〜8時間）

測定者には，あらかじめ対象者の健康状態，身体活動の程度，障害の有無や程度などを十分に把握し，安全に有効な支援を行う責任がある．当日の測定実施の可否判断は，アメリカスポーツ医学会などの中止基準を参考にするとよい（表V-1）．医師からの指示がある対象者はそれに準じる．自覚症状などの告知は対象者にゆだねるしかないため，測定スタッフは，対象者の状態を十分に観察することが必要である．また，自覚症状などがあれば無理をしないこと，別の機会を設定するなどスケジュールに余裕を持たせることも必要である．一方，測定への参加は，リスク管理が適正にできるように，対象者が自己責任で決定すべきである．

### （2）準備運動

測定に対する準備とケガ予防のために，ウォーミングアップおよびストレッチングを行う．高齢者の場合，ウォーキングのような強度の低い動作から開始し，徐々にスピードを上げて強度の調節を行うとよい．その後，ストレッチングにより，筋や腱の柔軟性を高め，測定中のケガの予防につとめる．また，関節リウマチや変形性関節症をもつ対象者は，姿勢や動作等に十分注意する．

### （3）測定

再度，測定の安全性と危険性について説明し，対象者の意思で測定をすぐに中止しても問題ないことを伝える．測定者はマニュアルのポイントを把握し，それに従い，真剣に忠実に実施する．

表V-1 体調チェックの観点とその対策

| | | | |
|---|---|---|---|
| 測定前 | 健康チェック | 食事の未摂取，内服薬の飲み忘れ，酒気帯び状態 | 運動しない |
| | バイタルサイン | 血圧：180/100mmHg以上，脈拍：100拍/分以上，体温：37.5℃以上 | 運動しない |
| | 症状1 | 倦怠感，頭痛，胸痛，腹痛，動悸・息切れ，下痢など | 運動しない |
| | | 睡眠不足，過労，高血圧など | 体調をみながら，無理せずに測定に参加，軽い測定項目に限定 |
| | | 腰痛などの関節痛 | 疼痛部位に負担をかけない測定項目を選択し，悪化させないように注意 |
| 測定中 | 症状2 | 症状1（運動しない）に加えて，めまい，冷や汗，吐き気，急性の整形外科的な痛み，麻痺や拘縮の発生など | 測定を中止し，医師などに相談 |

### (4) 整理運動

徐々に身体を落ちつかせて疲労を回復させ，身体を安静状態に戻すために，クーリングダウン，ストレッチングやマッサージなどを行う．ウォーキングなどで上昇した心拍数や呼吸が落ちついた後，ストレッチングやマッサージなどにより，測定で疲労した筋肉をほぐすとよい．

### (5) 測定結果のフィードバック

測定結果は，他の対象者や基準値と比較するのではなく，対象者に本人の現状を把握することを目的とし，個人の評価として使用することを十分に伝える必要がある．測定者は，対象者の目的（健康の保持・増進，介護予防，転倒予防など）を達成するために，何をどの様に改善すべきかを明らかにし，日常生活や運動内容を見直す具体的な資料としてフィードバックする．

[石原　一成]

[文　献]
- 出村愼一監（2011a）：健康・スポーツ科学講義　第2版．杏林書院．
- 出村愼一監（2011b）：テキスト保健体育　改訂版．大修館書店．
- 出村愼一監（2012）：地域高齢者のための転倒予防―転倒の基礎理論から介入実践まで―．杏林書院．
- 久野譜也（2006）：介護予防のための筋力トレーニング指導法―マシンを使わない自体重による筋力トレーニング―．ナップ．
- 武藤芳照，黒柳律雄，上野勝則ほか編（2002）：転倒予防教室―転倒予防への医学的対応―　第2版．日本医事新報社．
- 日本体力医学会体力科学編集委員会訳（2011）：運動処方の指針―運動負荷試験と運動プログラム―　原書第8版．南江堂．
- 竹島伸生，ロジャース・マイケル編（2006）：高齢者のための地域型運動プログラムの理論と実際―自分と隣人の活力を高めるウエルビクスのすすめ―．ナップ．
- 竹島伸生，ロジャース・マイケル編（2010）：転倒予防のためのバランス運動の理論と実際．ナップ．
- 財団法人栃木県健康倶楽部編（2012）：高齢者のための健康づくり運動サポーターガイドブック　第3版．ナップ．

# V部 高齢者体力測定における諸注意と結果のフィードバック

## 2章 高齢者の活動体力測定結果のフィードバック

### 1. 活動体力測定の有益性とフィードバック

　高齢者の活動体力測定は，測定者側（検者，測定実施者，主催団体など）の研究目的（研究仮説を検証するためのデータ収集）や教育目的（指導，介入に活かす資料収集）を達成できるため有益である．しかし，活動体力測定は，測定者だけでなく測定に参加した高齢者にとっても有益でなければならない．当然のことであるが，測定者側の興味，関心のあるデータを得ることに専念しすぎて，参加高齢者にあまり利益がない例が少なくない．測定に参加した高齢者は，活動体力測定自体が適度な運動となることや，測定が珍しく，面白いと感じるかもしれないが，彼らにとって最も重要なことは，「測定結果がわかりやすくフィードバックされる」ことである．測定結果の活用により高齢者個人が得られる利益として以下が挙げられる．

> ＜測定結果からフィードバックされる情報＞
> (1) 今後の生活において，役立つ情報が得られること
> 　　転倒，要介護（ロコモティブシンドローム，フレイル，サルコペニア）等の危険性はないか？
> 　　日常生活を営むうえで，活動力にどのくらい余裕があるか？
> (2) リハビリ・介護予防などの効果を確認できること

↓

> ①「何を」，「どのようにして」改善すればよいのか？
> ②日常生活で何に気をつけるべきか？または，変えるべきか？
> 　SCRAM を考慮した処方を行う
> 　　S：Specific（具体的），C：Challenging（挑戦的），R：Realistic（現実的），
> 　　A：Attainable（達成可能性），M：Measurable（評価できる）

　活動体力測定によって，他人と比較して「優れている」，「劣っている」ことに関心を持たせるのではなく，自己の体力水準，活動力の現状把握，あるいは個人内変化（改善度）を確認し，今後の生活において「何を」，「どのように」改善，注意すべきかを理解してもらうようにしなければならない．活動体力水準が高いことは素晴らしいことであるが，優劣が強調されると，平均水準以下の高齢者が体力測定を敬遠するばか

りではなく，運動実践現場からも足が遠のくことになりかねない．高齢者の場合，「活動体力測定に参加できたこと自体」が素晴らしいことだと捉え，その結果については，上述したように今後の生活にプラスとなるような前向きなフィードバックを心がけたい．また，改善方法は，できる限り，個人の状況に応じて，具体的で，挑戦的で，現実的であり，達成可能性を有し，その効果を評価できるものでなければならない．これらは，それぞれの頭文字をとって，上記のようにSCRAMといわれる．高齢者へのフィードバックがSCRAMを満たしているかを常に考えることが重要である．

## 2. 活動体力測定結果のフィードバックの三大原則

活動体力測定のフィードバックでは，結果を整理して，高齢者個人に結果票を渡す．この過程における三大原則として，「①迅速，②見やすい，③わかりやすい」が挙げられる．つまり，測定終了後，速やかに，見やすくて，わかりやすい結果票を渡さなければならない．この原則を1つでも守れていないフィードバックは参加高齢者には伝わらないと考える．

「①迅速」とは，速やかに結果を返却することで，原則として，測定終了と同時に結果票を渡すようにする．参加した高齢者が測定結果に最も関心を持っているタイミングは測定直後である．測定から時間が経つにつれ，興味，関心も薄れてしまうし，何の測定を行ったかさえも忘れてしまうことが多い．高齢者が最も測定結果に興味・関心を持っているタイミングでフィードバックすることで，改善点や今後の生活に活かすアドバイスも伝えやすい．つまり，迅速に返却できれば教育効果も高くなる．測定者側は，データ収集で手一杯となり，「データを集計してから，後日に結果票を渡す」ことがあるが，時間をおいてから詳細な結果票を返しても，十分に見てもらえないことが多い．測定者側は，測定終了と同時に，高齢者にとって有益となる情報を測定結果に基づいて返却できるように努めなければならない．

「②見やすい」，「③わかりやすい」について，考慮できていない悪い例を表V-2に示した．この結果票では，「数値の羅列」，「用語が専門的で分かりにくい」点で不適切である．高齢者は専門家ではないので，数値を示してもその意味を理解できない．

## 3. わかりやすいフィードバックのための工夫

フィードバックの三大原則を満たすための工夫は，表V-3のようにまとめられる．これらを順に確認する．

①視覚的にわかりやすくする

高齢者のほとんどは，体力測定値の数値の意味を理解できない．したがって，数値を羅列してもあまり意味がない．したがって，体力測定結果は可能な限りグラフにして表示する．提示目的によって棒グラフ，レーダーチャート，折れ線グラフを使い分ければよい．各グラフの例は次項にまとめる．ただし，グラフは数値よりもスペースを要するため，フィードバック票紙面に制限がある場合は，特に重要な項目のみグラフにしてもよいであろう．

表V-2 悪いフィードバック例

| 氏名 | 石川 花子 様 |
| --- | --- |
| 性別 | 女 |
| 年齢 | 77 歳 |

<体格, 血圧, 骨密度>

| 身長 | (cm) | 147.3 |
| --- | --- | --- |
| 体重 | (kg) | 43.2 |
| 血圧 | (mmHg) | 132/92 |
| 骨密度 | (OSI) | 2.034 |

| 転倒リスク | (点) | 5 |
| --- | --- | --- |

| 体力 | | | 記録 | 全国平均値 |
| --- | --- | --- | --- | --- |
| 握力 | (kg) | 右 | 19 | 21.98 |
| | | 左 | 21 | |
| 上体起こし | (回) | | 4 | 6.12 |
| 長座体前屈 | (cm) | | 40.1 | 37.93 |
| 開眼片足立ち | (秒) | | 5 | 45.02 |
| 10m障害物歩行 | (秒) | | 8.55 | 8.24 |
| 6分間歩行 | (m) | | 501.2 | 515.9 |

表V-3 わかりやすいフィードバックのための工夫

| ① 視覚的にわかりやすくする | → 可能な限りグラフを利用する |
| --- | --- |
| ② 結果を解釈しやすくする | → 基準値と比較する．生活動作におきかえる |
| ③ どの項目が良くて，悪いのかわかりやすくする | → 標準値を算出する |
| ④ 個人内変化を把握しやすいようにする | → 時系列変化を提示する |
| ⑤ 測定終了と同時に上記の結果票を渡す | → 短時間に作成できる工夫をする |

### ②結果を解釈しやすくする

　グラフを利用してわかりやすく提示しても，結果が良いか悪いかの判断はできない．この判断には必ず，比較する基準値が必要となる．各測定項目についての基準値は，第Ⅱ部の各測定方法にまとめられているので，利用するとよい．基準値は，ある特定のリスクなどを判別するカットオフ値と全国平均値などの標準値の2つに大別できる．カットオフ値は，その体力測定値から，ある特定の現象（転倒，要介護など）を予測したときに，最も判別できる境界線であり，その基準値によってその現象のリスクを説明しやすい．また，厚労省の二次予防事業対象者（旧：特定高齢者）の運動機能評価では，表V-4のように設定されている．この値のみで二次予防事業対象者と判定できないが，基準値として利用できるであろう．

　全国平均値や標準値は基準値として利用できるが，それらの値と高齢者集団（標本）を比較することが適切か吟味しなければならない．つまり，全国平均値や標準値の算出に利用された集団特性が，測定を行った高齢者集団と同質と考えて良いかを考えるべきである．また，カットオフ値であれば，その値自体に「リスクが高くなる」などの意味を持つので絶対的な評価が可能である．全国平均値や標準値は，集団内での位

表V-4 二次予防事業対象者把握のための運動機能測定

| 運動機能測定項目 | 基準値 男性 | 女性 |
|---|---|---|
| 握力（kg） | <29 | <19 |
| 開眼片脚立ち時間（秒） | <20 | <10 |
| 10m歩行時間（秒） | ≧8.8 | ≧10.0 |
| （5mの場合） | ≧4.4 | ≧5.0 |

表V-5 日常生活自立高齢者の活動体力測定平均値，標準偏差（性別）

| 項目 | | 男性 n | M | SD | 女性 n | M | SD |
|---|---|---|---|---|---|---|---|
| 年齢 | （歳） | 117 | 76.0 | 7.1 | 728 | 76.4 | 5.8 |
| 文科省ADL得点 | （点） | 117 | 26.4 | 5.9 | 727 | 25.1 | 4.8 |
| 身長 | （cm） | 117 | 160.6 | 6.8 | 725 | 147.3 | 5.8 |
| 体重 | （kg） | 117 | 59.5 | 9.4 | 724 | 49.6 | 8.5 |
| 骨密度 | OSI | 116 | 2.723 | 0.444 | 723 | 2.315 | 0.775 |
| 開眼片脚立ち時間 | （秒） | 116 | 36.4 | 38.1 | 714 | 33.8 | 36.2 |
| ファンクショナルリーチ | （cm） | 115 | 32.2 | 6.2 | 715 | 30.0 | 6.0 |
| 足趾把握力 | （kg） | 116 | 7.1 | 5.4 | 719 | 4.7 | 2.1 |
| 足底屈力 | （kg） | 113 | 50.0 | 22.6 | 717 | 31.5 | 14.9 |
| 股関節屈曲力 | （kg） | 116 | 16.6 | 4.8 | 719 | 12.2 | 2.9 |
| 膝伸展力 | （kg） | 116 | 11.3 | 4.8 | 715 | 7.3 | 2.3 |
| 握力 | （kg） | 89 | 32.3 | 6.1 | 713 | 20.8 | 3.9 |
| 10m歩行時間 | （秒） | 116 | 6.3 | 1.9 | 718 | 6.5 | 1.7 |
| 敏捷性ステップ（CSFT） | （秒） | 61 | 6.6 | 2.1 | 449 | 6.5 | 3.2 |

置づけを示すのみであり，1つの比較材料になるが，「良い」，「悪い」を単純に評価できないことに注意する．表V-5に代表的な項目について，日常生活自立高齢者の平均値，標準偏差を示す．

③どの項目が良くて，悪いのかわかりやすくする

全国平均値や標準値と比較する場合，項目ごとには比較できても，項目間の比較は容易ではない．たとえば，ある男性高齢者の測定結果が以下のとおりだったとする．

　　＜ある男性高齢者　結果＞
　開眼片脚立ち時間　　32秒
　膝伸展力　　　　　　8.3kg
　10m歩行時間　　　　7.3秒

この値を表V-5に示す平均値と比較すると，いずれの項目も劣っていることが理解できる．しかし，どの項目がどのくらい劣っているかはわからない．このような場合，標準得点を算出するとわかりやすい．標準得点にはいくつか種類があるが，Tスコアが最も利用されている．これは一般的に偏差値と呼ばれるものである．

　　Tスコア＝10×(個人の測定値−標準値)/標準偏差＋50

表V-5の平均値，標準偏差，および個人の測定値を上記の式に入れ，それぞれ算

出する．ただし，10m歩行時間のように測定値が小さい方が優れる項目の場合，以下の式となる．

Tスコア＝10×(標準値－個人の測定値)/標準偏差＋50

＜ある男性高齢者　Tスコア＞
開眼片脚立ち時間　　48.8
膝伸展力　　　　　　43.8
10m歩行時間　　　　44.6

　Tスコアの利点は，単位が異なっていても比較できる点にある．Tスコアより，膝伸展力が最も劣っていることが理解できる．Tスコアは，標準値と同じであれば50を示し，20～80の範囲をとる．この範囲外である場合，その測定値が異常値でないか確認する．ただし，要介護高齢者の標準値を利用して，元気高齢者の測定値のTスコアを算出すると80を超えることもある．これは用いる標準値が適切ではないといえる．

　Tスコアなどの標準得点を算出した場合は，レーダーチャートを利用すると視覚的にわかりやすくなる（次項参照）．

　また，Tスコアから，「とても劣る」～「とても優れる」5段階評価することも可能である．表V-6にTスコアと5段階評価の対応を示している．

表V-6　Tスコアと5段階評価の対応

| 5段階評価 | Tスコア |
|---|---|
| 5：とても優れる | 65以上 |
| 4：優れる | 55～65未満 |
| 3：ふつう | 45～55未満 |
| 2：やや劣る | 35～45未満 |
| 1：劣る | 35未満 |

④個人内変化を把握しやすいようにする

　定期的に体力測定を実施している場合，個人内の変化を示す．個人内変化の場合，折れ線グラフを利用すると理解しやすくなる（次項参照）．また③で説明した標準得点を利用して，個人内変化を示すことで，どの項目がどのくらい変化したかが，他の項目と比較しながら，把握できるので生活・運動指導において役立つ．

⑤測定終了と同時に上記の結果票を渡す

　フィードバック票は体力測定終了後から速やかに返却しなければならない．理想をいえば，測定終了直後に結果を返却するとフィードバック効果が最も高くなるであろう．①～④の次項を満たす資料を体力測定直後に返却するためには工夫が必要となる．表V-7に示す手順で準備するとよい．

　あらかじめ，エクセルなどの表計算ソフトを利用し，体力測定値を入力すれば，フィードバック票が自動計算される仕組みを作っておく方法は，以下の利点がある．

1) きれいなフィードバック票を提示できる．
2) フィードバック票作成時にデータ入力することになるので，パソコンにデータを保存できる．

一方で，以下の欠点がある．

1) 自動計算するシステムを作っておく必要がある（エクセル関数の知識が必要）
2) 測定場所にパソコンとカラー印刷機を準備しなければならない．
3) 多人数で測定する場合，パソコンが複数台ないと混雑し，時間がかかる．

　フィードバック票を自動計算させるシステムは，予め，フィードバック票のフォーマットとデータ入力フォーマットを別々のシートに作成しておき，データ入力のシー

表V-7　即時フィードバックするための準備

| | | |
|---|---|---|
| 体力測定前 | ・各体力測定項目の基準値（カットオフ値，標準値）を用意 | |
| | ・フィードバック票のフォーマットを作成する | |
| | ＜パソコンによる自動作成＞ | ＜手書きによる作成＞ |
| | エクセルなどの表計算を準備 | 各測定値に対応するTスコア表を準備する |
| | 個人の測定結果を入力すれば，Tスコア等が自動計算され，グラフを含むフィードバック票を自動作成できるように準備 | |
| 体力測定後 | ・パソコンに測定値を記入 | ・フィードバック票に記入 |
| | 自動作成されたフィードバック票を印刷 | Tスコア表より，測定値に対応するTスコアを探して，グラフを手書きする |
| | ↓ | |
| | フィードバックの実施 | |
| 必要物品 | パソコン，カラー印刷機 | カラーペン |

トに個人の結果を入力することにより，フィードバック票のシートがその値を自動参照し，入力と同時にフィードバック票を作成するものである．グラフなども参照セルをデータ入力シートに指定しておくことで，入力と同時にグラフが完成する．

　上記の欠点が解決困難な場合は，準備したフォーマット票に手書きでグラフなどを作成する方法を利用するとよい．検者（測定者）が多くいれば，複数人のフィードバック票を同時に作成でき，短時間に多くのフィードバックが可能になる．ただし，Tスコアをその場でいちいち計算していると時間がかかるので，Tスコア20〜80に対応する各測定項目の測定値を一覧表として作成しておくとよい．表V-8と表V-9に表V-5の平均値と標準値を標準値とした場合の，Tスコア一覧を性別に示した．この表を利用して，測定終了後に，各測定結果に対応するTスコアを探せばよい．測定値が一覧表にある対応値の間となることもあるが，近い方の値を利用すればよいであろう．ちなみに，この対応表の計算は，Tスコア算出式を変形した以下の式で行う．

　　　Tスコアに対応する測定値＝（Tスコア－50）/10×標準偏差＋標準値

ただし，10m歩行時間や敏捷性ステップのように測定値が小さい方が優れる場合は，以下の式となる．

　　　Tスコアに対応する測定値＝標準値－（Tスコア－50）/10×標準偏差

　フィードバック票のフォーマットを予め印刷しておいて，手書きで埋めていけばよい．Tスコアの場合，レーダーチャートグラフの外枠を作っておいて，各測定値のTスコアをプロットして，プロット間を線で結べばよい．

## 4. フィードバックの実際

　フィードバックの留意点を考慮し，実際にフィードバック資料を作成する．図V-3，V-4はフィードバック票の例を示している．手書きで作成する場合は，フィードバック票のフォーマットを作成し，体力測定後に，数値やグラフを手書きで記入する．フィードバックは高齢者（参加者）と対面で説明していかなければならないが，高齢者が後で見なおしても，結果の意味が理解できるように簡単なコメントを付記してお

表V-8 男性高齢者のTスコア一覧表（標準値を表V-5の平均値，標準偏差とした場合）

| Tスコア | 文科省ADL得点 | 開眼片脚立ち時間 | ファンクショナルリーチ | 足趾把握力 | 足底屈力 | 股関節屈曲力 | 膝伸展力 | 握力 | 10m歩行時間 | 敏捷性ステップ(CSFT) |
|---|---|---|---|---|---|---|---|---|---|---|
| 80 |  |  | 50.9 | 23.2 | 117.9 | 31.0 | 25.8 | 50.5 | 0.5 | 0.4 |
| 79 |  |  | 50.3 | 22.7 | 115.7 | 30.6 | 25.3 | 49.9 | 0.7 | 0.6 |
| 78 |  |  | 49.6 | 22.2 | 113.4 | 30.1 | 24.9 | 49.3 | 0.9 | 0.8 |
| 77 |  |  | 49.0 | 21.6 | 111.1 | 29.6 | 24.4 | 48.7 | 1.1 | 1.0 |
| 76 |  |  | 48.4 | 21.1 | 108.9 | 29.1 | 23.9 | 48.0 | 1.3 | 1.2 |
| 75 |  |  | 47.8 | 20.5 | 106.6 | 28.6 | 23.4 | 47.4 | 1.5 | 1.5 |
| 74 |  |  | 47.2 | 20.0 | 104.3 | 28.2 | 22.9 | 46.8 | 1.6 | 1.7 |
| 73 |  |  | 46.5 | 19.5 | 102.1 | 27.7 | 22.4 | 46.2 | 1.8 | 1.9 |
| 72 |  | 120 | 45.9 | 18.9 | 99.8 | 27.2 | 22.0 | 45.6 | 2.0 | 2.1 |
| 71 |  | 116 | 45.3 | 18.4 | 97.6 | 26.7 | 21.5 | 45.0 | 2.2 | 2.3 |
| 70 |  | 113 | 44.7 | 17.8 | 95.3 | 26.2 | 21.0 | 44.4 | 2.4 | 2.5 |
| 69 |  | 109 | 44.1 | 17.3 | 93.0 | 25.8 | 20.5 | 43.8 | 2.6 | 2.7 |
| 68 |  | 105 | 43.4 | 16.8 | 90.8 | 25.3 | 20.0 | 43.2 | 2.8 | 2.9 |
| 67 |  | 101 | 42.8 | 16.2 | 88.5 | 24.8 | 19.5 | 42.6 | 3.0 | 3.1 |
| 66 | 36 | 97 | 42.2 | 15.7 | 86.2 | 24.3 | 19.0 | 42.0 | 3.2 | 3.3 |
| 65 | 35 | 94 | 41.6 | 15.1 | 84.0 | 23.8 | 18.6 | 41.4 | 3.4 | 3.5 |
| 64 |  | 90 | 40.9 | 14.6 | 81.7 | 23.4 | 18.1 | 40.8 | 3.6 | 3.7 |
| 63 | 34 | 86 | 40.3 | 14.1 | 79.4 | 22.9 | 17.6 | 40.2 | 3.8 | 3.9 |
| 62 | 33 | 82 | 39.7 | 13.5 | 77.2 | 22.4 | 17.1 | 39.5 | 4.0 | 4.1 |
| 61 |  | 78 | 39.1 | 13.0 | 74.9 | 21.9 | 16.6 | 38.9 | 4.1 | 4.4 |
| 60 | 32 | 75 | 38.5 | 12.4 | 72.7 | 21.4 | 16.1 | 38.3 | 4.3 | 4.6 |
| 59 |  | 71 | 37.8 | 11.9 | 70.4 | 21.0 | 15.7 | 37.7 | 4.5 | 4.8 |
| 58 | 31 | 67 | 37.2 | 11.4 | 68.1 | 20.5 | 15.2 | 37.1 | 4.7 | 5.0 |
| 57 | 30 | 63 | 36.6 | 10.8 | 65.9 | 20.0 | 14.7 | 36.5 | 4.9 | 5.2 |
| 56 |  | 59 | 36.0 | 10.3 | 63.6 | 19.5 | 14.2 | 35.9 | 5.1 | 5.4 |
| 55 | 29 | 55 | 35.3 | 9.8 | 61.3 | 19.0 | 13.7 | 35.3 | 5.3 | 5.6 |
| 54 |  | 52 | 34.7 | 9.2 | 59.1 | 18.6 | 13.2 | 34.7 | 5.5 | 5.8 |
| 53 | 28 | 48 | 34.1 | 8.7 | 56.8 | 18.1 | 12.7 | 34.1 | 5.7 | 6.0 |
| 52 | 27 | 44 | 33.5 | 8.1 | 54.6 | 17.6 | 12.3 | 33.5 | 5.9 | 6.2 |
| 51 |  | 40 | 32.9 | 7.6 | 52.3 | 17.1 | 11.8 | 32.9 | 6.1 | 6.4 |
| 50 | 26 | 36 | 32.2 | 7.1 | 50.0 | 16.6 | 11.3 | 32.3 | 6.3 | 6.6 |
| 49 |  | 33 | 31.6 | 6.5 | 47.8 | 16.2 | 10.8 | 31.6 | 6.5 | 6.8 |
| 48 | 25 | 29 | 31.0 | 6.0 | 45.5 | 15.7 | 10.3 | 31.0 | 6.7 | 7.0 |
| 47 |  | 25 | 30.4 | 5.4 | 43.2 | 15.2 | 9.8 | 30.4 | 6.8 | 7.3 |
| 46 | 24 | 21 | 29.7 | 4.9 | 41.0 | 14.7 | 9.4 | 29.8 | 7.0 | 7.5 |
| 45 | 23 | 17 | 29.1 | 4.4 | 38.7 | 14.2 | 8.9 | 29.2 | 7.2 | 7.7 |
| 44 |  | 14 | 28.5 | 3.8 | 36.5 | 13.8 | 8.4 | 28.6 | 7.4 | 7.9 |
| 43 | 22 | 10 | 27.9 | 3.3 | 34.2 | 13.3 | 7.9 | 28.0 | 7.6 | 8.1 |
| 42 |  | 6 | 27.3 | 2.7 | 31.9 | 12.8 | 7.4 | 27.4 | 7.8 | 8.3 |
| 41 | 21 | 2 | 26.6 | 2.2 | 29.7 | 12.3 | 6.9 | 26.8 | 8.0 | 8.5 |
| 40 | 20 |  | 26.0 | 1.7 | 27.4 | 11.8 | 6.4 | 26.2 | 8.2 | 8.7 |
| 39 |  |  | 25.4 | 1.1 | 25.1 | 11.4 | 6.0 | 25.6 | 8.4 | 8.9 |
| 38 | 19 |  | 24.8 | 0.6 | 22.9 | 10.9 | 5.5 | 25.0 | 8.6 | 9.1 |
| 37 |  |  | 24.1 |  | 20.6 | 10.4 | 5.0 | 24.4 | 8.8 | 9.3 |
| 36 | 18 |  | 23.5 |  | 18.3 | 9.9 | 4.5 | 23.7 | 9.0 | 9.5 |
| 35 |  |  | 22.9 |  | 16.1 | 9.4 | 4.0 | 23.1 | 9.2 | 9.7 |
| 34 | 17 |  | 22.3 |  | 13.8 | 9.0 | 3.5 | 22.5 | 9.3 | 9.9 |
| 33 | 16 |  | 21.7 |  | 11.6 | 8.5 | 3.1 | 21.9 | 9.5 | 10.2 |
| 32 |  |  | 21.0 |  | 9.3 | 8.0 | 2.6 | 21.3 | 9.7 | 10.4 |
| 31 | 15 |  | 20.4 |  | 7.0 | 7.5 | 2.1 | 20.7 | 9.9 | 10.6 |
| 30 |  |  | 19.8 |  | 4.8 | 7.0 | 1.6 | 20.1 | 10.1 | 10.8 |
| 29 | 14 |  | 19.2 |  | 2.5 | 6.6 | 1.1 | 19.5 | 10.3 | 11.0 |
| 28 | 13 |  | 18.6 |  | 0.2 | 6.1 | 0.6 | 18.9 | 10.5 | 11.2 |
| 27 |  |  | 17.9 |  |  | 5.6 | 0.1 | 18.3 | 10.7 | 11.4 |
| 26 | 12 |  | 17.3 |  |  | 5.1 |  | 17.7 | 10.9 | 11.6 |
| 25 |  |  | 16.7 |  |  | 4.6 |  | 17.1 | 11.1 | 11.8 |
| 24 |  |  | 16.1 |  |  | 4.2 |  | 16.5 | 11.3 | 12.0 |
| 23 |  |  | 15.4 |  |  | 3.7 |  | 15.8 | 11.5 | 12.2 |
| 22 |  |  | 14.8 |  |  | 3.2 |  | 15.2 | 11.7 | 12.4 |
| 21 |  |  | 14.2 |  |  | 2.7 |  | 14.6 | 11.9 | 12.6 |
| 20 |  |  | 13.6 |  |  | 2.3 |  | 14.0 | 12.0 | 12.8 |

表V-9 女性高齢者のTスコア一覧表（標準値を表V-5の平均値，標準偏差とした場合）

| Tスコア | 文科省ADL得点 | 開眼片脚立ち時間 | ファンクショナルリーチ | 足趾把握力 | 足底屈力 | 股関節屈曲力 | 膝伸展力 | 握力 | 10m歩行時間 | 敏捷性ステップ(CSFT) |
|---|---|---|---|---|---|---|---|---|---|---|
| 80 | | | 48.0 | 10.8 | 76.3 | 21.0 | 14.2 | 32.5 | 1.5 | |
| 79 | | | 47.4 | 10.6 | 74.8 | 20.7 | 13.9 | 32.1 | 1.6 | |
| 78 | | | 46.8 | 10.4 | 73.3 | 20.4 | 13.7 | 31.7 | 1.8 | |
| 77 | | | 46.2 | 10.2 | 71.8 | 20.1 | 13.5 | 31.3 | 2.0 | |
| 76 | | | 45.6 | 10.0 | 70.3 | 19.8 | 13.3 | 30.9 | 2.2 | |
| 75 | | | 45.0 | 9.8 | 68.8 | 19.5 | 13.0 | 30.5 | 2.3 | |
| 74 | | 120 | 44.4 | 9.6 | 67.3 | 19.2 | 12.8 | 30.1 | 2.5 | |
| 73 | 36 | 117 | 43.8 | 9.4 | 65.9 | 18.9 | 12.6 | 29.7 | 2.7 | |
| 72 | | 113 | 43.2 | 9.2 | 64.4 | 18.6 | 12.3 | 29.3 | 2.8 | |
| 71 | 35 | 110 | 42.6 | 9.0 | 62.9 | 18.3 | 12.1 | 29.0 | 3.0 | |
| 70 | | 106 | 42.0 | 8.8 | 61.4 | 18.0 | 11.9 | 28.6 | 3.2 | |
| 69 | 34 | 103 | 41.4 | 8.6 | 59.9 | 17.7 | 11.7 | 28.2 | 3.3 | 0.5 |
| 68 | | 99 | 40.8 | 8.4 | 58.4 | 17.4 | 11.4 | 27.8 | 3.5 | 0.8 |
| 67 | 33 | 95 | 40.2 | 8.2 | 56.9 | 17.1 | 11.2 | 27.4 | 3.7 | 1.1 |
| 66 | | 92 | 39.6 | 8.0 | 55.4 | 16.9 | 11.0 | 27.0 | 3.8 | 1.4 |
| 65 | 32 | 88 | 39.0 | 7.8 | 53.9 | 16.6 | 10.7 | 26.6 | 4.0 | 1.8 |
| 64 | | 84 | 38.4 | 7.5 | 52.4 | 16.3 | 10.5 | 26.2 | 4.2 | 2.1 |
| 63 | 31 | 81 | 37.8 | 7.3 | 50.9 | 16.0 | 10.3 | 25.8 | 4.3 | 2.4 |
| 62 | | 77 | 37.2 | 7.1 | 49.4 | 15.7 | 10.1 | 25.4 | 4.5 | 2.7 |
| 61 | 30 | 74 | 36.6 | 6.9 | 47.9 | 15.4 | 9.8 | 25.1 | 4.7 | 3.0 |
| 60 | | 70 | 36.0 | 6.7 | 46.4 | 15.1 | 9.6 | 24.7 | 4.9 | 3.3 |
| 59 | 29 | 66 | 35.4 | 6.5 | 44.9 | 14.8 | 9.4 | 24.3 | 5.0 | 3.7 |
| 58 | | 63 | 34.8 | 6.3 | 43.4 | 14.5 | 9.1 | 23.9 | 5.2 | 4.0 |
| 57 | 28 | 59 | 34.2 | 6.1 | 42.0 | 14.2 | 8.9 | 23.5 | 5.4 | 4.3 |
| 56 | | 56 | 33.6 | 5.9 | 40.5 | 13.9 | 8.7 | 23.1 | 5.5 | 4.6 |
| 55 | | 52 | 33.0 | 5.7 | 39.0 | 13.6 | 8.5 | 22.7 | 5.7 | 4.9 |
| 54 | 27 | 48 | 32.4 | 5.5 | 37.5 | 13.3 | 8.2 | 22.3 | 5.9 | 5.2 |
| 53 | | 45 | 31.8 | 5.3 | 36.0 | 13.0 | 8.0 | 21.9 | 6.0 | 5.6 |
| 52 | 26 | 41 | 31.2 | 5.1 | 34.5 | 12.7 | 7.8 | 21.5 | 6.2 | 5.9 |
| 51 | | 37 | 30.6 | 4.9 | 33.0 | 12.4 | 7.5 | 21.2 | 6.4 | 6.2 |
| 50 | 25 | 34 | 30.0 | 4.7 | 31.5 | 12.2 | 7.3 | 20.8 | 6.5 | 6.5 |
| 49 | | 30 | 29.4 | 4.5 | 30.0 | 11.9 | 7.1 | 20.4 | 6.7 | 6.8 |
| 48 | 24 | 27 | 28.8 | 4.2 | 28.5 | 11.6 | 6.9 | 20.0 | 6.9 | 7.2 |
| 47 | | 23 | 28.2 | 4.0 | 27.0 | 11.3 | 6.6 | 19.6 | 7.1 | 7.5 |
| 46 | 23 | 19 | 27.6 | 3.8 | 25.5 | 11.0 | 6.4 | 19.2 | 7.2 | 7.8 |
| 45 | | 16 | 27.0 | 3.6 | 24.0 | 10.7 | 6.2 | 18.8 | 7.4 | 8.1 |
| 44 | 22 | 12 | 26.4 | 3.4 | 22.5 | 10.4 | 5.9 | 18.4 | 7.6 | 8.4 |
| 43 | | 8 | 25.8 | 3.2 | 21.0 | 10.1 | 5.7 | 18.0 | 7.7 | 8.7 |
| 42 | 21 | 5 | 25.2 | 3.0 | 19.5 | 9.8 | 5.5 | 17.6 | 7.9 | 9.1 |
| 41 | | 1 | 24.6 | 2.8 | 18.1 | 9.5 | 5.3 | 17.3 | 8.1 | 9.4 |
| 40 | 20 | | 24.0 | 2.6 | 16.6 | 9.2 | 5.0 | 16.9 | 8.2 | 9.7 |
| 39 | | | 23.4 | 2.4 | 15.1 | 8.9 | 4.8 | 16.5 | 8.4 | 10.0 |
| 38 | 19 | | 22.8 | 2.2 | 13.6 | 8.6 | 4.6 | 16.1 | 8.6 | 10.3 |
| 37 | | | 22.2 | 2.0 | 12.1 | 8.3 | 4.4 | 15.7 | 8.7 | 10.6 |
| 36 | 18 | | 21.6 | 1.8 | 10.6 | 8.0 | 4.1 | 15.3 | 8.9 | 11.0 |
| 35 | | | 21.0 | 1.6 | 9.1 | 7.7 | 3.9 | 14.9 | 9.1 | 11.3 |
| 34 | 17 | | 20.4 | 1.4 | 7.6 | 7.5 | 3.7 | 14.5 | 9.2 | 11.6 |
| 33 | | | 19.8 | 1.2 | 6.1 | 7.2 | 3.4 | 14.1 | 9.4 | 11.9 |
| 32 | | | 19.2 | 0.9 | 4.6 | 6.9 | 3.2 | 13.7 | 9.6 | 12.2 |
| 31 | 16 | | 18.6 | 0.7 | 3.1 | 6.6 | 3.0 | 13.4 | 9.8 | 12.5 |
| 30 | | | 18.0 | 0.5 | 1.6 | 6.3 | 2.8 | 13.0 | 9.9 | 12.9 |
| 29 | 15 | | 17.4 | 0.3 | 0.1 | 6.0 | 2.5 | 12.6 | 10.1 | 13.2 |
| 28 | | | 16.8 | 0.1 | | 5.7 | 2.3 | 12.2 | 10.3 | 13.5 |
| 27 | 14 | | 16.2 | | | 5.4 | 2.1 | 11.8 | 10.4 | 13.8 |
| 26 | | | 15.6 | | | 5.1 | 1.8 | 11.4 | 10.6 | 14.1 |
| 25 | 13 | | 15.0 | | | 4.8 | 1.6 | 11.0 | 10.8 | 14.4 |
| 24 | | | 14.4 | | | 4.5 | 1.4 | 10.6 | 10.9 | 14.8 |
| 23 | 12 | | 13.8 | | | 4.2 | 1.2 | 10.2 | 11.1 | 15.1 |
| 22 | | | 13.2 | | | 3.9 | 0.9 | 9.8 | 11.3 | 15.4 |
| 21 | | | 12.6 | | | 3.6 | 0.7 | 9.4 | 11.4 | 15.7 |
| 20 | | | 12.0 | | | 3.3 | 0.5 | 9.1 | 11.6 | 16.0 |

| 氏名 | 石川 花子 | 様 | |
|---|---|---|---|
| 性別 | 女性 | 年齢 | 77 歳 |

| 測定日時 | 2011年5月12日 1回目 | | 2012年5月17日 2回目 |
|---|---|---|---|
| 身長 | 147.9 cm | ⇒ | 147.3 cm |
| 体重 | 49.5 kg | ⇒ | 43.2 kg |
| 転倒の危険性 | 3 点 | ⇒ | 5 点 |
| 血管年齢 | 76 歳 | ⇒ | 77 歳 |
| 骨密度（OSI） | 2.291 | ⇒ | 2.382 |
| | 要指導 | | 要指導 |

> 体重が落ちていませんか？ご飯は毎日おいしく食べられていますか？肉，魚などのタンパク質を摂るようにしましょう．

> 転倒の危険性が高くなってませんか？5点以上は危険度大です．体力測定の結果を考慮しながら，転倒しにくい体づくりをしましょう．

血管年齢：血管のしなやかさ．実年齢と比較してください．
骨密度：骨の硬さ．値が大きいほど骨が硬い．
　　　正常（20～40歳とそれほど変わらない．20～40歳と比べて90%以上の骨強度）
　　　要指導（骨粗鬆症予備軍）
　　　要精検（骨粗鬆症が強く疑われる）

**転倒予防に重要な体力**

黒点線：76歳の標準値
細い破線：2011年の結果
太い破線：2012年の結果

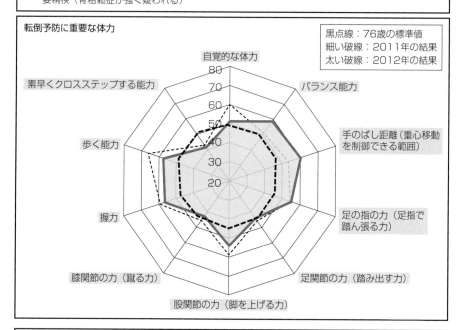

■どれも転倒予防には大切な体力です．面積が大きいほど優れることを意味します．
＜確認ポイント＞
①値が50以下の項目はないか？（標準値は50．全項目50以上を目指しましょう！）
②歪な形になっていないか？　（凹んでいる項目を鍛えましょう！）
③値が60以上の項目は？　　　（60以上の項目は「優れている」と判定されます）

図V-3　フィードバック票の例①

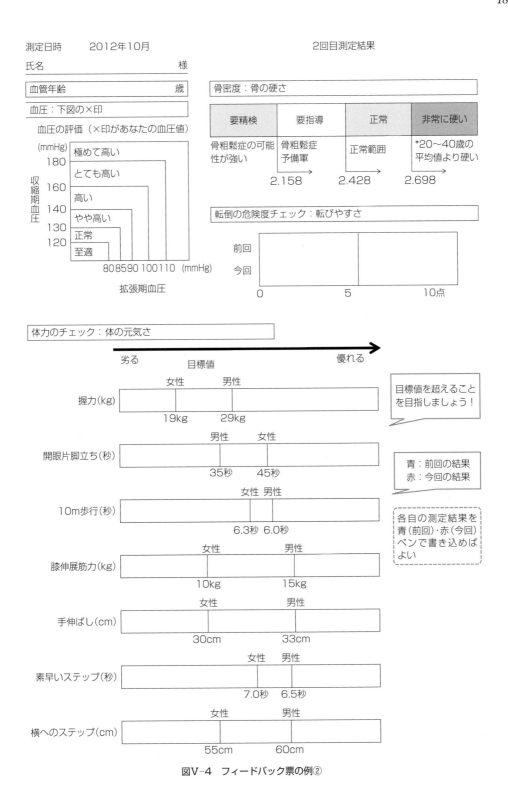

図V-4　フィードバック票の例②

くとよい．たとえば，図V-3にあるように，体重や転倒の危険性についての注意点を予め作成しておいてもよい．また，Tスコアでレーダーチャートを作成し，昨年の結果を比較できるようにすることで，どの項目が要注意なのかが理解できる．レーダーチャートでは，単に平均値（Tスコア＝50）を超えているか否かを問題にするのではなく，項目間で落ち込んでいる項目はないか，昨年から低下の大きい項目はないかを重視するとよい．たとえば，図V-3の場合，バランス能力（開眼片脚立ち）や手伸ばしの距離（ファンクショナルリーチ）など姿勢制御能力は高いと判断できるが，それに比べると，足関節の力（足関節底屈力）や膝関節の力（膝関節伸展力），素早くクロスステップする能力（敏捷性ステップ）が低いと判断でき，これらの項目について取り組む必要があると指導できる．加えて，歩行能力（10m歩行時間）や自覚的な体力（ADL得点）が昨年より大きく低下しているので，注意すべきであると指導できる．

　また，標準値がないなどの理由から標準得点（Tスコア）を算出できない場合，何らかの基準値（カットオフ値）を利用しても良い．その場合のフィードバック票として，図V-4が提案できる．この場合，基準値（目標値）の意味を説明し，その基準値（目標値）を超えるための取り組みを教育する．

〔山次　俊介〕

# 索　引

[あ行]
握力　46, 96
アメリカスポーツ医学会　178
アルツハイマー型認知症　162
生きがい　33, 139
椅座位体前屈　58, 59
移乗能力　29
椅子立ち上がりテスト　47
一般職業適性検査　83
易転倒性　122
移動能力　29
インピーダンス法　89
インフォームドコンセント　177
ウォーミングアップ　178
うつ病　150, 151
運動器障害　6, 122
運動習慣　25

[か行]
開眼片足立ち　67
角度法　55
加速度センサー　108
活動体力水準　7
活動体力測定　180
カットオフ値　119, 182
関節可動域　55
間接法　63
基準値　182
技能関連体力　27
キャリパー法　89, 92
キャリブレーション　94
強迫症状　165
距離法　55
筋骨格系検査法　56
筋肉率　91
筋力発揮調整能テスト　85, 86
クーリングダウン　179
軽度認知障害　163
健康関連QOL尺度　140

健康関連体力　27
健康寿命　3
健康日本21　68
検者間信頼性　49
肩腕力　24
交感神経系　168
後期高齢者　88, 89
後期高齢者人口　6
高次脳機能　156
恒常性　26
巧緻性　67, 83
巧緻性測定　83
行動体力　16, 20
高齢化社会　13
高齢者ボランティア　178
個人内変化　184
骨強度　94
骨粗鬆症　89
骨密度　89

[さ行]
最大酸素摂取量　63
最大歩幅テスト　47
サクセスフル・エイジング　4, 6
サルコペニア　88
三次元動作解析　114
自覚的健康感　175
試行間信頼性　49
持続性注意　161
膝関節伸展筋力　47
シットアンドリーチ　58
質問紙テスト　140
脂肪組織　88
シャトル・スタミナ・ウォークテスト　63, 65
シャトル・スタミナテスト　65
重心動揺計　71
10m障害物歩行　96, 103, 107, 108
主観的QOL尺度　140

主観的健康度　144
主観的幸福感　139, 145
手段的ADL　107, 135
瞬発力　46
少子高齢化　4
上肢柔軟性　56
上体起こし　47, 96, 99
自立水準　26, 37
心身症状　165
身体機能水準　37, 119
身体組成測定　88
身体的エリート　33, 36
身体的作業能力　96
身体の愁訴　150
新体力テスト　64, 96, 97
心理的随伴症状　154
随意運動　67
垂直跳　24
スキャモンの発育発達曲線　21
スクリーニングテスト　120
ステッピングテスト　77
ステップテスト　67
ストレインゲージ　48
ストレス　164
ストレッサー　164
ストレッチング　178
スポーツ振興法　96
スメドレー式握力計　96
生活空間　7, 107
生活習慣　7
生活習慣病　6, 11, 45
生活体力　96
生活不活発病　168
生活満足度尺度　145
精神的に健康　139
生体電気インピーダンス法　89
静的バランス能力　30, 67
生理的随伴症状　154
生活満足度　139
前期高齢者　89

全国平均値　182
全身反応時間　77
選択性注意　161
選択反応時間　77, 79
早熟　25
足圧中心　67
足圧中心動揺　71
足関節柔軟性テスト　61

［た行］
体脂肪率　92
代償運動　48
対人関係過敏症状　165
体組成　11
体密度　92
体力　20
体力エリート　17
唾液アミラーゼ活性　168
唾液アミラーゼモニター　168
単純反応時間　77, 79
痴呆　150
超音波画像診断法　93
超音波減衰率　94
超音波伝播速度　94
超高齢社会　4, 13
長座体前屈　58, 96, 100
調整力　21
直接法　63
追跡運動　83
継ぎ足歩行　67
低体力者　36
出村の転倒リスクアセスメント　125
テンションメーター　47
転倒　25
転倒回避運動　30
転倒回避能力　30
転倒関連体力　28
転倒経験　122
転倒後症候群　31, 46, 124
転倒スコア　125, 127
転倒予防　28
転倒予防ガイドライン　46
転倒リスク　110, 124

転倒リスクアセスメント表　125
同意書　177
動的バランス能力　30, 67
閉じこもり　132, 133
閉じこもりアセスメント表　125
徒手筋力検査装置　48
都老研式活動能力指標　117

［な行］
二次予防事業対象者　182
日常生活自立度　107
日常生活動作　7, 117
認知機能　34, 158
認知機能測定　156
認知症　110
認知症性疾患　156
寝たきり　5, 9

［は行］
バーピー・テスト　77
背筋力　47
バイタルサイン　179
廃用性萎縮　88
廃用性症候群　168
発育発達速度　10
バックスクラッチ　56
バッテリテスト　96, 175
パフォーマンステスト　117
晩熟　25
反応時間　31
反応時間テスト　77
反復横跳び　77
東日本大震災　168
皮下脂肪厚法　92
肥満　88
肥満度　11
敏捷性　67, 77
敏捷性測定　77
敏捷性測定評価　78
ファンクショナルリーチ　67
不安症状　165
フィードバック　175

フィールドテスト　56
閉眼片足立ち　67, 96, 101
平均寿命　3
平衡性　67
ペースメーカー　92
ペグ移動テスト　83, 84
ペグボード　84
ヘルスプロモーション　6, 10
偏差値　183
変動要因　176
防衛体力　20
歩数計　107
歩容分析　114

［ま行］
メタボリックシンドローム　6
免疫力　21
モラール　139, 148
文部科学省 ADL テスト　118
文部科学省新体力テスト　96
文部省スポーツテスト　96

［や行］
ユーロコール　143
要介護　5, 9
抑うつ傾向　154
抑うつ症状　165

［ら行］
ライフイベント　18
ライフコーダ　108
罹患リスク　34
リハビリテーション　32
レーダーチャート　184
老化　13
老性自覚　18
老年症候群　45
ロコモティブシンドローム　6, 32
6 分間歩行　63, 96, 104

[欧文索引]

ActiGraph 108
ADL 7, 34, 96, 117
ADL テスト 178
ADL 能力 34
BIA 法 89
CES-D 152
CS-30 テスト 51
DXA 法 89
EuroQol 143
GDS-15 150
HDS-R 156
MMSE 156
PGC モラールスケール 148
QOL 4, 6, 33
QOL 評価 139
Quality of Life 33
QUS 89
SCRAM 180, 181
SF-36 142
Stiffness 94
Timed Up & Go テスト 107, 112
TMT 160
TUG テスト 112
T スコア 183
$\dot{V}O_2max$ 63
WHO 33, 117

## 高齢者の体力および生活活動の測定と評価

定価（本体2,600円＋税）

2015年 3月 19日　初版1刷発行
2018年 4月　7日　　　　2刷発行

監　修
出村　慎一

編　者
宮口和義・佐藤　進・佐藤敏郎・池本幸雄

発行者
市村　近

発行所
有限会社　市村出版
〒114-0003　東京都北区豊島2-13-10
TEL 03-5902-4151
FAX 03-3919-4197
http://www.ichimura-pub.com
info@ichimura-pub.com

印刷所
株式会社杏林舎

製本所
有限会社小林製本

ISBN978-4-902109-37-5　C3037
Printed in Japan

乱丁・落丁本はお取り替えいたします．